现代经济与管理类系列教材

网络营销理论与实践
（第 3 版）

主　编　田　玲
副主编　周晓璐　刘来玉
编　者　陈　晨　王　耀

清华大学出版社
北京交通大学出版社
·北京·

内容简介

本书介绍了网络营销的基本理论、网络营销战略、移动营销及网络营销策略等相关知识。同时，根据每章的理论知识、具体操作和技能要求，设计了引导案例、课堂练习、上机练习与实践、案例分析与提高，强调基本概念、基本策略与实际应用相结合。

本书实践操作性较强，突出了学生技能的培养，除可以作为高等院校电子商务、市场营销等相关专业的教材外，对于学习、研究网络营销及从事网络营销实践的人员均有参考价值。

本书封面贴有清华大学出版社防伪标签，无标签者不得销售。
版权所有，侵权必究。侵权举报电话：010-62782989　13501256678　13801310933

图书在版编目（CIP）数据

网络营销理论与实践/田玲主编. —3版. — 北京：北京交通大学出版社：清华大学出版社，2019.5（2023.8重印）
ISBN 978-7-5121-3882-7

Ⅰ.①网… Ⅱ.①田… Ⅲ.①网络营销-高等学校-教材 Ⅳ.①F713.365.2

中国版本图书馆 CIP 数据核字（2019）第 065671 号

网络营销理论与实践
WANGLUO YINGXIAO LILUN YU SHIJIAN

责任编辑：	孙晓萌
出版发行：	清华大学出版社　邮编：100084　电话：010-62776969　http://www.tup.com.cn
	北京交通大学出版社　邮编：100044　电话：010-51686414　http://www.bjtup.com.cn
印　刷　者：	北京虎彩文化传播有限公司
经　　　销：	全国新华书店
开　　　本：	185 mm×230 mm　印张：19.25　字数：481 千字
版 印 次：	2019 年 5 月第 3 版　2023 年 8 月第 3 次印刷
定　　　价：	49.00 元

本书如有质量问题，请向北京交通大学出版社质监组反映。对您的意见和批评，我们表示欢迎和感谢。
投诉电话：010-51686043，51686008；传真：010-62225406；E-mail：press@bjtu.edu.cn。

前　言

互联网的迅猛发展使人类进入了数字化、信息化、全球化、移动化的时代，网络已渗透社会、经济生活中的各个领域。在这样一个网络环境下，电子商务得到了众多企业的重视、认可和应用。网络营销，这门伴随着电子商务和网络市场而诞生的带有很强实践性的新学科，正是研究网络市场新的营销理论，已经受到了广泛关注和认可。如今，很难找到还没有建立自己网站的企业，网络营销早已不再是网络企业的专利；同时，移动 App、微博和微信等众多新颖的网络形式不断出现，给企业的发展提供了更多的机遇和挑战。

网络市场与传统市场的游戏规则和竞争手段具有不同的特点，许多企业对网络营销的特征和应用把握不够，使自己的网站或 App 被淹没在网络的海洋中，能够有效利用网站或 App 进行消费者教育、顾客服务、网上交易和网上支付，被客户认可，使网站或 App 成为企业和客户间有效沟通平台的企业还是比较少的，许多企业的网站或 App 没有发挥出它应有的作用。目前，我国在网络营销这一新兴学科领域的应用型人才是极为缺乏的，需要尽快培养网络营销方面的应用型人才，满足社会对高质量紧缺型人才的需要。对企业来说，要赢得优势，提高自身的核心竞争力，就应当拥有掌握网络营销知识和技能的人才。

网络营销是整体营销活动的组成部分，是指为发现、满足和创造顾客需求，利用互联网所进行的市场开拓、产品创新、定价促销、宣传推广等活动的总称。网络营销与网上销售密切相关，但网络营销并不是网上销售，网络营销也不仅仅是做网上广告，它实质上是利用互联网发现、满足和创造顾客需求，进而取得市场竞争优势的活动。

网络营销学是一门新兴的、综合性的应用学科，也是一门实践性较强的学科。网络营销学研究网上营销活动的运行及其规律，其研究内容包括基础性内容和应用性内容两部分。基于以上分析，本书的编写思路是：引导案例—课堂练习—上机练习与实践—案例分析与提高，本着"强调理论联系实际，注重理论运用和实际操作"的原则，每章都采用真实的营销案例引入，创造具体的案例情境，提出案例的核心问题，通过案例分析贯穿、指导本章的重点内容，以锻炼学生独立思考、解决问题的能力；在相关的重要理论知识阐述中，配有优秀的应用案例，利于学生课堂练习与参考，培养学生网络营销策略的策划能力；在每章中，设计了对应本章理论知识的上机练习与实践环节，提高学生网络营销策略的实施能力；在每章的最后，还配有案例分析与提高，以锻炼学生发现问题、分析问题和解决问题的能力。

本书结合我国网络市场发展现状，对网络营销的理论与实践进行了系统和全面的分析和探讨，突出强调了相关的案例分析与思考，强调基本概念、基本策略的应用，并与实际上机练习相结合，将理论知识和实践紧密衔接，培养学生的实践操作能力，注重从事网络营销人员必须具备的基本能力和职业素质的训练。通过对本书的学习，可以使学生具备市场营销、网络营销、移动营销的基本知识、基本理论和初步的网络商务信息采集、分析、处理能力，以及网络营销策略策划、实施的能力，达到助理电子商务师在网络营销方面的能力和水平。针对本书的特点，在讲授"网络营销"课程时，建议将课堂讲授和网络环境下的实际操作相结合，利于培养学生的网络营销技能。

本书是北京联合大学"十三五"普通本科规划教材、北京联合大学普通本科专业核心课程建设成果，全书共分12章，主要由北京联合大学的教师负责编写工作。田玲担任主编，周晓璐和刘来玉担任副主编。本书的编写分工如下：田玲（第1章、第9章）、周晓璐（第4章、第5章、第6章）、刘来玉（第7章、第8章、第10章）、陈晨（第2章、第3章）、王耀（第11章、第12章）。田玲对本书进行了全面的修改，并承担了本书的统稿工作。

在编写过程中，编者接受了商派教育科技有限公司提供的调研支持、案例素材和研讨交流等，借鉴了国内外专家学者已有的研究成果，并参阅了大量网上信息。在本书出版之际，对国内外专家学者及网上信息的提供者表示衷心的感谢。网络营销针对的是一个全新的、不断变化的网络市场，对它的理论和实践研究仍在探索之中，加之作者的水平和时间有限，难免有疏漏和不足之处，敬请广大读者批评指正。

编　者
2019年3月

目 录

第1章 网络营销导论 ·· 1
  1.1 市场营销概述 ·· 3
    1.1.1 营销观念的演变 ·· 3
    1.1.2 市场营销的含义 ·· 5
    1.1.3 市场营销组合 ··· 6
  1.2 网络营销概述 ·· 9
    1.2.1 网络营销的产生 ·· 9
    1.2.2 网络营销的概念和内涵 ··· 11
    1.2.3 网络营销与传统营销 ·· 15
    1.2.4 网络营销理论 ··· 17
  1.3 上机练习与实践——网络营销现状分析 ························· 20
  1.4 本章小结 ·· 21

第2章 网络营销环境分析 ·· 24
  2.1 市场营销环境分析 ··· 26
    2.1.1 宏观环境 ·· 26
    2.1.2 微观环境 ·· 27
  2.2 网络营销环境分析 ··· 30
    2.2.1 网络营销环境特点 ··· 30
    2.2.2 企业网络营销宏观环境分析 ································· 32
    2.2.3 企业网络营销微观环境分析 ································· 35
  2.3 上机练习与实践——熟悉网络营销环境，分析网络营销环境 ··· 39
  2.4 本章小结 ·· 40

第3章 网络消费者分析 ·· 42
  3.1 消费者购买行为分析 ·· 43
    3.1.1 影响消费者购买行为的因素 ································· 43
    3.1.2 消费者购买决策过程 ·· 44

3.2 网络消费者构成分析 ·· 45
   3.2.1 网民的构成分析 ······································ 45
   3.2.2 网络消费者的分类 ···································· 48
3.3 网络消费者购买行为分析 ······································ 48
   3.3.1 网络消费者的个性 ···································· 49
   3.3.2 网络消费者的购买需求特点 ···························· 49
   3.3.3 影响网络消费者购买行为的因素 ························ 50
   3.3.4 网络消费者的购买过程 ································ 51
   3.3.5 针对网络消费者购买的网上营销策略 ···················· 53
3.4 上机练习与实践——分析各因素对消费者网络购买的影响 ·········· 56
3.5 本章小结 ·· 57

第 4 章 网络营销调研 ·· 58
4.1 市场调研 ·· 61
   4.1.1 市场调研的概念 ······································ 61
   4.1.2 市场调研的分类 ······································ 61
   4.1.3 市场调研的方法 ······································ 62
   4.1.4 市场调研的步骤 ······································ 66
   4.1.5 市场调查问卷 ·· 67
4.2 网上市场调研 ·· 72
   4.2.1 网上市场调研的概念 ·································· 72
   4.2.2 网上调研的方法 ······································ 73
   4.2.3 网上调研的策略 ······································ 76
4.3 上机练习与实践——网上市场调研实训 ·························· 82
4.4 本章小结 ·· 83

第 5 章 网络营销战略 ·· 85
5.1 目标市场策略 ·· 87
   5.1.1 市场细分 ·· 87
   5.1.2 目标市场选择 ·· 89
   5.1.3 市场定位 ·· 90
5.2 网络营销战略分析 ·· 93
   5.2.1 网络营销战略规划的含义 ······························ 93
   5.2.2 网络营销战略规划的作用 ······························ 93
   5.2.3 网络营销战略规划的过程 ······························ 94

5.2.4 网络营销战略的重点 ········· 98
5.3 上机练习与实践——目标市场策略实训 ········· 102
5.4 本章小结 ········· 103

第6章 产品策略 ········· 106

6.1 产品整体概念 ········· 108
    6.1.1 产品的含义 ········· 108
    6.1.2 产品整体概念的3个层次 ········· 108
6.2 产品生命周期理论 ········· 110
    6.2.1 产品生命周期各阶段的特点 ········· 110
    6.2.2 产品生命周期各阶段的营销策略 ········· 112
6.3 网上产品定位及网络营销新产品战略 ········· 115
    6.3.1 网络产品的概念 ········· 115
    6.3.2 网络产品的特点 ········· 116
    6.3.3 网络产品的分类 ········· 117
    6.3.4 网络产品的定位原则 ········· 118
6.4 品牌及网络营销品牌策略 ········· 120
    6.4.1 品牌及其相关概念 ········· 120
    6.4.2 商标、品牌的作用 ········· 121
    6.4.3 网络营销品牌概述 ········· 122
    6.4.4 企业域名的意义 ········· 124
    6.4.5 创建网络品牌的策略 ········· 125
6.5 上机练习与实践——网上产品定位 ········· 128
6.6 本章小结 ········· 129

第7章 价格策略 ········· 132

7.1 定价方法 ········· 134
    7.1.1 传统营销定价方法 ········· 134
    7.1.2 网络营销定价方法 ········· 136
7.2 定价策略 ········· 140
    7.2.1 传统营销定价策略 ········· 140
    7.2.2 网络营销定价策略 ········· 143
7.3 上机练习与实践——网络定价实训 ········· 148
7.4 本章小结 ········· 152

第8章 渠道策略 … 154

8.1 营销渠道概述 … 156
8.1.1 营销渠道的长度结构 … 156
8.1.2 营销渠道的宽度结构 … 157
8.1.3 营销渠道的系统结构 … 158

8.2 网络营销渠道 … 159
8.2.1 网络营销渠道的功能 … 159
8.2.2 网络营销渠道的类型 … 160

8.3 网络营销渠道建设 … 162
8.3.1 网络营销渠道的设计 … 162
8.3.2 网络营销渠道的管理 … 164

8.4 上机练习与实践——网络营销渠道建设实训 … 171

8.5 本章小结 … 174

第9章 促销策略 … 176

9.1 网络营销促销概述 … 178
9.1.1 网络营销促销的内涵 … 178
9.1.2 网络营销促销组合及作用 … 179
9.1.3 网络营销促销的实施过程 … 180

9.2 网络营销站点推广 … 182
9.2.1 站点推广方法概述 … 182
9.2.2 搜索引擎注册 … 184
9.2.3 邮件列表营销——利用电子杂志创建邮件列表 … 185

9.3 网络广告策略 … 189
9.3.1 网络广告概述 … 189
9.3.2 网络广告的特点与类型 … 190
9.3.3 网络广告与传统广告的比较 … 195
9.3.4 网络广告的发布途径 … 196
9.3.5 网络广告的运作管理 … 198
9.3.6 网络广告的推广策略和技巧 … 199

9.4 网上销售促进 … 201

9.5 网络公共关系策略 … 202
9.5.1 公共关系的作用和构成要素 … 202
9.5.2 公共关系的形式 … 204
9.5.3 公共关系决策 … 204

9.5.4　网络公共关系 ·············· 205
　9.6　上机练习与实践——网站促销实训 ·············· 207
　9.7　本章小结 ·············· 209

第 10 章　网络营销推广工具与方法 ·············· 210
　10.1　搜索引擎营销 ·············· 212
　　10.1.1　搜索引擎营销的基本原理 ·············· 212
　　10.1.2　搜索引擎营销的主要模式 ·············· 215
　　10.1.3　搜索引擎优化策略 ·············· 220
　10.2　许可 E-mail 营销 ·············· 223
　　10.2.1　许可 E-mail 营销概述 ·············· 223
　　10.2.2　开展 E-mail 营销的基础条件 ·············· 224
　　10.2.3　许可 E-mail 营销的基本方式和一般过程 ·············· 226
　　10.2.4　跟踪与监测电子邮件营销结果 ·············· 228
　10.3　博客营销 ·············· 231
　　10.3.1　博客营销概述 ·············· 231
　　10.3.2　博客平台的选择和优化 ·············· 232
　10.4　微博营销 ·············· 233
　　10.4.1　微博营销概述 ·············· 233
　　10.4.2　微博营销策略 ·············· 234
　　10.4.3　企业微博营销基本方法与技巧 ·············· 234
　10.5　上机练习与实践——网络营销推广工具应用 ·············· 240
　10.6　本章小结 ·············· 241

第 11 章　移动互联网营销 ·············· 243
　11.1　移动互联网营销概述 ·············· 245
　　11.1.1　移动互联网概述 ·············· 245
　　11.1.2　移动互联网营销的概念 ·············· 246
　11.2　微信营销 ·············· 248
　　11.2.1　微信营销概述 ·············· 248
　　11.2.2　企业微信的推广模式 ·············· 249
　11.3　App 营销 ·············· 251
　　11.3.1　App 营销概述 ·············· 251
　　11.3.2　App 营销的基本模式 ·············· 253
　　11.3.3　App 营销策略 ·············· 254

- 11.4 社群营销 ... 257
  - 11.4.1 社群营销概述 ... 257
  - 11.4.2 社群营销策略 ... 259
- 11.5 移动广告 ... 262
  - 11.5.1 移动广告概述 ... 262
  - 11.5.2 移动广告展现形式 ... 263
  - 11.5.3 移动广告的投放 ... 268
- 11.6 上机练习与实践——移动互联网营销应用 ... 270
- 11.7 本章小结 ... 272

第12章 网络营销管理 ... 274

- 12.1 网络营销计划管理 ... 276
  - 12.1.1 确定网络营销计划的必要性 ... 276
  - 12.1.2 网络营销计划的构成要素 ... 277
- 12.2 网络营销组织管理 ... 278
  - 12.2.1 网络营销人员管理 ... 278
  - 12.2.2 网络营销组织结构 ... 279
  - 12.2.3 企业网络营销实施过程中的决策 ... 280
- 12.3 网络营销控制管理 ... 282
  - 12.3.1 网络营销的风险管理 ... 282
  - 12.3.2 网络营销的评估 ... 284
- 12.4 上机练习与实践——网络营销策划实训 ... 287
  - 12.4.1 实训总目的和任务 ... 287
  - 12.4.2 实训1——选题及制定企业网络营销策划纲要 ... 287
  - 12.4.3 实训2——网站推广和移动营销组合策略设计 ... 290
  - 12.4.4 实训3——网站推广和移动营销策略的设计和实施 ... 291
  - 12.4.5 实训4——完成企业网络营销策划报告书 ... 292
  - 12.4.6 实训考核 ... 293
- 12.5 本章小结 ... 295

参考文献 ... 296

第1章 网络营销导论

引言

　　市场营销是企业最基本的职能，在企业整个生产经营活动中占据着极其重要的地位。网络营销是依托计算机技术和信息技术而形成的一种新兴的营销手段；但是，网络营销是在市场营销的基础上发展起来的，仍属于市场营销的理论范畴；网络营销不单纯是网络技术、网上销售，还是市场营销，是企业现有营销体系的有利补充。因此，学习网络营销应当从了解市场营销的基本理论入手。

　　本章从营销理论的发展出发，介绍了市场营销和网络营销的相关概念，通过案例说明了营销理论的发展和网络营销的重要性，分析了网络营销的特点和功能，并通过示例重点讲解了企业实施网络营销的步骤和方法。

本章的主要知识和技能点：
- 企业网络营销的实施过程
- 市场营销、市场、需求等概念
- 网络营销概念、网络营销的特点和内涵
- 市场营销与网络营销的比较

教学要求：
- 了解市场营销和网络营销的产生和发展
- 明确市场营销在企业经营中的作用和地位
- 明确市场营销理念
- 熟悉营销的一些基本概念
- 掌握市场营销和网络营销的概念
- 理解网络营销的内涵
- 掌握网络营销的特点和职能
- 能够分析市场营销与网络营销的关系

【引导案例】福特汽车公司的营销策略发展

福特汽车公司是世界最大的汽车企业之一，1903年由亨利·福特先生创立于美国底特律市。1908年福特制定了一个划时代的决策——公司从此致力于生产标准化，只制造较低廉的单一品种——开发征服市场、属于普通百姓的新产品T型车，世界汽车工业革命就此开始。1913年，福特汽车公司又开发出了世界上第一条流水线，这一创举使T型车达到了1 500万辆，福特先生为此被尊为"为世界装上轮子"的人。由于实现了汽车生产的规模化和流水线化，T型车上演了一场人类技术和生活形态的革命。1914年，93分钟内即可组装一辆汽车；1920年，每分钟可生产一辆汽车；到了1925年，每10秒就制造一辆汽车。亨利·福特曾说："不管顾客需要什么颜色的车，我只有黑色的车。"可见，此时福特汽车公司遵从"生产导向"的经营理念，即注重生产效率，降低成本，使更多人买得起。由于顾客的需求极大，公司经营有方，定价合理，因此生意兴隆。1999年，《财富》杂志将他评为"20世纪商业巨人"，以表彰他和福特汽车公司对人类工业发展所做出的杰出贡献。

随着竞争对手的增多和消费者价值观念的成熟，福特汽车公司并不仅仅满足于产品的批量生产和提高产品质量，而更注重于消费者的需求，正如亨利·福特先生所说："消费者是我们工作的中心所在。我们在工作中必须时刻想着我们的消费者，提供比竞争对手更好的产品和服务。"正因为营销理念的进步，福特汽车公司至今仍是全球一流的汽车企业。

在全球经济一体化进程迅速加快、市场竞争日益剧烈的环境下，如何更有效地把握市场机遇，降低采购成本、运营成本，制造出消费者喜欢的汽车，成为新世纪福特汽车公司关注的焦点。为适应互联网的浪潮，构建电子商务系统成为必然的选择。福特汽车公司希冀通过采用先进的信息技术，与供应商高效率地协作，提高企业内部运作效率，最大限度地满足客户的需求，于是一场可以与T型车革命媲美的信息化革命开始了。

福特汽车公司选择了营销理念的创新，将它目标定为"全球领先的、面向消费者的汽车产品和服务公司"，制定了两个主要的全球发展重点，即客户满意度和电子商务。由于网络媒体具有快速传达信息、与用户充分互动、营销形式多样等特点，能够充分满足客户的营销需求，同时，网络可以完成实时、高效、不受地域局限的数据跟踪，对客户关系管理也是一个非常好的工具，所以，网络营销已经是福特品牌推广和客户关系管理的重要途径之一。只要有大型的品牌活动，肯定会有网络的支持，有时甚至是主活动就在网上完成。总之，福特汽车公司不仅在新产品开发上给予回应，而且从网络营销层面给予诠释和支撑，倚重于网络把握市场脉搏，不断根据市场的需求研发不同的车型，并根据不同车型的特性采用不同的营销方式。在未来的推广中，福特希望能够逐渐把这个百年品牌"年轻化"，以一个全新的姿态呈现在消费者的面前。

案例点评：

通过福特汽车公司的案例介绍可以看出：就营销理论层面来说，福特汽车公司一系列营销理念的转变正是整体营销理论发展的一个缩影。从生产观念、产品观念、推销观念直到市场营销观念和网络营销观念等诸多营销理念，都在福特汽车公司的流水线生产、以消费者为中心和应用网络营销策略中折射出来。

由于年轻群体正成为社会的主流，对于像福特这样的老品牌来说，保持年轻的心态，与年轻人为伍显得尤为重要，而网络便是与这些人沟通的最好桥梁。同时，网络可以对市场进行无限制的深入细分，将品牌信息准确地传递给细分市场的目标客户，准确定位目标人群，锁定他们的视线。可见，随着网络全面渗透企业运营和个人生活中，网络营销会逐渐地被越来越多的企业所认识和采用。

1.1 市场营销概述

1.1.1 营销观念的演变

营销观念是指企业从事经营活动的指导思想，也称为营销哲学，它直接关系营销活动的成败和企业的兴衰。营销观念随着商品经济的发展经历了一个漫长的演变过程：最初以"生产观念"和"产品观念"为指导思想；随后以"推销观念"为指导思想；20世纪50年代后，又逐步演变为"市场营销观念"；直到20世纪70年代，有些学者又提出了"社会营销观念""大市场营销观念""关系营销观念""绿色营销观念"等。

1. 生产观念

生产观念是一种最古老的营销管理理念，盛行于19世纪末20世纪初。该观念认为，消费者喜欢那些可以随处买到和价格低廉的商品，企业应当组织和利用所有资源，集中力量提高生产效率和扩大分销范围，增加产量，降低成本。由于那个时代处于卖方市场环境，物资短缺，生产成本高，所以形成了一种"重生产、轻营销"的思想，其典型表现就是"我们能生产什么，就生产什么"。由于企业以生产观念指导营销活动，很容易使得产品不符合市场需要，最终导致企业失败。

2. 产品观念

产品观念也是一种"重生产、轻营销"的观念，几乎与生产观念并存于同一时期。产品观念认为，消费者喜欢高质量、多功能和具有某些特色的产品。因此，企业应该致力于生产优质产品，并不断精益求精。尽管产品观念比生产观念有所进步，但是市场求新、求异、求变，一味追求质量和功能而忽视了消费者的需求和欲望，导致营销工作缺乏远见。

3. 推销观念

推销观念盛行于20世纪三四十年代，它认为消费者不会主动地购买本企业的产品，因此企业的中心任务就是积极推销和大力促销，使消费者认识和接受该产品，吸引消费者购买；其表现往往是"我们卖什么，就让人们买什么"。可见，与前两种观念一样，推销观念也是建立在以企业为中心的"以产定销"的基础上，而没有站在消费者真正需求的基础上。因此，前三种观念被称为"传统营销"观念。

4. 市场营销观念

市场营销观念形成于20世纪50年代，与传统营销观念不同，它不是以企业为中心，而是以满足顾客需求为宗旨，从顾客需求出发安排生产和经营活动，是以消费者需求和欲望为导向的经营哲学，是消费者主权论的体现。该观念认为，企业一切的工作重点要以顾客需求为中心，正确确定目标市场的需求与欲望，比竞争者更有效地满足目标市场的要求，实行以需定产。可见，市场营销观念的产生，是营销观念的一次质的飞跃和革命，从以企业为中心转变为以顾客为中心。

5. 社会营销观念

社会营销观念产生于20世纪70年代，随着环境污染、能源短缺、通货膨胀、人口爆炸和忽视社会服务等新问题的出现，人们开始思考消费者短期需要与长远利益、企业利益与社会长远发展之间的矛盾。因而，出现社会营销观念，即企业在满足消费者需求、获得利润的同时，必须注意维护社会公众和消费者的长远利益。社会营销观念是以社会长远利益为中心的市场营销观念，是对市场营销观念的补充和修正。

6. 大市场营销观念

大市场营销观念产生于20世纪80年代，是指企业为了成功进入特定的市场，并在那里从事经营活动，就需要综合应用经济、心理、政治和公共关系等手段，以赢得外国或地区等有关方面的合作与支持的战略思想和营销策略。这里特定市场一般是指贸易壁垒很高的封闭型或保护型市场等。

7. 关系营销观念

关系营销观念兴起于20世纪90年代，是指企业与其顾客、分销商、经销商和供应商建立并保持长期的、彼此信任的、互利的、巩固的和良好的合作伙伴关系，通过互利交换及共同履行诺言，实现参与交易各方的目标。可见，市场营销的核心从交换转变为关系。

8. 绿色营销观念

绿色营销观念以保护全球资源、生态和维持人类健康为宗旨，是社会营销观念的具体化、系统化。其核心是提倡绿色消费意识，进行以绿色产品为主要标志的市场开拓，营造绿色消费的群体意识，创造绿色消费的宏观环境，销售绿色产品，培育绿色文化。

总之，生产观念、产品观念和推销观念一般被称为"传统营销观念"，是以企业为中心、以企业利益为最终目的的营销观念；市场营销观念、社会营销观念、大市场营销观念、关系营销观念和绿色营销观念一般被称为"现代营销观念"，是以消费者为中心和以社会长远利益为中心的营销观念。

1.1.2 市场营销的含义

1. 市场的含义

市场营销是以顾客为中心、以市场需求为出发点的现代营销观念。所谓市场，是指具有特定的欲望和需求，而且愿意并能够以交换来满足此欲望和需求的全部潜在顾客。因此，市场的大小，取决于那些有某种需要，并拥有使别人感兴趣的资源，同时愿意以这种资源来换取其需要的东西的人数。

市场营销学主要研究作为销售者的企业的市场营销活动，即研究企业如何通过整体市场营销活动，适应并满足买方的需求，以实现经营目标。因此，市场是指某种产品的现实购买者与潜在购买者需求的总和。

市场包含3个主要因素，即消费主体、购买力和购买欲望。市场的这3个要素是相互制约、缺一不可的，只有三者结合起来才能构成现实的市场，才能决定市场的规模和容量。

2. 市场营销的含义

市场营销可被理解为与市场有关的人类活动，即以满足人类各种需要和欲望为目的，通过市场变潜在交换为现实交换的活动。市场营销不是销售或促销，因为现代企业市场营销活动包括市场营销研究、市场需求预测、新产品开发、定价、分销、物流、广告、人员推销、销售促进和售后服务等，而销售仅仅是现代企业市场营销活动的一部分，而且不是最重要的部分。

通过营销观念的发展和转变可以看出：市场营销的产生是人类社会经济发展的产物，市场营销的发展始终伴随着社会经济的发展。可见，市场营销的含义不是固定不变的，它随着企业市场营销实践的发展而发展；许多专家都提出了自己的见解。

当代管理学大师彼得·德鲁克（Peter Drucker）认为：市场营销是如此基本，以至不能把它看成一个独立的功能，从它的最终结果来看，也就是从顾客的观点来看，市场营销是整个企业活动。

美国著名市场营销学教授菲利普·科特勒（Philip Kotler）认为：市场营销是个人和集体通过创造，提供出售，并同他人交换产品和价值，以满足需求和欲望的一种管理过程。

英国皇家营销学院（CIMUK）认为：市场营销就是有效地明确、预测和满足顾客需求并创造利润的管理过程。

美国市场营销协会（AMA）将其定义为：市场营销就是关于构思、货物和服务的设计、定价、促销和分销的规划与实施过程，目的是创造能实现个人和组织目标的交换。总之，我们可以这样来理解：市场营销是企业的一系列经营活动，体现了企业的价值观。由于市场营销是"以销定产"，以顾客需求作为企业生产导向的营销理念，因此它是连接市场需求与企业反应的桥梁，关系企业的生存和发展。

1.1.3 市场营销组合

1. 市场营销组合的定义

市场营销组合是现代市场营销理论中一个重要概念，是指企业针对选定的目标市场，综合运用各种可能的市场营销策略和手段，组合成一个系统化的整体策略，以达到企业的经营目标和最佳的经济效益。

2. 市场营销组合的内容

美国麦卡锡教授于1960年在其《基础营销》（*Basic Marketing*）一书中将市场营销要素概括为4类：产品（product）、价格（price）、渠道（place）、促销（promotion），即著名的4P组合。1967年，菲利普·科特勒在其畅销书《营销管理：分析、规划与控制》第一版进一步确定了以4P为核心的营销组合方法。现代市场营销学认为，影响企业市场营销效果的因素来自两个方面：一个是市场营销环境，是影响企业经营的不可控制的外部因素；另一个是市场营销组合，是企业经营的可以控制的各个变量的组合。在通常情况下，市场营销组合的优劣直接决定了企业在目标市场的竞争地位和经营特色。

市场营销组合又称为4P组合，即由产品策略、价格策略、渠道策略、促销策略4个基本策略组成。

产品策略，是指与产品有关的计划和决策。产品是为目标市场而开发的有形物质产品与各种相关服务的统一体。其核心问题是如何满足目标市场对企业提供的商品和各种相关服务的需求，即在产品种类、质量标准、产品特性、产品品牌、包装设计，以及维修、安装、退货、指导使用和产品担保等方面进行新产品的开发活动。

价格策略，是指企业如何估量顾客的需求与分析成本，以便选定一种吸引顾客、实现市场营销组合的价格。制定价格策略必须考虑产品在目标市场上的竞争性质、法律政策限制、顾客对价格可能作出的反应、折扣、支付期限和商业信用条件等相关问题。顾客对价格的认同程度是市场营销效果的衡量指标。

渠道策略，是指产品从生产者到消费者的途径。产品在其所有权转移过程中从生产领域进入消费领域需要经过多个环节及经营机构，大量的市场营销功能是在这些市场营销渠道中完成的。渠道的计划和决策，是指通过渠道的选择、调整、新建及对中间商的协调和安排，控制相互关联的市场营销机构，以利于更顺畅地完成交易。

促销策略，是指各种促进销售形式和手段的融合。促销的本质是在企业和顾客之间传递"合适的产品在适当的时候以适当的价格出售"的信息。所以，促销策略又称为沟通策略，它的作用一是传递企业何时何地以何种方式何种价格销售何种商品的信息；二是引起消费者注意，激发购买兴趣；三是增强企业品牌的知名度。因此，它包含广告策略、人员推销、公共关系、营业推广等因素的组合运用。

【课堂练习1-1】4P组合策略的应用

练习目的：

通过本次课堂练习，获得4P组合策略应用的感官体验，深刻体会市场营销中，4P组合策略的互相融合和互相支撑，进而更加深入地了解市场营销的功能及其对企业的重要性。

练习要求：

学生自由组合成小组，分析"肯德基二次进军香港的4P组合策略应用"的案例内容，结合理论知识分析案例的实际应用特点；各小组还可以模仿这个案例，把比较有代表性的、实际在企业中应用到的4P组合策略应用案例与全班师生一起分享，以便更好地掌握所学理论知识。

练习内容：

肯德基二次进军香港的4P组合策略应用

1. 肯德基进军香港

1973年，赫赫有名的肯德基公司踌躇满志，大摇大摆地踏上了香港，并夸下海口：要在香港开设50至60家分店。这并非是信口雌黄。这种由11种草本植物和香料制成的肯德基家乡鸡，由于工艺独特，香酥爽口，备受世界各地消费者的喜爱。到20世纪70年代，肯德基在世界各地有快餐店数千家，形成了一个庞大的快餐店连锁网。于是，它又把目光瞄准了香港这颗"东方之珠"。

1973年6月，第一家肯德基店在美孚新村开业，其他分店亦很快接连开业。到1974年，数目已达到11家。在肯德基家乡鸡店中，除了炸鸡之外，还供应其他食品，包括菜丝沙拉、马铃薯条、面包，以及各种饮料。

肯德基首次在香港推出时，电视和报刊、印刷品的主题，都采用了家乡鸡世界性的宣传口号——"好味到舔手指"。

声势浩大的宣传攻势，加上独特的烹调方法和配方，使得顾客都乐于一尝，而且在肯德基进入香港以前，香港人很少品尝过所谓的美式快餐。虽然大家乐和美心快餐店均早于肯德基开业，但当时规模较小，未形成连锁店，不是肯德基的竞争对手。表面看来肯德基在香港前景光明。

2. 惨遭"滑铁卢"

1974年9月，肯德基多家店面停业，只剩4家坚持营业。到1975年2月，全军覆没。

在产品上，为了适应香港人的口味，肯德基采用了本地产的土鸡品种，但仍采用以前的喂养方式，即用鱼肉饲养。这样便破坏了中国鸡特有的口味，甚是令香港人失望。在价格上，当时的香港人认为肯德基价格太昂贵，因而抑制了需求量。在广告上，肯德基采用了"好味到舔手指"的广告词，这在观念上也很难被香港居民所接受。在服务上，家乡鸡不设座位的做法，等于是赶走了一批有机会成为顾客的人。

虽然肯德基建店之初，吸引了许多人前往尝试，但是回头客就很少了。

3. "卷土重来"——制定合理的4P组合策略

1985年，肯德基卷土重来，在开拓市场上更为谨慎，在营销策略上按香港的情况进行了适当的变更。

肯德基进行了市场细分，明确了目标市场。新的肯德基店和旧的不同，现在它是一家高级"食堂"快餐厅，介于铺着白布的高级餐厅与自助快餐店之间。顾客对象介于16至39岁之间，主要是年轻人，包括写字楼职员和年轻的行政人员。

在产品策略上，肯德基店进行了食品项目的革新。品种上增加菜的种类，以鸡为主，有鸡件、鸡组合装、杂项食品和饮品；杂项食品包括薯条、沙拉和玉米；所有鸡都是以贺兰迪斯上校的配方烹调，大多数原料和鸡都从美国进口；食品是新鲜烹制的；炸鸡若在45分钟仍未售出便不会再售，以保证所有鸡件都是新鲜的。

在价格策略上，公司将家乡鸡的价格定得较高，而其他杂项食品如薯条、沙拉和玉米等以较低的竞争价格出售。这是因为，如果家乡鸡价格太低，香港人会把它看成一种低档快餐食品，与自己的市场定位不符；而其他杂项食品以低价格出售，可以在周围有许多出售同类食品的快餐店中，获取一定的竞争优势。

在渠道策略上，肯德基采取特许经营的方式，由某家机构取得香港特许经营权，条件是不可分包合约，内容包括购买特许的设备、食具和向家乡鸡特许供应商购买烹调用香料等，确保家乡鸡的口味、质量和营销理念不变；在增开新店时，尽量开设在人流较大的地方，以方便顾客；同时扩大营业面积，增设座椅，提高就餐环境质量，改变消费者拥堵的状况。

在促销策略上，肯德基将1973年的广告口号"好味到舔手指"改为"甘香鲜美好口味"，在地铁车站和报纸、杂志上都能看到新的广告词。很明显，新的广告词已带有浓厚的港味，因而更容易被香港人接受。

4. 香港终于接受了它

随着公司进一步的市场调查和调整市场策略,香港逐步成为肯德基的一个分市场,分店数目占肯德基在世界各地总店数目的10%,肯德基也成为与麦当劳、汉堡包和必胜客薄饼并立的香港四大快餐食品之一。肯德基终于被香港人接受了。

思考与互动:

学生思考并回答以下几个问题,教师点评、归纳。

① 按照4P组合策略的理论,对比肯德基两次进军香港所采取的组合策略有什么不同。
② 在上述案例中,产品策略、价格策略、渠道策略和促销策略是如何融合在一起的?
③ 应用适宜的4P组合策略,能给企业带来什么好处?
④ 通过上述案例,具体谈谈应用4P组合策略有哪些注意事项。
⑤ 根据你对肯德基的了解,在其实施4P组合策略中,你还有哪些建议或对策呢?

1.2 网络营销概述

1.2.1 网络营销的产生

20世纪90年代初,在全球范围内掀起了互联网应用热潮,世界各大公司纷纷利用互联网提供信息服务和拓展公司的业务范围,并且按照互联网的特点积极组织企业内部结构和探索新的营销管理方法,网络营销由此诞生。

网络营销是以现代电子技术和通信技术的应用与发展为基础,与市场的变革、竞争及营销观念的转变密切相关的一门新学科。网络营销的产生有其在特定条件下的技术基础、观念基础和现实基础,是多种因素综合作用的结果。具体分析其产生的根源,可以更好地理解网络营销的本质。

1. 互联网的发展是网络营销产生的技术基础

1969年11月21日,6名科学家在加利福尼亚大学洛杉矶分校的计算机实验室,将一台计算机与千里之外的斯坦福研究所的另一台计算机联通,宣告了网络时代的到来。

网络,一般指计算机网络,是由"计算机集合"和"通信设施"组成的系统;在网络营销中,它主要指的是互联网,包括因特网(Internet)、企业内部网(intranet)及企业外部网(extranet)移动互联网(mobile internet)。互联网也就是由众多计算机、智能终端及其网络,通过电话线、光缆、通信卫星等连接而成的一个计算机网,是一种集通信技术、信息技术、网络技术、移动技术和计算机技术为一体的网络系统。早期的互联网主要用于军事、教育和研究活动。各项高新技术的飞速发展,以及互联网信息开放、分享和价格低廉的特点,推动了网络技术的商业化,互联网也逐步渗透至经济领域,并在商业领域的应用中显现出巨大威力和发展前景。

营销的实质是企业与顾客之间的交流和沟通,这种交流和沟通会影响顾客的购买行为。由于互联网突破了时间和空间的限制,实现了连接、传输、互动、存取各类形式信息的功能,提供了各种各样的服务,具备了企业与顾客之间的商业交易和互动沟通的能力,因此企业利用互联网开展经营活动,显示出越来越多的区别于传统营销模式的优势,以互联网为技术基础的网络营销,是社会经济发展的必然结果。

2. 消费者价值观念的变革是网络营销产生的观念基础

满足消费者的需求是市场营销的核心。随着科技的发展、社会的进步和经济的繁荣,消费者的价值观也在不断地变化,市场已经从卖方市场向买方市场转变,消费者主导的经营时代已经来临,企业纷纷上网为消费者提供各种各样的服务,开展网络营销,以获得竞争优势。消费者价值观念的变革主要体现在以下方面。

1) 个性化消费的回归

在过去相当长的一个时期内,工业化和标准化的生产以大量低成本、单一化的产品淹没了消费者的个性化需求;另外,在短缺经济或近乎垄断的市场中,可供消费者挑选的产品很少,使得消费者的个性不得不被压抑。而在市场经济充分发展的今天,多数产品无论在数量上还是在品种上都已经极为丰富,消费者完全可以以自己的愿望为基础挑选或购买商品或服务。从理论上看,没有两个消费者的心理是完全一样的,每个消费者都是一个细分市场,个性化消费正成为消费的主流。

2) 消费主动性增强

由于商品生产的日益细化和专业化,消费者购买商品的风险会随着选择的增多而上升;消费者购物时逐步理性化,会通过各种渠道获取与商品有关的信息,并进行分析与比较,以减少购买风险。网络时代信息获取的方便性和共享性,促使消费者通过各种渠道获取商品信息,并进行分析比较,获得心理上的平衡感和满足感,增加了对所购买商品的理解和信任,降低了购物风险。

3) 追求购物的方便性和趣味性

在信息社会里,有许多生活节奏紧张的消费者,他们会以购物的方便性为目标,追求尽量节省时间和劳动成本;也有许多消费者,希望通过网络来消费一些新鲜和有趣的网络产品(如网络游戏等)来满足心理的需要,从中获得享受。

4) 价格仍然是影响消费者购买的重要因素

虽然现代市场营销总是以各种策略来削弱消费者对价格的敏感度,避免价格恶性竞争。但是,价格始终对消费者产生重要的影响,即使在现代营销技术面前,价格的作用仍不可忽视,价格的变动依然会影响消费者既定的购买原则。

3. 激烈的市场竞争是网络营销产生的现实基础

随着当今市场竞争的日益激烈，企业为了获得竞争优势，必须不断推出各种营销手段来吸引顾客，但传统的营销手段已经不能使企业在竞争中出奇制胜。网络营销正是一种新颖独特的理念，能以更低的成本和服务、更为合适的途径传递信息给消费者，以更为快捷的方式获取消费者的需求和喜好，从而生产出满足消费者需求的产品和服务；并使企业经营的成本和费用降低，运作周期变短，以便应对竞争激烈的市场。

综上所述，互联网的发展、消费者价值观的变革和激烈的市场竞争促进了网络营销的产生，而网络营销的特征和优势也在很大程度上满足了企业应对竞争激烈的新需求。

1.2.2 网络营销的概念和内涵

1. 网络营销的概念

随着互联网的普及和应用，以互联网为载体，以全新的理念、方式和方法实施营销活动应运而生，即网络营销。网络营销是企业借助互联网实现营销目标的一种营销手段，也是电子商务的重要组成部分。关于网络营销，国外有许多种叫法，如 cyber marketing、network marketing、e-marketing、online marketing、web marketing 等，都有"网络营销"或者"互联网营销"的含义，但不同的单词组合有着不同的含义。

cyber marketing 主要指在虚拟的计算机空间上进行的营销活动；network marketing 主要指在网络上开展的营销活动，包括 Internet、EDI 和 VAN 等各种网络，可译为网上营销；e-marketing 是目前习惯采用的翻译方法，e 即 electronic，是电子化、信息化、网络化的含义，简洁、直观、明了，而且与电子商务（e-commerce、e-business）、电子虚拟市场（e-market）等翻译相对应；online marketing 可直译为在线营销；web marketing 强调的是基于网站的营销。

网络是一个虚拟的世界，没有时间和空间的限制，但是许多事物以一种虚拟化的形式存在，企业欲通过网络来开展经营活动，必须改变传统的营销手段和方式。可见，网络营销的核心思想就是"营造网上经营环境"。在网络经营环境中，直接环境由计算机网络、网络运营商和各类上网终端组成；间接环境即企业网络营销所面临的现实的营销环境，包括顾客、网络服务商、合作伙伴、供应商、销售商等。

由于对网络的理解不同，和电子商务一样，网络营销的概念也有广义和狭义之分。广义的概念是，企业利用一切计算机网络（包括企业内部网、行业系统专线网及互联网）进行的营销活动；狭义的概念专指以互联网为主要营销手段，为达到一定营销目标而展开的营销活动。

通过上述对网络营销概念的理解，可以得到一个比较合理的定义：网络营销是企业整体营销战略中的一个组成部分，是利用 Internet 技术，最大限度地满足客户需求，以达到开拓市场、实现营利目标的经营过程。

正确认识网络营销，还需注意以下几点。

① 网络营销是手段而不是目的。网络营销具有明确的目的和手段，但网络营销本身不是目的。网络营销是营造网上经营环境的过程，也是综合利用各种网络营销方法、工具、条件并协调其相互关系，从而更加有效地实现企业营销目的的一种手段。

② 网络营销不是孤立的，它是企业整体营销战略的一个组成部分。网络营销活动不可能脱离一般营销环境而独立存在，在很多情况下网络营销理论是传统营销理论在互联网环境中的应用和发展。不管网络营销处于主导地位还是辅助地位，都是互联网时代市场营销中必不可少的内容。

③ 网络营销不是网上销售。网络营销是为实现产品销售目的而进行的一项基本活动，但网络营销本身并不等于网上销售。网上销售是网络营销发展到一定阶段产生的结果。

④ 网络营销不等于电子商务。网络营销本身并不是一个完整的商业交易过程，而只是促进商业交易的一种手段。电子商务主要是指交易方式的电子化，它强调的是交易行为和方式。网络营销是电子商务的基础，开展电子商务离不开网络营销，但网络营销并不等于电子商务。

⑤ 网络营销不是"虚拟营销"。所有的网络营销手段都是实实在在的，而且比传统营销方法更容易跟踪消费者的行为。

2. 网络营销的内容

网络营销一方面要针对新兴的网上虚拟市场，及时了解网上虚拟市场的消费者特征和变化，实现企业的营销活动；另一方面，网络具有其他渠道和媒体所不具有的特点，信息交流自由、开放和平等、费用低、效率高，开展网络营销活动，需要具有与传统营销活动不一样的手段和方式。所以，网络营销的内容十分丰富，主要包括以下方面。

① 网上市场调查：主要利用互联网交互式的信息沟通渠道来实施调查活动。

② 网络消费者行为分析：深入了解网上用户群体的需求特征、购买动机和购买行为模式。

③ 网络营销策略的制定：不同企业在市场中处于不同地位，必须采取与企业相适应的网络营销策略。

- 网络产品和服务策略：企业制定网络产品和服务策略时，必须结合互联网的特点，重新考虑传统产品的设计、开发、包装和品牌策略。
- 网络价格营销策略：结合互联网自由、平等和信息共享的特点，制定网络价格策略时必须考虑互联网本身独特的免费思想对企业定价的影响。
- 网络渠道选择与直销：解决了传统渠道中多层次的选择、管理和控制问题，最大限度地降低了营销渠道中的费用。
- 网络促销与网络广告：具有简单、高效、费用低廉等特点，但是开展网络促销与网络广告活动必须遵循网上信息交流与沟通的规则,特别是遵守虚拟社区的礼仪。

④网络营销管理与控制:对互联网上开展的营销活动和许多传统营销活动无法碰到的新问题,进行管理和有效的控制。

3. 网络营销组合理论

随着营销理论和移动互联网技术的发展,网络营销组合以 4P 营销组合理论为基础,以 4C、4R 和 4D 营销组合理论为导向。4P 理论、4C 理论、4R 理论、4D 理论的对比如表 1-1 所示。

表 1-1 4 种营销理论对比表

4P 理论	4C 理论	4R 理论	4D 理论
产品(product)	顾客(customer)	关联(relevancy)	需求(demand)
价格(price)	成本(cost)	反应(respond)	数据(data)
渠道(place)	便利(convenience)	关系(relation)	传递(deliver)
促销(promotion)	沟通(communication)	回报(return)	动态(dynamic)

4C 理论,即由顾客的需求和欲望(consumer wants and needs)策略、成本(cost)策略、便利(convenience)策略、沟通(communication)策略 4 个基本策略组成。4C 理论是 4P 理论的发展,并一一对应,该理论基本观点是:先不急于制定产品策略,而是以研究顾客的需求和欲望为出发点;先不急于制定定价策略,而是重点研究顾客为满足其需求所愿付出的成本;先不急于制定渠道策略,而是着重考虑给顾客方便以购买到商品;先不急于制定促销策略,而是着重于加强与消费者的沟通和交流。

4R 理论是指关联、反应、关系和回报,是在 4P 理论和 4C 理论基础上的进一步创新。关联即通过某些有效的方式在业务、需求等方面与顾客建立关联,形成一种互助、互求、互需的关系,把顾客与企业联系在一起,形成稳定、持久和牢固的关系,减少因网络的便利而带来的顾客流失;反应即提高网络时代的市场反应速度,站在顾客的角度及时倾听顾客的希望、渴望和需求,并及时答复和迅速做出反应,满足顾客的需求,以体现网络方便、快捷的特点;关系即关系营销越来越重要,抢占市场的关键已转变为与顾客建立长期而稳固的关系,从交易变成责任,从顾客变成拥趸,从管理营销组合变成管理和顾客的互动关系;回报即营销的动力源泉,既包括为顾客带去的回报,也包括为企业带来短期或长期的收入和利润。

4D 理论是指需求、数据、传递和动态。需求,指聚焦消费者需求;数据,指精准定位个性化营销;传递,指直接把产品价值传递给消费者;动态,指企业与消费者的动态立体式沟通。

4P、4C、4R、4D 之间不是取代关系,而是完善、发展的关系,4P 是营销的一个基础框架，4C 是在 4P 基础上的丰富和完善，4R 是在 4P、4C 基础上的创新与发展，4D 是移动互联网经济时代的基础和灵魂，四者不是割裂或对立的，企业应当根据自身的实际情况，科学运用以上理论指导网络营销实践。

4. 网络营销的职能和特点

网络营销的职能有很多，并不是简简单单的网上销售或者网上广告，其职能主要有以下几个方面。

① 网络品牌：网上品牌的建立和网下品牌的延伸。
② 网站推广：网络营销的核心工作。
③ 信息发布：网络营销的基本职能，网络营销的主要方法之一。
④ 销售促进：直接或间接地促进网上和网下的销售。
⑤ 销售渠道：企业销售渠道在网上的延伸。
⑥ 顾客服务：提供更贴切的服务，对强化网络营销效果具有重要影响。
⑦ 顾客关系：网络营销取得成效的必要条件。
⑧ 网上调研：具有高效率、低成本的特点，是网络营销的主要职能之一。

网络营销的特点也有很多，是由网络特点和社会的发展演变出来的，其特点主要有以下几个方面。

① 跨时空性：网络营销突破了时间和空间的限制，使企业拥有了更多时间和空间进行营销。
② 多媒体：互联网可以传输、保存和交换文字、声音、图像和视频等多种媒体信息，可以充分发挥营销人员的创造性和能动性。
③ 互动性：企业和顾客可以通过互联网进行双向互动式的沟通，是企业进行产品设计、获取商品信息和提供服务的最佳工具。
④ 人性化：网络促销等活动是一对一的、理性的、消费者主导的、非强迫性的和循序渐进的，是一种低成本和人性化的方式。
⑤ 成长性：随着网络的普及，网民的数量在飞速增长，而且大多数都是年轻的、具有一定消费水平的受教育群体，具有很大的市场潜力和成长性。
⑥ 整合性：网络渠道是一种全程的营销渠道，可以完成全部营销过程，也可以对不同的营销活动进行统一的设计、规划和协调，具有整合性。
⑦ 超前性：网络营销是一种强大的营销工具，具备一对一的营销能力，迎合了定制营销和直复营销等未来发展的趋势，具有超前性。
⑧ 高效性：网络营销借助高新技术和现代化工具，使得商业信息的存储、传输和发布都具有高效性。
⑨ 经济性：网络营销代替了传统的面对面的交易方式，减少了店面租金、库存等成本，提高了交易的经济性。

⑩ 技术性：网络营销是建立在以高新技术为支撑的网络基础上的，企业实施网络营销必须有一定的技术投入、技术支持和懂营销又懂技术的复合型人才。

1.2.3 网络营销与传统营销

网络营销是随着网络的发展而产生的营销方式，具有与传统营销不同的特点和优势，对传统营销产生了一定的冲击；但网络营销并不是简单的营销网络化，并未完全抛开传统营销理论，而是对传统营销的继承、发展与创新。

1. 网络环境下的营销格局

在传统营销理论中，可控因素与不可控因素有着十分清楚的界限，营销管理的本质就是综合运用企业可控因素，以实现与不可控因素或者外部环境的动态协调。在网络环境下，企业的可控因素、不可控因素和外部环境都发生了许多重大变革，企业、消费者和宏观环境力量之间的关系和格局都发生了变化，使得原有的规律已经发生了许多重大的变革。

1) 企业与消费者的关系

在传统经济运行模式条件下，企业无法了解每一位消费者的需求、欲望和利益，所以绝大部分消费者只能在企业已经生产出来的产品和服务中做出选择。在这种交易模式下，消费者依旧没有处于主动地位，被排除在营销主体以外，只是企业的营销对象。在网络经济运行模式条件下，消费者可以与企业进行一对一的沟通和交流，拥有了全球的选择空间和选择机会，消费者的意愿、利益和偏好真正成为企业营销活动的中心。在这种环境下，消费者的地位凸显了出来，并成为企业营销活动的参与者，与企业共同构成了市场营销的主客体。

2) 企业间的相互关系

依托网络的帮助，供应链上的所有企业更像是一个紧密结合的整体，供应商、分销商和营销服务机构等均可通过网络协同工作，打破时间和地域的限制，完善各个部门间的融合，提高了工作效率，而不纯粹是某种意义上的外部环境。与传统运行模式环境不同，供应商、分销商和营销服务机构等与制造企业共同构成营销活动的主体。

3) 企业与宏观环境力量之间的关系

菲利普·科特勒将政治权力作为营销组合因素对待，实际上已经揭示了这样一个事实，即企业与宏观环境的界限并不是恒定不变的；由于网络信息传输和交换的自由、平等和共享等特点，政治、经济、法律和技术等均被附上了网络特色，使得这种非恒定状态，在网络空间被进一步放大。

总之，网络改变了企业与消费者、企业与企业、企业与所处经营环境的相互关系，使得传统营销模式中企业可控因素与不可控因素的边界趋于模糊。在这种背景下运用可控因素适应不可控因素的规律，已经不再具备坚实的实践基础。只有突破这一局限，透过一个新的视角，才可能找到适合企业的经营模式。

2. 网络营销对传统营销的冲击

① 对标准化产品的冲击。根据消费者的需求生产小批量、个性化的商品，更有效地满足多样化需求，是企业所面临的挑战；网络中会产生更多的虚拟化、无形化、非实体化的新兴产品；网络营销还使产品生命周期逐步缩短，并且概念逐步淡化。

② 对品牌全球化管理的冲击。对品牌全球化管理的一个挑战是如何对全球品牌和共同的名称或标志识别进行管理，以及如何加强区域管理。

③ 对定价策略的冲击。网络市场中价格信息的透明化和公开化，对采取差异化定价的企业产生了巨大的冲击；网络交易中的支付和物流等风险的存在，也对网络价格的制定提出了新的挑战。

④ 对营销渠道的冲击。互联网的出现大大削弱了中间商和分销商的重要性，企业可以通过网络直接面对顾客，这对传统的营销渠道造成了很大的冲击。

⑤ 传统广告障碍的消除。网络消费者在寻找商品或服务信息时，具有相关性、目的性和主动性，使得企业的网络宣传、网络广告策略更有针对性、互动性和高效性，消除了传统广告的盲目性、强加性和低效性。

⑥ 重新营造顾客关系。网络营销中的企业竞争是一种以顾客为焦点的竞争形态，面对消费者大范围选择和理性购买的发展趋势，企业若欲与散布在全球各地的顾客保持持续、长久和稳定的关系，就必须重新营造顾客关系。

⑦ 对营销竞争战略的影响。网络自由、平等和低市场进入障碍等特性，使中小企业也能通过网络参与全球竞争；网络时代的市场竞争透明化，产品信息随处可见，需要研究新的竞争策略，如战略联盟、策略联盟等。

⑧ 对跨国经营的影响。网络具有跨时间和跨空间的优势，因而网络时代的企业也不得不进入跨国经营的时代，拓宽国际视角，适应国际化经营，面对国际化竞争。互联网为跨国公司和新兴企业提供了许多利益，也给企业带来了许多冲击和挑战。

⑨ 企业组织重整。网络营销给企业带来的影响有：业务人员与直销人员减少、组织层次减少，营销渠道缩短，虚拟组织增加等。这些影响和变化都将促使企业组织重整和企业组织再造。

3. 网络营销与传统营销的整合

通过以上分析可知，网络营销与传统营销方式相比具有无可比拟的优势，对传统营销造成了很大的冲击。但是，网络营销不可能完全取代传统营销，而需要与传统营销实现整合，才能使企业的整体营销策略获得最大的成功。

1）整合营销的含义

整合的含义是综合、合并、一体化，即把各个分散的部分结合为一个更完整、更和谐的整体，各组成部分紧密合作，在动态运行中，通过综合使之完整与和谐。整合营销的含义有两个层次：一是营销功能不同，如销售力量、广告、产品管理、市场研究等；二是营销部门必须和企业的其他部门相协调。整合营销观念改变了把营销活动作为企业经营管理的一项职能的观点，而是要求所有活动都整合和协调起来，努力为企业、顾客和社会三方的共同利益服务。

2) 网络营销不可能完全取代传统营销

虽然网络营销作为一种新的营销理念和策略，与传统营销相比有着许多优势，但是由于网络、安全和技术等原因，网络营销并不能完全取代传统营销，二者将互相影响、互相补缺和互相促进，实现内在统一。

① 电子商务市场仅是整个商品市场的一部分。从电子商务交易市场的交易金额来看，仅占整个市场交易金额的一小部分。

② 所覆盖的消费群体仅是整个市场中的一部分群体。上网人群主要集中在中青年，老年人等群体由于各种原因还不能或不愿意使用互联网。

③ 消费者具有不同的偏好和习惯。许多消费者喜欢享受逛商场的乐趣或者喜欢亲自体验商品性能，这些传统营销过程中的优势是网络营销无法取代的。

④ 人与人之间的现实沟通具有独特的亲和力和感染力。许多消费者不愿意接受或者使用新的沟通方式和营销渠道，仍喜欢传统方式。例如，目前的电视广告等仍然发挥着重要的宣传作用。

⑤ 传统营销是网络营销的基础。网络营销是传统营销在网络环境下的发展和延伸，从传统营销的基本理论来看，网络营销依旧要遵从这些基本规律——针对一个营销目标实施营销策略时，要通过计划、分析、实施和控制等步骤，也要经历"调研、市场细分、选择目标市场、市场定位、确定营销策略和总结"这一过程。因而，网络营销应合理吸取和利用传统营销理论体系。

⑥ 网络依然存在不足之处。网上信任不足等会随着网络技术的发展和网络社会的进步而被逐步克服，但现阶段仍以传统模式为主。

3) 网络营销与传统营销的整合

传统营销作为引导，为网络营销创造了前提条件。例如，利用报纸、杂志和电视广告等，建立企业品牌形象，引导消费者主动访问网站，继而发挥网络资料详尽和价格低廉等优势，使传统营销方式与网络营销模式的优势都得到充分发挥。

然而，网络营销作为主力，其廉价、即时和互动等特点，尤其是对于网络服务提供商和网络内容提供商等新兴网络企业的发展，具有十分重要的意义。

1.2.4 网络营销理论

1. 网络直复营销理论

直复营销是依靠产品目录、印刷品邮件、电话或附有直接反馈的广告及其他形式的媒体进行大范围的营销活动。直复营销中的"直"即直接,是指不通过中间分销渠道而直接将企业与消费者连接起来;直复营销中的"复"即回复,是指企业与顾客之间的交流与沟通。简单来说,直复营销是企业与消费者之间直接面对面进行的交互式营销活动。

2. 网络软营销理论

软营销理论是针对工业经济时代的以大规模生产力为主要特征的"强势营销"提出的一种新理论。在强势营销中,企业通过推销人员的强势推销进行推销活动;强势营销的主动方是生产商。而软营销理论则强调企业在进行市场营销活动的同时,必须尊重消费者的感受和体验,让消费者主动接受企业的营销活动;软营销的主动方是消费者。

由于信息交流是自由、平等、开放和交互的,网络使用者比较注重个人体验和隐私保护。因此,在互联网上展开强势营销活动必会适得其反。网络软营销恰好是从消费者的体验和需求出发,在遵循网络礼仪的基础上巧妙运用营销技巧,获得微妙的营销效果。

3. 网络整合营销理论

在互联网上,网络整合营销恰好能很好地体现整合营销中传播的统一性、双向沟通和目标营销三个方面的特点,从消费者需求出发,把消费者整合到整个营销过程中来;在整个营销过程中不断与顾客交流沟通,每一个营销决策都要从消费者出发,使企业与消费者有机地交融在一起互动,使整个营销决策过程形成一个双向的交互链,牢牢地抓住消费者,从而达到企业赢利的目的。

4. 网络关系营销理论

关系营销是 20 世纪 90 年代以来受到重视的营销理论,是指企业与其消费者、分销商、经销商、供应商等建立、保持并加强关系,通过相互交换及共同履行诺言,使有关各方面实现各自的目的。由于争取一个新顾客的营销费用是维系老顾客费用的 5 倍,所以,关系营销的核心是保持顾客,为顾客提供高度满意的产品和服务价值。通过加强与顾客的联系,提供有效的顾客服务,保持与顾客的长期关系,从而开展营销活动,实现企业的营销目标。

互联网作为一种有效的双向沟通渠道,企业与顾客之间可以实现低成本的沟通和交流,进而实现个性消费需求,与消费者保持密切联系。因此,网络关系营销为企业与顾客建立长期、稳定和持久的关系,提供了有效的保障。

【课堂练习1-2】4C 策略的应用

练习目的:

通过本次课堂练习,获得4C策略应用的感官体验,深刻体会网络营销中4C策略的互相融合和互相支撑,进而更加深入地了解网络营销的功能及其对企业的重要性。

练习要求：

学生自由组成小组，分析"戴尔公司的 4C 策略应用"的案例内容，结合理论知识分析案例的实际应用特点；各小组还可以模仿这个案例，把比较有代表性的、实际在企业中应用到的 4C 策略应用案例与全班师生一起分享，以便更好地掌握所学理论知识。

练习内容：

戴尔公司的 4C 策略应用

戴尔公司很早就认识到，网络营销将给企业提供一个新的市场机会。通过互联网，公司可以更好地扩展自己的直销模式，直接接触更多的消费者，并以低廉的价格提供更多的服务。1995 年，戴尔公司建立了戴尔在线网站，网站致力于规划和实施公司的网络营销计划。网络直销机会的把握使戴尔公司 1/4 的收入来自戴尔网站，取得了很大的成绩。其 4C 策略应用的分析如下。

1. 顾客的需求和欲望策略

戴尔网站的营销目的就是通过网络直销，最大限度地满足顾客的需要，更准确、快捷地了解顾客的需求，有计划地组织生产，提供顾客个性化服务。通过网络，该公司可以同每一个最终顾客建立直接的联系，真正做到"以顾客为中心"，赢得了顾客的信任；使用网络支持企业与顾客之间的直接联系，可以使企业获得更有价值的顾客信息，还可以扩大与顾客的接触频率，以便更好地开展营销活动，并为公司的长远发展奠定了一个良好的基础。

2. 成本策略

戴尔公司在创始之初就坚持其"黄金三原则"：第一，摒弃库存；第二，坚持直销；第三，让产品与服务贴近顾客。这三项原则极大地降低了公司的库存和营销费用。

3. 便利策略

戴尔公司提供了网上查询和预订、网上故障诊断和技术支持等服务。网上订货可以满足顾客自定义配置计算机组件的需求，方便顾客进行选购，减少顾客购物的时间，增加交易成功的概率；网上查询提高了顾客查询的效率，同时减轻了呼叫中心的压力，降低了公司的运营成本；技术支持知识数据库的建立，减少了顾客请专业维修人员维修计算机的烦恼，顾客可以自己进行检修和维护，提高故障检查效率，增强顾客对戴尔产品的情趣，还减少了公司的维护成本。

4. 沟通策略

戴尔公司的网站同电话销售系统、订货部门和服务功能紧密地结合在一起，顾客可以在网站上与公司进行良好的一对一沟通，了解已经提交的订货信息及故障的解决情况。同时，可以随时切换到人工服务部门，解答各种疑难问题，实现公司与顾客之间的无缝沟通。

思考与互动：

学生思考并回答以下几个问题，教师点评、归纳。

① 根据上述案例，对比分析4P策略和4C策略的异同和联系。

② 在上述案例中，顾客的需求和欲望策略、成本策略、便利策略和沟通策略是如何很好地融合在一起的？

③ 根据上述案例，分析应用适宜的4C策略，能给企业带来什么好处？

④ 通过上述案例，具体谈谈应用4C策略的注意事项。

⑤ 根据你对戴尔公司的了解，在其实施4C策略中，你还有哪些建议呢？

1.3 上机练习与实践——网络营销现状分析

1. 实训目的

某自行车销售商是一个销售各种品牌自行车及其零部件的国内大型连锁公司，公司业务遍及全国各地。随着网络全面渗透至企业运营和个人生活中，为了更好地吸引众多的网络客户、开拓网上销售渠道、提高公司管理各类客户的能力和综合竞争力等，该公司决定开展网络营销。

因此，公司相关部门的首要任务是：了解、熟悉网络和网络营销的现状、发展、演变及未来发展趋势，分析我国制造行业的网络营销现状。

2. 实训内容

① 进入中国互联网络信息中心网站，了解我国网络的发展和现状。

② 进入新浪和搜狐等门户网站，了解网络信息和网络广告的特点。

③ 进入网络营销研究专业网站——进入网上营销新观察和网络营销教学网站，了解网络营销的新理论和新发展。

④ 进入相关行业或组织网站——中华人民共和国工业和信息化部网站与美骑网站，了解相关行业的信息与资料。

⑤ 进入相关电子商务平台网站——阿里巴巴网站、天猫网站和京东网站，了解相关产品的信息与资料，熟悉相关行业的网络市场格局、网络竞争态势和网络营销发展现状。

3. 实训方法

① 连接互联网。

② 在浏览器地址栏输入相应网址，按照实训示例中的提示，分步骤完成。

4. 实训示例

① 了解我国网络的发展和现状：进入中国互联网络信息中心网站，了解我国对网民的定义、我国网络发展现状；了解我国网络发展史；了解我国网络的发展特点和热点。

② 了解网络信息和网络广告的特点：进入新浪和搜狐等门户网站，单击自己感兴趣的信息，体会网络信息的特点；单击或关闭网络广告，体会网络广告的特点。

③ 了解网络营销的新理论和新发展：进入网络营销研究专业网站——网上营销新观察和网络营销教学网站，关注自己感兴趣的、最新的网络营销理论与网络营销方法。

④ 了解相关行业的新资讯和新信息：进入相关行业或组织网站——中华人民共和国工业和信息化部网站与美骑网站，关注同本行业相关的信息与资料。

⑤ 了解相关产品的信息与资料，熟悉相关行业的网络市场格局、网络竞争态势和网络营销发展现状：进入相关电子商务平台网站——阿里巴巴网站、天猫网站和京东网站，关注同本产品相关的网上产品信息和资料。

5. 实训要求

① 根据各自的练习情况，以"目前我国网络营销发展现状"为题目，通过上网等查询、收集和整理有关资料，写实训报告一份。

② 实训报告内容要求：

- 独立完成报告，字数在 2 000 字以上。
- 对近 3 年的相关信息进行收集和整理，并有图表等数据分析和结论。
- 报告应做到主题突出、收集的信息及数据表达清晰、分析和结论合理、叙述流畅、无错别字。
- 列出所查询的网站网址、参考文献的标题和作者。

1.4 本章小结

网络营销是以现代营销理论为基础，借助计算机技术、网络技术、通信技术和数字交换式媒体实现营销目标的一种市场营销方式。网络营销与传统营销相比有很多优势，具有十分鲜明的特点，对传统营销造成了很大冲击，但是它不能取代传统营销。网络营销的基本目的、思想与传统营销基本一致，传统营销理论是网络营销理论的基础；只是在实施和操作的过程中，网络营销与传统营销的方法和手段有很大的区别。本章从市场营销的理论出发，重点介绍了网络营销的概念、内涵、特点、职能和基本理论等内容，分析了传统营销与网络营销的关系。

案例分析与提高

案例讨论：滴滴——颠覆移动出行领域的App

滴滴出行是我国第一家使用移动互联网技术和新型网络智能叫车系统的App。滴滴出行的最大价值是匹配用户和司机的需求，整合数据、掌握动态信息，改变传统的打车方式，在移动互联网时代引领用户现代化的出行方式。

在该App上市前，了解用户需求是营销工作的第一步。经调研，移动出行类应用的主要用户集中在年轻人群，且以白领和国企职员为主，他们对互联网接触较多，能接受和愿意使用这种新型出行方式；他们的需求主要集中在价格、接单速度、出行体验和服务质量等方面。针对这些用户需求，滴滴公司加大了优惠力度，优化软件功能和吸引司机加入，来提高接单速度，并注重司机考核和用户评价，以便优化出行体验和服务质量。

App上线后的一项核心工作就是向用户传递公司信息，进行品牌宣传推广工作，主要包括线上推广和线下推广。

1. 应用市场推广

除了在iOS和安卓系统下的智能手机应用市场推广，滴滴公司还在各类不同智能手机应用商店（91手机助手、360首发、应用宝、百度、小米应用商店和联想应用商店等）发布并推广，并在应用市场中的排名、标题、关键词和评论等版块进行优化，提升了App的排名，方便用户在各种品牌的智能手机中下载该App。

2. 网上新媒体推广

首先是微信推广，滴滴出行注册了多个公众账号，例如：滴滴出行、滴滴专车、滴滴顺风车和滴滴快车等公众账号，在公众账号中发布产品文章和活动信息，吸引用户参与。

其次是微博推广，以新浪微博为例，该公司在滴滴出行、滴滴快车和滴滴专车等多个微博账号进行营销活动，方便粉丝和用户参与。

最后是在其他门户网站推广。该公司在搜狐、网易、新浪等门户网站对App进行了软文推广；在知乎平台，开展了话题问答，进行软营销；还创建了百度百科和网上宣传视频等。

3. 线下推广

在机场、车站、加油站等地方设立服务区，并结合线下的宣传和海报为司机免费安装App，指导其使用。除此之外，滴滴出行运用口碑营销，让用户将产品推荐给亲朋好友，并获得打车优惠券。

除了宣传推广之外，滴滴出行还注重积累各种数据，进行移动营销数据分析。例如：在App营销和使用过程中，滴滴出行对于关键词排名、榜单历史排名、每日评论数、下载量等数据，经常进行统计分析，以便快速掌握用户动态，进一步进行移动营销，并完善App的各项功能。

分析与提高

① 根据上述案例，分析与思考滴滴公司采取了什么样的网络营销组合策略？

② 根据上述案例，能否结合当下年轻人的喜好，为其他公司设计类似的网络营销组合策略？

1. 什么是市场营销？
2. 什么是网络营销？
3. 4P策略、4C策略、4R策略和4D策略是什么意思？
4. 网络营销的内涵有哪些？
5. 网络营销的职能和特点有哪些？
6. 网络营销与传统营销之间的关系是怎样的？

第2章 网络营销环境分析

引言

营销环境分析是企业经营过程中一项必不可少的工作。通过对企业经营环境的充分了解和分析,可以正确认识企业自身的优势和劣势,正确确定消费者的需求,明确企业所面对的竞争对手及其特点,对企业面临的环境变化和发展趋势进行预测和事先判断,为企业制定全面的经营策略提供依据。

企业营销环境分析是指对影响企业网络营销活动的各项环境因素进行充分的分析和研究,认识环境因素对于企业营销活动的影响,从而更好地把握营销的本质,为制定有效的营销策略提供依据。本章从企业营销环境的概念出发,介绍营销环境的构成,通过案例说明在企业经营过程中环境分析的重要性,讲解网络营销环境分析的特点,并通过示例重点讲解企业营销环境分析的步骤和方法。

本章的主要知识和技能点:

- 企业营销环境分析的概念和重要性
- 企业营销环境的构成
- 营销环境分析的步骤和方法
- 网络营销环境分析的特点

教学要求:

- 了解市场营销环境的有关概念
- 明确宏观环境和微观环境的概念
- 熟悉网络营销环境
- 能够分析网络营销中环境的变化和特点

【引导案例】橘子娱乐 App——年轻人第一新媒体

橘子娱乐是一家面向 18～25 岁群体、提供原创优质内容的明星潮流资讯 App，由北京橘子文化传媒有限公司研发，截至 2017 年 9 月，全平台粉丝数超 3 000 万，各栏目全平台月播放量超 8 亿，单期播放量最高超过 3 500 万。在竞争激烈的环境下，橘子娱乐如何在短时间内杀出重围、成为行业标杆？

1. 网络环境分析

橘子娱乐的创始人唐宜青曾是《时尚芭莎》的资深记者。2012 年 5 月，唐宜青来到戛纳，和范冰冰、李冰冰、汤唯在戛纳电影节上合作封面拍摄。但随着范冰冰戛纳红毯照在网络上的流出，唐宜青明白，无论手里这篇稿子如何精心准备，注定已经丧失了时效性和影响力。"一个月后我们的报道才会刊登，那时候谁还记得戛纳？"

2014 年，大洋彼岸，青年文化新媒体 VICE 的全新线上频道上线不到一年，成为新媒体的标杆。反观国内泛娱乐新媒体市场，明星人性黑暗面报道大行其道，内容同质化严重，抄袭、滥竽充数者大有人在，整个市场不无劣币驱逐良币的危险。同时，年轻消费群体的意识觉醒，粉丝经济崛起，对原创优质内容的需求剧增，引爆了巨大的商业空间。

而这时留学归来的唐宜青清楚，网络新媒体发展的时机到了。她想要通过图文和短视频，打造一个强原创、年轻化、泛娱乐的新媒体品牌，聚焦 90 后泛娱乐消费。用最强的触及信息的手段，去做好玩的、有趣的原创媒体内容。

2. 根据网络环境确定营销环节的重点

对年轻人价值观的精准把握，是橘子娱乐 App 自创始以来"一路开挂"的最大秘密。

为了适配核心用户——18～25 岁的年轻人，橘子娱乐从创立之初就在 App 文章的评论区融入了弹幕的功能，吸引用户参与互动，表达个性与观点；同时，也通过图文、GIF、视频、直播等多种形式满足年轻人多元的消费需求。

橘子娱乐非常重视与用户的互动。除了弹幕评论功能外，还有测试、投票、明星打榜等功能。今年还上线了橘子社区的功能，进一步加强了与用户的互动。对于橘子娱乐来说，用户的生成内容能够给他们带来更加快速和直观的反馈，这一内容也成为橘子娱乐改进内容、形式的重要参考标准之一。

3. 充分利用互联网新技术

如今，一家媒体能否打造出热点内容，很大程度上是由热点跟得紧不紧、内容产出及时与否决定的，有时候甚至能改变一家公司的命运。就在别人还慌忙地搜索热点时，橘子娱乐就已经实现了依托技术抓取热点。

橘子娱乐的技术团队通过实时监测全网数据，第一时间抓取微信、微博、百度的热门文章、高频词汇；算法团队据此分析、预测形成热点榜，挖掘泛娱乐高频热点，据此决定公司各部门一天的内容创作方向。

橘子娱乐还搭建了一个A/B测试体系，通过打开率等数据的比较，确定最终的标题、图片和版式。最近，橘子娱乐还实现了对潜在热点的预测，预测主要根据话题本身可能获得的热门度和目前的传播度。前者的依据主要有明星热门度和事件关键词，后者包括大V转发数、互动数、根据语意处理的网友支持或反对数等。

据唐宜青介绍，橘子娱乐是中国首家通过技术平台实现热点预测的媒体公司，目前已有4项技术专利，其热点预测技术能达到88%的准确度，可提前2小时预测热门话题及舆情走向，并捕捉热门新闻。

4. 多样化内容

为适应网络市场的变化和需求，橘子娱乐是当前网络主流媒体（今日头条、UC浏览器、一点资讯、网易新闻、腾讯新闻、QQ空间、QQ浏览器、猎豹浏览器、秒拍、美拍等）的深度内容合作伙伴；同时，与搜狐新闻、新浪新闻、墨迹天气、WIFI万能钥匙、ZAKER、百度贴吧、花椒直播等进行内容合作。

案例点评：

从这个案例中我们可以看出：企业在市场经营中，不可避免地受到市场环境的影响。随着社会的发展，特别是科学技术的更新变化、市场竞争的日益加剧，企业经营也处于变化多端的环境之中。如果企业忽视环境的影响，未能及时根据环境变化调整自己的战略、结构、体制和营销策略，将会给企业的正常发展带来严重的危害。正确地进行市场环境分析，并采取相应的应对策略，能够使企业在经营过程中避免挫折和失败。

2.1 市场营销环境分析

营销环境是一个综合的概念，由多方面的因素构成。市场营销环境是指影响企业市场营销活动及其目标实现的各种因素和动向。根据各因素与企业开展市场营销活动的相关程度不同，企业市场营销的环境可划分为两个层次：宏观环境和微观环境。

2.1.1 宏观环境

宏观环境是指给企业造成市场机会和环境威胁的主要社会力量，包括人口环境、经济环境、自然环境、技术环境、政治法律环境、社会环境、文化环境等。这些主要社会力量是企业不可控制的变量。

人口环境对企业经营的影响可能来自于以下几个方面的变化：世界或地区人口的增长或

降低、出生率的提高或降低、年龄结构的变化、人口流动性的变化等。

经济环境变化对企业经营的影响更加直接，分析经济环境的影响应该着重注意以下方面：消费者收入的变化、消费者支出模式和支出构成的变化、消费者储蓄和信贷情况的变化等。

自然环境变化对企业的经营发展也会形成威胁，通常表现在：某些自然资源的短缺或具有短缺的趋势、环境污染问题、气候变化的影响等方面。

技术环境对企业经营的影响主要表现在新技术的出现给企业带来的影响上。例如：新技术有利于成本的降低，新技术有利于生产效率的极大提高，新技术有利于改善企业经营管理，新技术会影响消费者的购买习惯和特点。新技术给企业带来的影响可能表现在产品生产、企业管理、营销等各个方面，企业应关注和了解新技术的发展趋势，提前做好准备。

政治和法律环境的影响是企业不可忽视的重要影响之一。企业在市场经济中运行必然会受到国家政治、法律环境的制约和规范。政治、法律环境对企业经营的影响主要表现在以下方面：国家政局，国家政治体制，相关的法令、法规、方针政策等。国家政策和法律法规对企业经营的影响是严肃的，具有不可抗拒性。

社会文化环境是影响人们日常行为和习惯的重要因素，企业在进行市场营销策划时必须重视目标消费者所处的社会文化环境，如各个国家、地区的文化差异，亚文化群的发展动向，某些地区营销中的禁忌等。

2.1.2 微观环境

微观环境是指对企业服务其顾客的能力构成直接影响的各种力量，包括企业本身及其市场营销渠道企业、顾客、竞争者和社会公众。微观营销环境是直接制约和影响企业营销活动的力量和因素，为了更好地协调企业与这些对企业经营具有直接影响的相关群体的关系，企业必须对微观环境营销进行分析。

1. 企业自身情况对企业营销的影响

企业开展营销活动要充分考虑企业内部的环境力量和各种因素的影响。企业营销部门与其他部门之间有多方面的联系和合作，这些部门包括计划、技术、采购、生产、质检、财务、后勤等。由于各部门的工作性质和工作重点不同，会出现一些矛盾。例如，生产部门希望生产规格品种少、批量大、标准订单的产品，这样可以保证生产的连续性和降低成本；而营销部门关注的是产品是否适应消费者的需求，有时候要求生产部门生产少批量多品种、规格特殊的产品。由此产生的矛盾必须解决。因此，企业在制订营销计划、开展营销活动时要注意企业内部各部门的工作特点，进行有效的内部沟通，协调处理好各部门之间的关系，营造良好的企业环境，更好地实现营销目标。

2. 市场营销渠道企业对企业营销的影响

市场营销渠道企业主要包括供应商、中间商、辅助商等。

供应商是指为企业进行生产提供特定原材料、辅助材料、设备、能源、劳务等资源的供货单位。它是企业生产和经营链上必不可少的重要环节。供应商所提供的资源的变化会直接影响企业产品的质量、产量和销售，对企业执行营销计划、完成营销目标有直接的影响。

中间商是指把产品从生产商流向消费者的中间环节和渠道，它主要包括批发商和零售商。中间商能够帮助企业寻找目标顾客，推广和销售产品。通过中间商，企业可以把产品顺利地送到目标消费者手中。一般企业都需要与中间商合作来完成企业营销目标，中间商对企业营销会产生直接的、重大的影响。因此，企业需要选择适合自己的中间商，并与中间商建立良好的合作关系，以此来推动企业自身的经营。

辅助商主要指营销服务机构、物资分销机构、金融机构等。这些机构可以在广告宣传、市场调研、咨询、运输、货物存储、融资、保险等方面为企业提供服务。当企业某一方面的能力比较薄弱时，这些专业服务机构是帮助企业实现营销目标的助手。了解这些机构的状况、与这些机构保持良好的关系是企业顺利实现营销目标的保证。

3. 顾客

顾客是企业营销活动的最终目标市场。在经营活动中，任何企业的产品和服务都要经过顾客的检验，顾客的欲望、需求和偏好直接影响企业营销策略的制定和目标的实现。只有得到顾客的认可，企业的产品才能赢得目标市场。因此，现代营销强调把满足顾客的需求作为企业营销管理的核心。

4. 社会公众

社会公众是企业营销活动中与企业营销活动发生关系的各种群体的总称。公众对企业的态度，会对企业的营销活动产生巨大影响。这种影响既可以有助于企业树立良好的形象，也可能有损企业的形象。所以企业必须处理好与主要公众的关系，争取公众的支持和偏爱，为自己的经营营造和谐、宽松的社会环境。

公众一般可分为政府公众、金融公众、媒介公众、群众团体、居民、社区公众、企业内部公众等类别，不同类别的公众分别在企业经营过程中的不同阶段、不同方面对企业产生影响。

5. 竞争者

竞争者是指与企业生产售卖同样或同类产品的企业。竞争是市场经济运行中存在的必然现象。在市场经济环境下，任何企业在经营过程中，都不可避免地遇到竞争对手的挑战。即使在某个市场上只有一个厂家在提供产品或服务，也不能说明这个市场上没有潜在的竞争对手。

由于竞争对手在市场竞争中的产品策略、价格策略、渠道策略及促销策略的实施将直接对企业造成威胁，因此，正确地认识、分析企业竞争者的情况，对企业有效地开展营销活动有积极的促进作用。

对竞争者的分析需要从以下几方面进行：竞争企业的范围和数量、企业的主要竞争对手、主要竞争对手的规模和特点、主要竞争对手的核心竞争力、主要竞争对手的营销策略等。

【课堂练习2-1】宏观环境对企业经营的影响

练习目的：

通过本次课堂练习，获得宏观环境对企业影响的感官体验，深刻体会企业环境分析中宏观环境的特点，进而更加深入地了解宏观环境的具体内容及其对企业的重要性。

练习要求：

学生自由组合成小组，分析"2017年前7个月环保按日计罚超7亿"的案例内容，结合理论知识分析案例的具体特点；各小组还可以模仿这个案例，把比较有代表性的、实际在企业中应用到的宏观环境的典型案例与全班师生一起分享，以便更好地掌握所学理论知识。

练习内容：

2017年前7个月环保按日计罚超7亿

央视网环保频道2017年9月7日报道，今年前7个月，全国实施按日连续处罚案件共622件，罚款数额达76 134.65万元。环保部环境监察局局长9月5日在通报这一情况时，还公开了两起典型案件的查处情况，其中一起案件因涉嫌构成污染环境罪而被提起公诉。

与2016年7月相比，今年7月，全国适用环境保护法配套办法的案件总数增长92%。其中，按日连续处罚案件同比增长21%；查封、扣押案件增长111%；限产、停产案件增长128%；移送行政拘留案件增长131%；移送涉嫌环境污染犯罪案件增长55%。

就安徽合肥易美优保洁服务有限公司（以下简称易美优）违法倾倒污染物涉嫌构成污染环境罪案，环保部表示，今年3月1日夜间至3月2日凌晨，易美优公司将92.44吨废液分7车次非法倾倒。

根据刑法第338条及《最高人民法院、最高人民检察院关于办理环境污染刑事案件适用法律若干问题的解释》，易美优以逃避监管的方式违法排放污染物，涉嫌污染环境罪。2017年4月24日，安徽省合肥市环保局将案件移送公安部门依法予以处理，2017年5月4日，包河公安分局对涉案单位3人依法实施刑事拘留，目前案件已移送检察院。

通过上述报道，我们可以看出：自然环境的变化对国家制定政策、法规有重要的影响，同时也造成了企业经营政策环境的变化，这一系列的环境变化都将直接影响企业的经营发展。

思考与互动：

学生思考并回答以下几个问题，教师点评、归纳。

① 在上述案例中，分析哪些宏观环境因素对企业的经营发展产生了重大影响。

② 列举一个案例，并分析案例中宏观因素对企业的影响。

③ 通过上述案例，具体谈谈进行企业环境分析有哪些注意事项。

2.2 网络营销环境分析

网络营销作为营销的一种运作模式，其营销环境也是一个综合的概念，由多方面的因素组成。企业的网络营销环境是指影响企业网络营销活动及其目标实现的各种因素和动向。与市场营销理论非常类似，根据各因素与企业开展网络营销活动的相关程度不同，企业网络营销的环境也可划分为两个层次：宏观环境和微观环境。宏观环境是指给企业网络营销造成市场机会和环境威胁的主要社会力量，包括社会文化、经济、政策和法律、科技与教育、自然环境等。微观环境是指对企业服务其网络顾客的能力构成直接影响的各种力量，包括企业本身及其市场营销渠道企业、顾客、竞争者和社会公众等。但是，由于网络营销环境与传统市场营销环境的不同特点，网络营销环境分析与传统市场营销环境分析又有一定的区别。

2.2.1 网络营销环境特点

网络营销依托网络平台进行，网络在信息传递、网络技术发展等方面的特性无疑会给网络营销环境带来有别于传统营销环境的新特点。这些新特点主要表现在以下方面。

1. 网络世界的互动性

互联网双向信息沟通的特点，使得网络具有极强的互动性，这种互动的特性使得网络营销在信息沟通上较之传统营销具有极强的优势。

营销的顺利开展是建立在营销双方进行信息交流和沟通之上的。在传统营销中，沟通方式多为单向的信息发布，如电视、报刊、广播、各种形式的广告牌、宣传单等。这些形式限制了消费者接受信息后的反馈行为，或使其反馈具有较长时间的滞后性，还阻碍了有强烈需求的消费者进一步索取相关信息的行为。

在网络营销中，沟通双方同处于网络平台，信息沟通建立在信息传递快速、双向、便捷、实时的互联网技术之上，因此，相对于传统营销来说，营销双方可以实现实时的、双向的信息沟通。在此条件下，消费者的主动性得到了鼓励和增强，消费者逐步具有了信息获取的主动性。上述这些变化充分表现在消费者在网络营销中对信息的获取和反馈上，如主动进行信息查询，主动提出信息获取要求，主动与生产厂商直接沟通等。

沟通的双向性使消费者能够真正参与营销过程之中，当消费者主动寻找信息、寻求信息、及时反馈时，也为营销企业提供了服务消费者的机会，为企业提出了如何更有效地满足消费者在信息服务方面需求的问题。针对于此，网络营销企业在与消费者进行信息服务、信息沟通时也采取了不同层次的服务手段。

① 信息发布与反馈：在网页上提供关于企业及企业产品的有关信息供消费者浏览，在信息获取的同时，网页上有简单的信息反馈通道。

② 培养兴趣与消费者教育：在上述信息服务内容之外，企业还在网页上展示与产品、企业、行业、消费群体有关的知识，并把这些知识的传递融于网页中，在潜移默化中影响消费者，培养消费者的兴趣，进行消费者教育。

③ 建立关系：除以上服务之外，网络营销企业针对消费者的需求，在网站上提供实时与企业交流的专门渠道，提供网上订购、网上付款等交易过程，为消费者提供相互交流的场所，建立消费者数据库，提供个性化信息服务。通过这些服务方式和手段，企业努力与消费者建立深层次的客户关系，使消费者成为企业的终身客户。

2. 网络世界的虚拟性

网络技术给网络营销提供很多与传统营销相类似的营销场景，如商品种类众多的网上商店、可爱的电子宠物乐园、可供休闲娱乐的电子游戏厅等。但网络营销环境不是真实的环境，是利用网络技术营造的一种虚拟的环境。在这个虚拟营销活动场所中，参与活动的人群却是真实世界中的消费者，使得这个虚拟的环境具有真实的作用。

由于网络技术的特点，在这个虚拟环境中，网络消费者的地理位置、所处地区的时差、国籍等不再是交流的障碍，人们可以按照自己的需要和兴趣聚集在一起，自发地组成一个个网络社区；同时，企业也可以把自己的有关内容搬到网络上，并利用互联网在全球范围内进行企业的经营，形成灵活的、虚拟的、全球化的、技术及控制下的企业，这种企业极易成为动态的、快速学习的企业。

3. 网络世界的平等性

进入互联网要求企业遵守网络协议，共享网络中的资源，这为所有企业提供了平等进入和竞争的环境。这种环境给很多在传统营销中无法实现跨国贸易的中小企业提供了机会和条件，也给大公司带来了竞争。

相对于消费者来说，任何人都可以随意访问任何一个站点，可以按照自己的意愿接受信息和表达观点；在网络中消除了身份、地位、地理位置、时间等阻隔，能够实现信息共享、机会均等。

在网络中，信息发布者和信息接收者的地位很容易随着信息双向传播的特点而发生变化。当消费者通过互联网提出自己的观点和见解时，它就成为一个信息发布者。因此，信息发布者和接收者之间的界限不再明显，消费者也可以掌握信息传播的主动权。

网络世界信息传播的自由、平等性也带来了一些危害，如侵犯他人隐私、恶意散布谣言、制造假新闻、侵犯他人著作权等。因此，各国政府及相关行业也相继制定了相关的法律法规，以规范和管理网站、个人信息的发布和获取行为。

网络世界的平等性是相对的，与传统传播媒介相比，网络信息传播依靠网络技术为其提供一个技术上或理论上的平等环境，但并不意味着参与者事实上的平等，这一点需要注意。

2.2.2 企业网络营销宏观环境分析

1. 政治法律环境的影响

市场经济是法制经济，企业在市场经济中发展，必然要受到国家政治和法律环境的影响与制约。企业在互联网上也要受到国家、地区所制定的有关互联网络的相关政策、法律、各项规章制度的制约。

1）我国电子商务相关法律法规的制定现状

2005年4月1日，《中华人民共和国电子签名法》正式实施，这是我国信息化领域的第一部法律，标志着我国电子商务法律建设发展到了一个新的阶段。《中华人民共和国电子签名法》通过确立电子签名的法律效力、规范电子签名行为，从法律制度上保障了电子交易的安全，为促进电子商务的发展创造了良好的法律环境，为我国电子商务安全认证体系和网络信任体系的建立奠定了重要基础。

为推动网络营销的发展，我国政府还颁布了《中国电子商务发展战略纲要》，特别是在与网络营销相关联的电信业、互联网服务业和电子信息产业中，国务院和有关部门先后出台了一系列相关政策、法规和规章。随着整个网络营销体系的建立，国内电子商务的竞争环境也在逐步完善，这将更有利于企业之间的网络竞争。

伴随中国网购市场的高速发展，网络欺诈、电商价格战、虚假促销、售后服务不当、个人信息被泄露，以及电子商务引发的合同问题、知识产权问题、信息安全问题、纳税问题，围绕互联网支付、理财发展的互联网金融问题，也正在变得越来越突出。在此背景下，《中华人民共和国电子商务法》自2019年1月1日起施行。

2）国内网络营销发展需要立法解决的问题

由于我国的网络营销发展相对于发达国家要滞后一步，尚处在发展初期，缺乏足够的社会实践，因此，目前在我国制定一套网络营销法律的条件还不成熟，立法工作也还在初始的研究阶段，相关的法律、政策正在制定和建立过程中。法律的不健全，对企业网络营销的发展产生了一定的阻碍作用。

【示例2-1】滴滴提供专车服务行政处罚案

2015年1月7日，使用滴滴专车软件在济南西站送客的陈超，被市客管中心的执法人员认定为非法运营，罚款2万元。因不服处罚决定，陈超向济南市中区人民法院递交了起诉状，要求市客管中心撤销处罚。

2015年3月30日，济南市中区人民法院根据《中华人民共和国行政诉讼法》第四十六条规定，依法组成合议庭，公开审理此案，于4月15日开庭。这是全国首例因提供专车服务受到行政处罚的案件，也被称为"专车第一案"。

案件审理后，滴滴公司表示，通过媒体报道了解了济南专车第一案的相关情况，暂无法对于案件本身做任何评论，希望法律能给予公正、合理的裁决。

这起案件的核心问题是滴滴软件提供的专车服务是否合法，所有关注这起诉讼的人关心的都是滴滴专车的合法性问题。

从以上案例中可以看出，电子商务进入传统行业势不可当，由此引起的各类法律问题和纠纷急需依据相关法律法规来解决。

3）发挥政府在网络营销发展中的作用

企业是网络营销发展的主体，应该在网络营销的技术、应用、实践和服务中起主导作用。政府的作用是推动网络营销的发展。要发挥政府的推动作用可以从以下方面做起：

① 政府要为网络营销企业提供一个良好的法律环境，遵循技术中立、保护竞争的原则，制定一系列可操作、符合我国网络营销发展国情的法律法规。

② 加强信用体制的建设，为企业和消费者提供一个信任度高、信用制约性强的环境。

③ 注重与国际接轨，制定相关法律法规时，考虑与国际标准、国际惯例相适应。

④ 发挥政府电子政务系统的作用，实施电子政务，以实际行动推进企业网络营销的发展。

我国的网络营销立法正在发展过程之中，有关的法制建设也在不断地健全和完善，国家有关部门和法学界人士都在关注国际网络营销的发展趋势，并用法律上不断完善、技术上不断创新、基础设施上不断建设和认知度上不断提高的发展眼光去考虑问题，提出了许多好的建议。在制定相关法律法规过程中还需要政府、专家、企业等各方人士相互协作，共同创造一个有利的法律环境。

2. 人口环境的影响

市场是由消费者构成的。在其他条件一定的情况下，人口规模的变化将引起市场容量和市场潜力的变化，人口结构的变化将引起消费结构和产品构成的变化，家庭的人口构成、家庭类型的变化对消费者市场有着显著的影响。

中国互联网络信息中心（CNNIC）在最新的《中国互联网络发展状况统计报告》中指出：截至2017年12月，我国网民规模达到7.72亿，全年共计新增网民4 074万人。互联网普及率达55.8%。我国手机网民规模达7.53亿，网民中使用手机上网人群的占比由2016年的95.1%提升至97.5%。从上网用户的职业比例来看，学生群体占比仍然最高，为25.4%；其次为个体户/自由职业者，比例为21.3%；企业/公司的管理人员和一般职员占比合计达到14.6%。如图2-1所示，这些人员形成了网络用户的中坚力量，是企业网络营销不可忽视的消费群体。

图 2-1　网民职业结构

3. 经济环境的影响

经济环境是对市场具有广泛和直接影响的重要宏观因素。宏观经济环境对网络营销的影响主要表现在国家经济体制、经济政策、经济增长等方面；同时，网络营销也受到国民收入、市场价格水平、税收等比较具体的经济因素的影响。

网络营销的发展与经济发展程度有直接的关系。市场三要素之一就是购买力，而社会购买力受宏观经济的制约，直接受收入水平、市场价格等因素影响。事实也证明，北京、上海、广东等经济发达地区的网民数量远远大于西部及偏远等经济不发达地区的网民数量。所以，企业在定位消费群体、制定网络营销策略时，应着重考虑网络消费者的购买能力和对产品价格的不同需求。

4. 科技环境的影响

科技环境的影响主要表现在对生产力、生产方式、生产效率等诸多方面的影响上。科技进步不仅改变生产力和生产方式，还对市场有直接且显著的影响。互联网技术本身对社会生产力、企业经营方式、市场竞争态势、人们生活方式等的影响就是一个很好的例子。因此，科技进步有可能给市场、给网络营销带来颠覆性的影响，企业在实施网络营销过程中，要不断关注科技的发展和创新，应对科技进步给企业经营带来的挑战。

2.2.3 企业网络营销微观环境分析

通过分析网络营销的微观环境因素，企业可以认清所面对的各种竞争者，确定自身的优势和劣势；掌握网络营销过程中企业内部条件的变化情况，以及这些变化对企业网络营销的影响，合理建设和挖掘内部环境资源，有效地适应、协调和利用各种外部环境条件。

1. 企业内部环境分析

从企业网络营销的角度出发，企业内部环境分析应主要侧重于产品特性、财务状况、企业领导人对待网络营销的态度、企业内部网络营销资源的拥有和利用状况等。这些都是与企业网络营销有重要关系的因素。在实际分析过程中，应从以上几方面具体地分析企业目前的情况，并归纳出企业自身的优势和劣势。

2. 企业外部竞争环境分析

企业外部竞争环境分析是对企业的主要竞争对手的分析，首先应确定企业的主要竞争对手，然后对其进行网络营销目标、主要消费群体、产品特色、网上营销策略、网络工具运用等方面的分析，并明确提出他们具有的优势和劣势，为企业网络营销定位和网络营销策划提供依据。

3. 消费群体的需求环境分析

消费群体的需求环境分析是企业微观环境分析中重要的组成部分，能否准确地认识企业主要的消费群体需求是企业制定和实施网络营销策略能否成功的关键。消费群体的需求分析主要包括消费群体的主要需求、网上行为特点、影响其网上行为的主要因素等。在进行消费群体需求分析时，首先应明确企业的主要消费群体，然后逐一进行分析。在分析过程中还可以借助相关的市场调查工具，进行线下或网上的消费者调查。

【课堂练习2-2】企业网络营销微观环境分析

练习目的：

通过本次课堂练习，获得企业网络营销微观环境分析的感官体验，深刻体会网络营销微观环境分析中，企业内部环境分析和企业外部竞争环境分析的重点，进而更加深入地了解网络营销微观环境的内涵及其对企业的重要性。

练习要求：

学生自由组合成小组，分析"某企业网络营销内部环境分析"和"某企业网络营销竞争环境分析"的案例内容，结合理论知识分析案例的实际应用特点；各小组还可以模仿这个案例，把比较有代表性的、实际在企业中应用到的典型应用案例，与全班师生一起分享，以便更好地掌握所学理论知识。

练习内容一：

某企业网络营销内部环境分析

北京HD消防安全工程有限责任公司（以下简称HD消防工程公司）成立于1995年，它聚集了原行业骨干和参与亚运会工程会战的技术及管理人员，组织建立了长期从事消防产品开发、安装及调试服务的专业队伍。1995年至今，公司承接并以优质的工程质量完成了多个大型消防工程，成为国家一级消防工程公司，公司经营状况良好。

HD消防工程公司的目标市场主要定位于北京地区，而北京现在的消防公司就有上百家，再加上外地消防公司参与竞争，使得竞争状况空前激烈。面对激烈的竞争环境，从企业发展的全局出发，HD消防工程公司决定开展网络营销，建立自己的网站，实现企业内外部信息化。

HD消防工程公司曾建立了一个网站，虽然现在能够在网上搜索到，但网站的整体制作粗糙，内容和页面已经很长时间没有更新，网页链接不畅。公司虽然想改变网站的情况，但由于没有相关的技术和管理人员而使工作搁置。

通过以上资料可知：HD消防工程公司是国家一级消防工程公司，以承接和完成消防工程为自己主要的产品；公司经营状况良好；实施网络营销，有领导的支持和相关的经济保证；公司需要实现企业内外部的信息化，通过网络营销提高自身的竞争力；公司实现信息化，能够进一步完善工程管理、降低成本；企业已有网站，但已失效，必须重新建立网站；公司缺乏相关的技术力量和专业人员；公司没有进行过相关的网络营销活动，缺乏此方面的能力和经验。

练习内容二：

某企业网络营销竞争环境分析

从目前的消防行业竞争状况来看，仅仅在北京，就有上百家消防工程企业，所以企业竞争异常激烈。为了在激烈的竞争环境中立于不败之地，充分了解竞争对手，有目的地开展网络营销活动，策划和建设公司的网站，我们对HD消防工程公司的主要竞争对手及其网站进行了分析。首先从公司经营和竞争格局上看，HD消防工程公司主要竞争对手是三家与其规模大小相同，并且都获得了住房和城乡建设部颁发的消防施工一级企业资质证书的消防公司。

对A公司的分析如下。

A公司是从事消防安全工程业务的专业公司，获得国家住房和城乡建设部颁发的消防工程施工一级企业资质证书和甲级消防工程专项设计证书，能够承包各类消防、安全工程（包括勘察、设计、施工、安装、维修）和建筑装修工程，从事消防、安全器材的销售及售后服务；同时该公司还开展了与主营业务有关的工程咨询、技术服务和国际交流。

A公司的规模、实力及承接的项目规模都与我公司相近，在很多工程招投标项目中，两家公司都同时参与，因此，公司间的竞争比较激烈。

A公司目前也在进行网络营销工作，建有自己的网站。但网站首页制作比较简单，背景主要以白色为主，页面布局简单，网站给浏览者的印象不深刻。

在内容方面，A 公司的网站共有 5 个栏目，分别是公司概况、辉煌业绩、企业文化、资源技术支持和公司地图，每个页面的上、下方均有栏目链接。从网站内容的设计上可以看出，该公司主要是通过网站宣传和树立企业的形象，而没有实施更深层次的营销策略。该公司网站不十分合理之处是：把网站中宣传知名度、介绍公司实力业绩等内容放在了页面的次要位置，并且网站的页面制作也比较粗糙。

对 B 公司的分析如下。

B 公司是一家于 1985 年注册成立的股份制公司，是经北京市消防局批准的从事消防设施施工的专业工程公司。公司于 1990 年加入中国消防协会，2000 年经原建设部批准为消防施工一级企业并获得了原建设部颁发的消防施工一级资质。2003 年 9 月公司通过了 ISO 9001 质量管理体系、ISO 14001 环境管理体系和 OHSAS 18001 职业健康安全管理体系的认证。

B 公司作为国家住房和城乡建设部审定的消防设施施工一级资质企业，可以承担自动喷洒灭火系统、火灾自动报警系统、公共广播系统、气体灭火系统、防火涂料喷涂等各类消防工程的安装、施工。B 公司自创立以来，先后承接的消防工程有 500 多个，经消防部门一次验收合格率达 100%，所承接 1 万平方米以上的工程有 60 多个。其中多项工程获得工程"鲁班奖""国家优质工程银奖""长城杯"。

B 公司的网站采用了彩式首页。在消防企业的网站中，彩式首页和正式首页是两种比较常见的主页形式，彩式首页能够加深用户对网站的第一印象，并且能将公司的基本栏目更加明显地展示出来。B 公司的彩式首页选择了橘黄色与蓝色为主色调，橘黄色代表了消防的颜色，表示安全，蓝色表示成熟、冷静。首页整体为橘黄色，在视觉上给人以冲击力和饱满度，并且在首页可以了解到，网站共有 5 个栏目，分别是"公司介绍""资质荣誉""成功案例""技术支持""联系方式"。

B 公司网站整体给人的感觉是栏目清晰、内容充实。进入该公司网站的"公司介绍"栏目，其整体色调是与首页相符合的，站内的 logo 与 banner 是将首页的图片进行了整合，然后形成一个整体。"资质荣誉""成功案例""技术支持"的栏目下各有 3 个分支，并且内容非常充实。但是，客户反馈栏目作为子目录放在了技术支持栏目中，使客户反馈栏目的作用没有得到突出；并且在客户反馈的栏目中没有设置可以让客户浏览留言的功能。

从上面的分析可以看出，无论是在企业经营还是网站建设方面，B 公司都是 HD 消防工程公司的一个强有力的竞争对手。

对 C 公司的分析如下。

C 公司是经北京市工商行政管理局注册、国家住房和城乡建设部批准的消防设施工程专业承包一级企业，通过了 ISO 9001 质量管理体系认证。其经营范围包括火灾自动报警系统、各种固定灭火系统、通风防排烟系统、多专业消防设施专项工程的设计施工及消防设备的维修等。

C 公司自成立以来承接工程项目百余项，工程范围涵盖大型的综合高级商务楼、国家重点文物保护单位、大型精品商厦、计算机房、大型网站、地下停车库、工业厂房和仓库等。

C公司目前也在进行网络营销工作，建有自己的网站。与A公司进入首页的形式不同，进入C公司的首页之前，先看到的是一个动画。C公司首页的色彩较多，但并不显得杂乱。对于网站的栏目、C公司承接过的工程图片及公司的联络方式，都根据颜色和动画的搭配进行了比较合理的规划。网站分"关于我们""项目业绩""全程服务""信息反馈""联系我们"5个栏目。在"关于我们"栏目中设有搜索引擎，但是搜索引擎建设得不完整，不能达到搜索的效果。"项目业绩"栏目中展示了公司所承接的工程图片，但是没有配以文字说明。在"信息反馈"中，出现了内容错误。网站给浏览者的总体感觉是：内容不够丰富，内容介绍过于简单。

A、B、C三家企业网站的优势、劣势见表2-1。

表2-1 A、B、C三家企业网站的优势、劣势表

公司名称	网站的优点	网站的缺点
A公司	网站首页颜色简单，内容清晰，并且设有通知及电子邮件登录的功能。网站的功能和内容比较全面，对消防工程的技术等方面介绍得非常详细	页面颜色搭配不够协调，导航条的设置不合理，将比较重要的栏目放在了页面的下方，容易被用户忽略。页面排版不合理，无翻页功能。不注重网站的细节装饰
B公司	网站颜色的选择与搭配非常和谐，网站的功能及内容都非常清晰，内容非常充实	功能不多，只是将网站定位为宣传网站。没有在线提问及回复功能
C公司	网站设计比较专业，进入首页前有一个公司动画，点击后进入首页，首页色彩较多，但不杂乱；栏目清晰	部分栏目功能不全，页面细节有错误

从以上对三家竞争对手的分析中可以得到以下结论：

① 三家消防工程公司建立网站的目的主要都是宣传和介绍公司。

② 三家消防工程公司在网站的功能方面，不追求功能全面但要能够及时、准确、清晰地展示公司的情况。

③ 三家消防工程公司建立网站的另一个重要的共同目的是与用户多方面地沟通。

④ 三家企业都在网站中设有客户反馈的栏目，但缺少与顾客之间的双向沟通渠道。

⑤ A、C公司网站内容不够精细。

从上面的竞争者分析示例中可以看出：对竞争者分析，首先要明确主要的竞争对手有哪些，更重要的是，要准确地分析和归纳出主要竞争对手的优势和劣势。采用图表的方式表达可以清楚地说明问题。

思考与互动：

学生思考并回答以下几个问题，教师点评、归纳。

① 根据上述案例，总结企业是如何开展网络营销微观环境分析的。
② 根据上述案例，总结企业进行内部环境分析和竞争环境分析的基础。
③ 进行适宜的企业网络营销微观环境分析，能给企业带来什么好处？
④ 通过上述案例，具体谈谈进行企业网络营销微观环境分析有哪些注意事项。
⑤ 根据你对上述案例企业的了解，在其进行网络营销微观环境分析中，你还有哪些建议呢？

2.3 上机练习与实践——熟悉网络营销环境，分析网络营销环境

1. 实训目的

某自行车销售商是一个销售各种品牌自行车及其零部件的国内大型连锁公司，公司业务遍及全国各地。随着网络全面渗透至企业运营和个人生活中，为更好地吸引众多的网络客户、开拓网上销售渠道、提高公司管理各类客户的能力和综合竞争力等，该公司决定开展网络营销。

公司在了解、熟悉网络和网络营销的现状、发展、演变及未来发展趋势，分析了我国制造行业的网络营销现状后，打算根据网络营销环境的特点——互联网跨时空、开放性、资源丰富和自主性等特征，运用环境分析方法对本企业进行网络环境分析。

2. 实训内容

① 进入相关电子商务平台网站，如阿里巴巴网站、天猫网站和京东网站，搜索有关自行车产品的企业，体验网络营销环境的特点。
② 进入相关行业或组织网站，如中华人民共和国工业和信息化部网站和美骑网站，浏览相关的政策信息、行业信息等网络营销宏观环境方面的资料与数据。
③ 登录国内知名自行车品牌网站，如捷安特自行车网站、上海永久股份有限公司网站、凤凰自行车网站，分析其企业特点和网站特色，做好网络营销竞争环境分析。
④ 针对本企业，从网络营销宏观环境和微观环境这两个方面对其进行分析。

3. 实训方法

① 连接互联网。
② 如果已知网址。根据网址，分别进入各个相关网站。
③ 如果不知网址。在浏览器地址栏输入 http：//www.baidu.com，按回车键，进入百度搜索界面，然后分别键入要搜索的关键词，根据搜索的结果进入目标网站。

4. 实训示例

见本章课堂练习2-1和课堂练习2-2。

5. 实训要求

① 根据同学选择的企业情况，以"某自行车销售公司网络营销环境分析"为题目，写一份实训报告。

② 实训报告内容要求如下：
- 除文字描述外，要多使用表格、饼图和柱图等图表来表达。
- 每个部分做到条理清晰、有依据、有数据。
- 每个部分最后都要归纳并提出本小组策划的意义和重点，得出结论，结论要紧扣小组策划的主题。

2.4 本章小结

网络营销环境是一个综合的概念，由多方面的因素组成。企业的网络营销环境是指影响企业市场营销活动及其目标实现的各种因素和动向。与市场营销理论非常类似，根据各因素与企业开展网络营销活动的相关程度不同，企业网络营销的环境也可划分为两个层次：宏观环境和微观环境。宏观环境是指给企业网络营销造成市场机会和环境威胁的主要社会力量，包括社会文化、经济、政策和法律、科技与教育、自然环境等。微观环境是指对企业服务其网络顾客的能力构成直接影响的各种力量，包括企业本身及其市场营销渠道企业、顾客、竞争者和社会公众等。但是，由于网络营销环境与市场营销环境的不同，两者又有很大的区别。

本章从企业经营过程中环境分析的案例出发，简要介绍了市场营销环境理论和营销环境的构成，分析了网络营销环境的特点和网络营销环境分析的特点，并通过示例重点讲解了企业网络营销环境分析的步骤和方法。

案例分析与提高

案例讨论：好大夫在线——"互联网+"背景下的医疗行业

2004年，王航的妻子怀孕了，在一系列产检、孩子出生和孩子各种小病不断去医院的经历后，他有了做一种服务实现互联网和医疗两大行业相结合的想法。2006年，他与胡少宇、罗丹创立了"好大夫在线"网站，旨在提供医疗关键信息，帮助患者解决一些就医方面的问题，同时让更多医学专家参与进来。随着几轮的融资、互联网技术和医疗网络化的发展，好大夫在线获得了长足的发展。

在该网站的1.0时代，其本质上还是互联网，并没有进入核心的医疗业务。其主要业务为：轻问诊、院后管理系统、信息系统、预约系统，还没有实现商业化和规模化。在该网站的2.0时代，主要业务量增多，包括在线诊疗、线上诊断、线上处方，利用"互联网+"医疗实现了分级诊疗和医生品牌，实现了电话咨询、术后随诊、海外就诊和住院直通车等商务模式，建立了患者与医生的线上长期、稳定的关系。

目前，好大夫在线在积极进入网站的3.0时代，即疾病管理平台。建立患者随访平台，用于管理病人的院外康复过程，旨在提升治疗效果、控制风险、减少复发，改善患者长期生活质量；并开发数据管理系统和手机应用平台，协助医生汇总、整理患者长期随访数据，积累科研数据。

① 根据上述案例，进行好大夫在线的网络营销环境分析。

② 根据网络营销环境分析结果，结合当下的网上潮流和热点，指出该网站的优势和不足，并提出改进建议或对策。

思考题

1. 网络营销的环境应从哪些方面进行分析？
2. 网络的互动性特点给营销带来了哪些变化？

第3章 网络消费者分析

引言

通过提供适销对路的产品满足消费者的需求、获取盈利是企业经营的目标,为此而进行的营销活动必须以了解、分析消费者的需求为出发点,并以此为基础制定相关营销策略。对市场进行细致周密的调查、分析,能促使企业及时地了解消费者的需求和购买行为特点,引导营销人员制定合理的产品开发和推广促销策略。

网络消费者购买行为分析是指对影响消费者购买行为的各种因素进行充分的分析和研究,认识消费者购买过程的特点和影响其购买行为的各种因素,为制定有效的营销策略提供依据。本章从消费者购买过程入手,介绍了影响消费者购买行为的各种因素,分析了消费者网络购买的行为特点,提出了企业应对的相关策略。

本章的主要知识和技能点:
- 传统消费者购买行为过程
- 影响消费者购买行为的因素
- 网络消费者购买行为的需求特征
- 网络消费者购买过程分析和相关策略

教学要求:
- 了解传统消费者购买行为过程
- 明确网络消费者购买行为的需求特征
- 能进行网络消费购买过程分析,明确相关策略

【引导案例】广告促销策略的误区

A公司几年前推出"开心洗发水"时,将目标消费者设定为15～18岁的年轻女孩,并为此设计了电视广告进行宣传促销。电视广告中的女主角选用中学生模样、十分俏丽可爱的小女生,配以"开心女孩"的广告主题曲。电视广告投放后受到社会的广泛欢迎,特别是广告主题曲更是广为流传。但一段时间后,公司发现虽然电视广告收视率十分高,但市场上产品的销路始终不理想。其中的原因是什么呢?

案例点评:

上述案例中洗发水的目标消费者定位为15～18岁的女孩,并针对这个群体的特点制作了告知效果良好的电视广告,但产品的营销人员忽视了消费者购买决策时参与决策的各种角色所起的作用和他们对决策的影响力。上述案例中,15～18岁的女孩子一般与父母同住,并正处于紧张的学习阶段。她们虽使用洗发水,但不是洗发水的购买者和购买洗发水的决策者,而其母亲一般是洗发水等家用日化产品的购买者。虽然女孩可能极力倡议购买此产品,但母亲在购买时会因考虑其他因素,如价格、功能、品牌、质量、使用习惯等而选择其他产品。因此,营销人员在制定广告、促销策略时,不仅要分析影响目标消费者购买的各种因素,还需要认清在实际购买决策中各种决策参与者的作用和决策关键角色的特点。

消费者购买决策过程中有以下不同的角色起着不同的作用。一般来说,参与消费者购买决策的角色有:首倡者(倡议者)、影响者、决策者、购买者、使用者。这些不同的角色在某些产品的购买决策中集中在一个人身上,在某些产品的购买决策中又可能由不同的人承担。在后一种情况下,营销人员首先要确定谁是决策的最终决定者,决策执行者(购买者)是否有权更改决策。关注决策的最终决定者及有可能更改决策的人员,针对不同的决策角色分层次、分步骤、有不同侧重点地制定促销策略并付诸行动,才能避免上述案例中的现象出现。可见,对消费者进行购买行为分析,具有十分重要的意义。

3.1 消费者购买行为分析

分析消费者的购买行为和影响消费者购买行为的因素是营销人员的一项重要工作,正确地分析消费者的购买过程及特点,明确影响消费者购买行为的主要因素是营销工作的一个重要部分。

3.1.1 影响消费者购买行为的因素

市场营销中,消费者市场是指由所有为了个人消费而购买物品或服务的个人或家庭所构成的市场。这个市场中的消费者都是个人或家庭,他们的购买目的是自行消费。分析这个市场中影响消费者购买行为的因素可以从以下4个方面入手。

1. 文化因素

文化背景是决定人们欲望和行为最基本的因素。文化因素的影响主要是指消费者所具有的教育文化水平、所处的亚文化群,以及社会阶层等对其购买行为的影响。每种文化都包含不同的内涵,在不同文化背景下所形成的价值观、信仰、道德、风俗习惯等都会直接影响人们的欲望和行为。因此,面对不同文化背景、不同种族、不同国家或不同地区的消费者,营销的策略和手段都应依据其不同的文化背景而有所不同。

2. 社会因素

社会因素的影响主要是指消费者所处的家庭、社会地位、生活群体等对其购买行为的影响。

家庭是社会的基本组成单位,也是社会基本的消费单位。家庭对消费者的购买行为起着潜移默化的作用。首先,家庭的消费观念对家庭成员有着潜在的影响;其次,不同类型的家庭组成也对家庭成员的消费行为有着影响;最后,不同的家庭决策者类型对消费者购买行为会产生影响。例如,在具有传统观念的三代同堂家庭中,由于受传统观念和家庭成员年龄分布的影响,消费一般比较理智;而两口之家的年轻家庭则一般消费比较超前。

生活群体中,朋友是与消费者关系比较密切的一个群体,朋友能对消费者的购买行为产生直接或间接的影响。通常来说,朋友的建议或是示范都能对消费者的购买行为产生作用。很多消费者的购买欲望都是因为看到朋友购买类似的商品而产生的,也有很多消费者的购买行为是因为朋友的建议而发生改变的。

3. 个人因素

个人因素的影响主要是指消费者的年龄、性别、职业、生活方式等对其购买行为的影响。

不同消费者由于个人因素的影响,其购买行为和对营销策略的反应是不同的。有专家特别对不同年龄的消费者进行了观察和分析,发现5～11岁的儿童消费群体,其自身消费能力不高,却是家庭中消费的"主体"。这个群体的消费者已经开始有能力选择商品,但一般都是父母支付费用;同时,他们具有很高的品牌忠诚度,模仿性强,受广告影响大,特别容易接受针对少儿的卡通、动画形式的广告。当营销人员面对这个范围的儿童消费者时,应该充分考虑他们的购买特点,有针对性地制定营销策略。

4. 心理因素

心理因素的影响主要是指消费者的购买动机、价值观念、消费信念等对其购买行为的影响。不同生活经历、不同价值观念的消费者,其购买行为和对营销策略的反应是不同的。

3.1.2 消费者购买决策过程

消费者购买产品不是一步完成的,而是经过多个步骤完成的。在每一步中,消费者都有可能改变其购买初衷和购买决策,这一点很值得营销人员重视。下面是消费者经历的 5 个主要步骤。

① 确认需求:消费者购买产品的前提是确定对产品所提供的某一效能具有需求,营销中把这个步骤称为确认需求。这时消费者可能还没有确定购买哪个产品,只是明确了自己对某种效能的需要。

② 收集信息:当消费者确定了自己对某种效能的需求之后,就会从不同的渠道收集能够提供这种效能的相关产品的信息。不同的消费者,需求的效能不同,收集信息的渠道也不同。

③ 比较信息:当消费者收集了有关产品的信息之后,就会对信息进行比较、归纳,得出比较结果,并以此作为决策的依据。值得注意的是,信息比较一直会持续到购买决策实施的前一刻,在实际购买之前,可能会有各方面的信息促使消费者改变购买决策。

④ 实施购买:比较信息后,消费者会做出购买决策。决策包括产品种类、型号、购买地点等。消费者做出购买决策后即实施购买。实施购买的过程中,消费者要与产品的销售人员进行接触或信息互动,销售人员的态度、服务水平等都将给消费者的此次购买及再次购买带来影响。

⑤ 购买后反馈:消费者购买产品后,特别是使用了产品之后,会对整体产品(包括核心产品、形式产品、产品的附加价值)进行评价。

3.2 网络消费者构成分析

网络消费者是网络营销的基础。从宏观意义上看,网民就是网络消费者的基本组成部分,只是有些网民还处于潜在消费者的行列,还不是真正的网络消费者。因此,企业面对广大的网民群体,首先应该对其进行分析,认清哪些是企业网络营销的目标消费者。

3.2.1 网民的构成分析

1. 网民数量的变化

从目前我国上网用户的总量来看,已经形成一个具有有效规模的市场。中国互联网络信息中心(CNNIC)发布的《中国互联网络发展状况统计报告》指出:截至 2017 年 12 月,我国网民规模达 7.72 亿,互联网普及率达到 55.8%,超过全球平均水平(51.7%)和亚洲平均水平(46.7%)。我国手机网民规模达 7.53 亿,网民中使用手机上网人群的占比由 2016 年的 95.1% 提升至 97.5%;与此同时,使用电视上网的网民比例也提高了 3.2%,达 28.2%;台式电脑、笔记本电脑、平板电脑的使用率均出现下降,手机不断挤占其他个人上网设备的使用。我国移动支付用户规模也持续扩大,用户使用习惯进一步巩固,网民在线下消费使用手机网上支付比例由 2016 年的 50.3% 提升至 65.5%。2007 年以来我国网民规模和互联网普及率如图3–1所示。

图3–1 2007年以来我国网民规模和互联网普及率

上网人数的增多、手机上网比例持续提升为互联网的应用和网络营销提供了一个巨大的市场，企业应针对此变化加强网络营销活动。

2. 网民的受教育程度

中国互联网络信息中心（CNNIC）对我国网民的受教育程度进行了统计调查。如图3–2所示，截至2017年12月，我国网民依然以中等学历群体为主，初中、高中/中专/技校学历的网民占比分别为37.9%、25.4%。其中，初中学历网民占比较2016年增长了0.6个百分点。

图3–2 2016年、2017年我国网民学历结构情况

不同层次消费群体的出现，应引起网络营销企业的注意，在开展网络营销过程中应针对各个层次的消费者进行调查，分析其不同的需求特点，并针对其特点提供不同的产品和服务。

3. 网民的职业分布

从上网用户的职业比例来看，学生群体占比仍然最高，为25.4%；其次为个体户/自由职业者，比例为21.3%；企业/公司的管理人员和一般职员占比合计达到14.6%。这些人员形成了网络用户的中坚力量，是企业网络营销不可忽视的消费群体。

面对网民的职业分布，企业营销人员应该认识到，现在的学生将是未来的潜在消费者，应抓住目前的良好时机对其进行价值观、消费习惯、爱好等消费者教育；专业技术人员在获取网上信息时，多考虑技术性和可靠性，同时，他们也关注新技术的发展，愿意尝试和使用新技术，企业网络营销应迎合此特点。

4. 网民收入

网民是潜在的网上消费群体，其收入状况将直接影响网上消费的情况。从中国互联网络信息中心（CNNIC）发布的《中国互联网发展情况统计报告》中可以看到，网民的月收入构成和变化如图3-3所示。

图3-3 2016年、2017年我国网民月收入构成情况

截至2017年12月，网民中月收入在2 001～3 000元及3 001～5 000元的群体占比较高，分别为16.6%和22.4%。随着社会经济的不断发展，网民的收入水平也逐年增长，较2016年，收入在5 000元以上的网民人群占比提升了3.6个百分点。

收入与消费有直接的关系，网络营销人员需要辨别上网群体中真正的电子商务和网络营销的目标对象，使营销工作做到有的放矢。

3.2.2 网络消费者的分类

不同的网络消费者因其不同的消费目的而采取不同的网上消费方式,可分为以下几类。

1. 免费消费

免费消费包括免费信息浏览、免费下载、免费电子邮件、免费学习、免费使用产品等。提供免费产品或服务是很多成功网站的共同特点,其针对消费者对免费产品的需求,通过提供有价值的免费产品或服务来吸引消费者,获得其他方面的收益。

互联网最初是非商业性媒体,再加上人们对其不熟悉,需要一些极具吸引力的东西吸引人们进行尝试。所以,在互联网发展之初,提供免费的信息服务成为网络上主要的消费方式,各大网站也因此吸引了大量网民访问。

目前,免费产品较早期的无条件免费有了很大的变化,更具有商业性,主要分为以下几类:产品和服务的完全免费;限制免费,即产品或服务被有限次的使用;部分免费,即免费使用整体产品中的部分服务,若获得全部产品服务则需要付款;捆绑式免费,即购买某产品或服务时获赠其他产品或服务。

2. 体验消费

体验消费主要是指消费者因体验产品或服务而购买产品的消费方式。体验消费中,消费者的购买目的不仅是获得产品,更多的在于体验产品或体验购买产品、使用产品、享受服务的过程。例如,某学生在网上购买教材,他的目的主要是体验网络购物的过程。因此,体验消费过程中,消费者对产品本身的要求远次于对过程的要求,这一点需要营销人员注意。

3. 需要消费

因自身的需要促成的消费是今后网络消费中的主要类型。当网络消费不再神秘、消费者的网上消费心理日益成熟,网上的产品和服务日趋丰富、网上交易环境安全可靠时,因各种需要而进行的网上消费会越来越多。

3.3 网络消费者购买行为分析

网络消费者是指借助互联网来完成产品购买过程或完成产品购买过程中某一步骤的消费群体。由于网络消费者以互联网为信息获取和交流传递的平台,因此他们除了具有一般消费者的购买行为之外,自身还具有一些个性。

3.3.1 网络消费者的个性

1. 注重个性

一方面，网络具有信息传递迅速、无时空障碍、实时、双向等特点，给网络消费者追求个性需求、充分展示自我提供了技术基础；另一方面，从近期的网络消费人群统计数据看，网络消费者以年轻、具有一定学历的人群为主，这类人群本身就具有较多与众不同的想法和独特的需求。当其上网时，容易追求个性，提出自己与众不同的看法和需求。

2. 冷静、理性、擅长分析

由于网络上有大量信息，并有专业网站、相关社区、论坛等信息比较机构提供比较信息，所以网络消费者能够比较充分地了解产品的情况，比较理性地分析、判断；同时，网络消费者在实施网络购买时，没有销售人员进行购买中的信息干扰，所以能够比较冷静地做出选择。此外，网络消费者以经济发达地区、具有一定学历的人群为主，他们本身不会轻易受舆论左右，对各种产品宣传有比较强的分析、判断能力。因此，网络消费者冷静、理性、擅长分析的特点值得营销人员注意。

3. 喜好新鲜事物，有强烈的求知欲

网络信息传递的特点给网络消费者提供了广泛获取信息的途径，网络上各种新奇、专业和广泛的信息也会反过来激发消费者强烈的好奇心和他们对不同事物的浓厚兴趣。

4. 选择商品理性化

面对与传统购物环境差别较大的网络环境，消费者选择商品的行为更加理性化。首先，网络营销系统巨大的信息处理能力，为消费者挑选商品提供了前所未有的选择空间，消费者可以利用网络搜寻信息、比较信息，还可以利用网上的信息对商品进行反复比较，以决定是否购买；其次，价格是影响消费者寻购产品的重要因素之一，通过网上信息查询，消费者能够横向比较多方面的价格，全面考虑商品的整体价值，也能够通过信息沟通与卖家进行讨价还价，最终选择满意的产品；再次，网络消费者可以主动上网寻找适合的产品，并主动向商家表达对产品及服务的欲望，这也使得一部分消费者实际上参与或影响了企业的生产和经营过程；最后，在网络上完成购物环节避免了现实商场中嘈杂的环境和营销人员的影响。因此，在网络环境下，消费者可以更加理性地规范自己的消费行为。

3.3.2 网络消费者的购买需求特点

网络消费者自身的一些个性使得其需求与传统消费者的需求存在不同的特点。这些特点应引起营销人员的注意。

1. 网络消费者需求的个性化

在市场向个性化方向回归的同时,计算机网络给信息传递带来的便利,使得消费者在网络上能够细致和充分地提出其对某产品效能的独特需求,并能够自己制定消费准则,因此,消费者的需求更具有个性化,个性化消费将成为网络消费的主流。

2. 网络消费者需求的差异性

随着消费者个性化的回归,其需求的个性化将会导致网络消费需求的差异性;另外,由于其所处环境更具有多样性,即使是处于同一需求层次上的消费者也会表现出需求的差异性。

3. 消费主动性增强

网络给消费者提供了一个方便、快捷、全面的信息获取渠道,使消费者能够比较容易地获取自己需要的信息,也逐步激发了消费者在商品购买决策中主动获取信息、分析比较信息、自主判断决策的潜在追求,因此,网络消费者的消费主动性在不断地增强。

这种主动性,不仅表现在对信息的主动获取上,还表现在主动提出自我个性需求、主动对商品提出个性建议等诸多方面。消费者的这些表现若能被企业获知,并设法满足消费者的需求,将会给企业经营带来极大的成功。

4. 网络消费者需求目标的多样性

在网络消费者需求的目标上,对消费结果的关注和对消费过程的关注并存。网络消费者中既有以购买产品、享受产品服务为目的的,又有以享受购物过程为目的的。对于不同消费目标的消费者,企业应提供不同的服务。

例如:同样是进行网上购物活动,一部分因工作压力较大、紧张程度高的消费者以方便性购买为目标,他们追求的是时间和劳动成本的节省;而另一部分消费者,由于劳动生产率的提高,自由支配时间增多,追求的是通过消费来体验网上购物的乐趣;有一些自由职业者或家庭主妇,希望通过网上购物或使用网上信息交流服务来保持与社会的联系,减少心理孤独感,他们愿意花较多时间和精力去购物,因为购物能给他们带来乐趣,满足他们的心理需求。

3.3.3 影响网络消费者购买行为的因素

消费者的购买行为取决于他们的需求和欲望,而消费者需求和欲望的产生、消费者需求和欲望转变为消费行为则是受到诸多因素的影响。

由于网络消费者所处的环境与传统消费者有诸多不同,因此,网络消费者的购买行为除了受到社会环境、文化环境、个人环境和心理环境的影响之外，互联网带来的环境特点也影响网络消费者的购买行为。

1. 网络购物环境

网络购物环境，特别是网络购物的安全性是影响网络消费者实施购物行为的重要影响因素。有时，消费者已经在网上选择了满意的产品或服务，但考虑到网上付款的安全性，就又放弃了网上购物。另外，网速的快慢、网页打开和更新速度的快慢都会影响消费者的购买行为。

2. 购物的便捷性

现代生活节奏越来越快，方便、快捷的购物方式是许多网络消费者首先考虑的因素之一。消费者网上购物的便捷性主要体现在3个方面：一是时间上的便捷性，网上购物商城实时开放，提供每年365天、每天24小时的服务，消费者可以在任何时间选购商品，而不受营业时间的限制；二是商品挑选范围的便捷性，消费者可以通过网络在全球范围内挑选商品，还可以享受网上提供的比较服务；三是网上支付的便捷性，消费者只要办理好相关的网上支付手续，就可以轻松通过网络进行支付。

3. 产品的个性化程度

通过网络，消费者能够提出自己对产品的个性化需求，因此，他们对产品或服务是否具有个性化也倍加关注。例如，产品的功能是否具有特性、是否针对某一群体或某一人专门设计制作，这些都能够引起消费者的关注；此外，产品或服务的价格是否具有个性化，也是引起消费者关注的一个重要因素。

3.3.4 网络消费者的购买过程

消费者的购买决策过程实际上是一个搜集相关信息与分析评价、实施行动的过程。网络消费者的购买过程与传统消费者的购买过程所经过的步骤是相同的，一般也分为确认需求、收集信息、比较信息、实施购买和购买后反馈5个阶段。但是，由于网络环境与传统购物环境具有不同的特点，因此，网络消费者在购买决策过程中遇到的问题和传统消费者有所不同。

1. 确认需求

网络购买过程的起点是诱发并唤起需求。消费者自身的内在需要和受到的外部刺激都能够唤起消费者的需求。当消费者认为缺少此商品或已有的商品不能满足需求时，就会产生购买产品的欲望。确认需求是消费者购买行为中不可缺少的第一步。

在消费者网络购物过程中，由于信息传递的诸多特点，如范围无限、双向互动等，使得消费者互相影响的范围扩大，消费的主动性和互动能力提高。企业应正确认识消费者的这种变化，研究和了解引起消费者内在需求的环境，采取相应的策略为消费者构建一种"触发诱因"，唤起消费者的需求。

2. 收集信息

针对被确认的需求，每一个消费者都希望自己的需求得到很好的满足。为此，他们运用各种手段寻找能够满足其需求的产品和获得产品的途径。所以与传统消费者购买过程相同，收集信息也是网络消费者购买行为的第二个环节。

消费者在收集信息时会首先在自己的记忆中搜寻可能与所需商品相关的知识和经验；如果没有足够的信息用于决策，则会到外部环境中寻找与此相关的信息。因此，消费者收集信息一般会通过两种途径：一种是消费者自己以往了解、存储、保留的市场信息被重新调用，包括以前购买商品的实际经验、对市场的观察、个人购买活动的记忆等；另一种是从外界收集现有的各种信息，包括通过个人渠道、商业渠道和公共渠道等收集到的信息。

与传统购买过程中收集信息不同的是，网络消费者收集信息的外部环境发生了变化，互联网强大的信息传递和沟通能力为网络消费者提供了更便利的信息收集条件；同时，随着网络信息提供者日益提高信息服务质量，网络消费者面对的信息来源越来越多、信息数量越来越大、信息内容更加详细、具体。

3. 比较信息

消费者为了使自己的需求与购买能力相匹配，就要对各种渠道汇集而来的信息进行比较、分析、研究，根据产品的功能、可靠性、性能、模式、价格和售后服务等，选择一种或几种与自己需求符合度最高的产品作为备选产品。

首先，通常情况下，网络消费者都会采取比较选择的办法对要购买的商品进行分析。常见的获取信息的渠道有：行业门户网站、相关产品或企业网站、网上专卖店、综合性信息网站等。但是，面对大量的网络信息，消费者对其进行整理、分析、比较是一项巨大的工程。曾有消费者抱怨："网络上的信息让我看花了眼睛，怎么办？"

其次，对于专业技术含量比较高的产品，如计算机等，一般消费者收集的资料中有大量的专业性术语和数据，由于消费者缺乏专业技术知识，所以很难根据收集到的信息做出消费决策。

最后，由于网络购物不能直接接触实物，因此，消费者在选购某些产品的时候，需要浏览大量的产品图片和文字描述，即便如此，有些消费者还是不能做出购买决策。

企业在进行网络营销过程中，仅仅把信息放到网上，让消费者查询到是不够的，还要提供信息的比较服务。

4. 实施购买

消费者网络购买决策一般包含以下几方面的内容。

① 购买动机。消费者的购买动机是多种多样的。同样购买一台洗衣机，有人为了节省家务劳动时间，有人为了回避涨价风险，有人则是买来孝敬父母。

② 购买对象。这是购买决策的核心和首要问题。决定购买目标要确定具体的对象及具体的内容，包括商品的名称、品牌、商标、款式、规格和价格。

③ 购买数量。购买数量一般取决于实际需要、支付能力及市场的供应情况。如果市场供应充裕，消费者不急于购买，购买的数量就不会太多；如果市场供应紧张，即使目前不是急需或支付能力不足，消费者也有可能购买甚至负债购买，购买的数量就多。

④ 购买地点。购买地点是由多种因素决定的，如路途远近、可挑选的品种数量、价格及服务态度等。它既和消费者的惠顾动机有关，也和消费者的求廉动机、求速动机有关。

⑤ 购买时间。这也是购买决策的重要内容，它与主导购买动机的迫切性有关。在消费者的多种动机中，往往由需求强度高的动机来决定购买的顺序；同时，购买时间也和市场供应状况、营业时间、交通情况和消费者可供支配的空闲时间有关。

一旦消费者做出购买决策，则可以通过网络购买。目前，网络购买可以通过多种方式进行付款，包括网上银行、支付宝、邮寄、货到付款等。多种多样的付款方式为消费者实施网上交易提供了多种选择，能够满足各类消费者的需要。

5. 购买后反馈

为了提高企业的竞争能力，最大限度地占领市场，企业必须虚心听取顾客的反馈意见和建议。传统营销中，收集消费者售后意见和建议是一项比较费时、费力的事情，但网络为企业了解消费者购买后的建议和意见、与消费者进行沟通提供了便利条件。企业不仅能够利用网络技术与消费者进行一对一的售前、售中沟通，还能够在售后进行相关建议和反馈的收集，这对于维护企业和消费者之间的客户关系具有非常重要的意义。

企业可以利用电子邮件、论坛、网络社区和企业留言板等网络技术方法进行售后服务，与消费者进行沟通。

3.3.5 针对网络消费者购买的网上营销策略

详细地分析消费者网络购物过程，分析其特点，目的是使营销人员能够认识网络购物中不同阶段消费者的购买特点，并针对消费者在不同购买阶段的需求和行为，给予不同层次的服务。

1. 确认需求阶段的网上营销策略

通过市场调查和分析，发现消费者对某产品提供的某一效能的需求；通过多种消费者教育的形式，激发消费者的潜在需求。

2. 收集信息阶段的网上营销策略

了解消费者获得信息的途径，通过这些途径，主动提供消费者所需要的信息，并注意信息的可靠性、时效性。

3. 比较信息阶段的网上营销策略

在提供信息的同时，提供较贴切的信息比较服务。

4. 实施购买阶段的网上营销策略

比较信息后消费者会做出购买决策，决策包括产品种类、型号、购买地点等。在消费者实施购买的过程中，销售人员应通过网络积极与其进行信息互动，并注意自身的服务态度、服务水平，避免给消费者造成负面影响。

5. 购买后反馈阶段的网上营销策略

营销人员利用电子邮件、论坛、留言板等多种途径了解消费者的建议和意见，并注意及时回复；在论坛和网络社区中，营销人员可以定期设置与产品相关的问题引导消费者提出自己的看法，从中获得有价值的创新思路。

【课堂练习3-1】 网站消费群体的需求分析

练习目的：

通过本次课堂练习，获得某企业网站消费群体需求分析的感官体验，深刻体会网络营销中网络消费者分析的重点，进而更加深入地了解网络消费者的特点及其对企业的重要性。

练习要求：

学生自由组合成小组，分析"中国风景园林网消费群体的需求分析"的案例内容，结合理论知识分析案例的实际应用特点；各小组还可以模仿这个案例，把比较有代表性的、实际在企业中应用到的典型应用案例与全班师生一起分享，以便更好地掌握所学理论知识。

练习内容：

中国风景园林网消费群体的需求分析

中国风景园林网的主要消费群体包括以下几类：园林设计人员、风景园林师，相关专业的学者和学生，城市建设的管理者、规划人员，工程咨询人员，人文环境研究者，旅游者等。下面分别对其需求加以分析。

- 园林设计人员、风景园林师

需求特点：大量有关园林设计等方面的资料和信息、园林设计图纸，专业性要求极强。

消费特点：愿意为比较宝贵、重要的园林设计资料、信息等负担一定的，甚至是比较高额的信息资料提供费。

- 相关专业的学者和学生

需求特点：园林设计方面的学术论文，以及风景园林方面的知识。

消费特点：相关专业的学者一般都有研究经费，所以，愿意也可以负担一定数额信息资料提供费；相关专业的学生一般没有或缺乏收入来源，所以，希望从本网站获取免费的信息资料或者支付低额的信息资料费。

- 城市建设的管理者、规划人员

需求特点：有关城市规划、城市总体设计和规划方面的资料，以及城市风景规划方面的有关素材，如图片、规划布局图等。

消费特点：城市建设的管理者、规划人员为国家公职人员，有关城市规划、城市总体设计和规划方面的资料是工作所需，所以一般是有经费或者公费可以负担此项费用，所以，城市建设的管理者、规划人员一般不会担心费用方面的问题，可以提供比较高额的信息资料费。

- 工程咨询人员

需求特点：有关园林风景具体施工技术或建设过程中有关问题的解决方案。

消费特点：工程咨询人员为工程费用的计算或者核算人员，是负责工程的核心人员，一般也是应该有经费支持的，所以，工程咨询人员也不会担心费用方面的问题，一般也可以提供比较高额的信息资料费，但对信息的质量要求比较高。

- 人文环境研究者

需求特点：园林风格、人文景观、民风民俗、自然环境方面的信息。

消费特点：人文环境研究者多为学者、研究人员，一般都有研究经费，所以，不用担心费用方面的问题。

- 旅游者

需求特点：关于旅游景点、游览胜地的风景园林知识介绍，附加需求可能含有建筑风格、人文景观、民风民俗等综合信息。

消费特点：一般为旅游者自己负担获取信息的费用，所以，比较注重费用支出问题。

上述分析中，消费群体的需求分析过程没有借助市场调研工具。在不同的情况下，为了准确确定消费者的需求和消费特点，可以使用调查工具从消费群体那里获取一手的资料，然后加以分析和研究。

思考与互动：

学生思考并回答以下几个问题，教师点评、归纳。

① 根据上述案例，总结企业是如何开展网络消费者需求分析的。

② 根据上述案例，总结企业进行网络消费者需求分析的基础是什么。

③ 进行适宜的企业网络消费者需求分析，能给企业带来什么好处？
④ 通过上述案例，具体谈谈在进行企业网络消费者需求分析时，应该注意哪些事项？
⑤ 根据你对上述案例企业的了解，在其进行网络营销消费者需求分析过程中，你还有哪些建议或对策？

3.4 上机练习与实践——分析各因素对消费者网络购买的影响

1. 实训目的

某自行车销售商是一个销售各种品牌自行车及其零部件的国内大型连锁公司，公司业务遍及全国各地。随着网络全面渗透至企业运营和个人生活中，为了更好地吸引众多的网络客户、开拓网上销售渠道、提高公司管理各类客户的能力和综合竞争力等，该公司决定开展网络营销。

公司在熟悉、了解网络和网络营销的现状、发展、演变及未来发展趋势，分析了我国制造行业的网络营销现状，并分析了公司的网络营销环境后，打算在熟悉网络消费者的特点、掌握各种影响消费者购买行为的因素的基础上，明确消费者网络购买过程及特点，并运用分析方法对指明因素进行影响分析。

2. 实训内容

① 尝试分析性别对消费者购买行为的影响。
② 为企业利用论坛收集消费者售后反馈信息设计方案。

3. 实训方法

① 连接互联网。
② 如果已知网址，根据网址，分别进入各个相关网站及其论坛。
③ 如果不知网址，在浏览器地址栏输入 http://www.baidu.com，按回车键，进入百度搜索界面，然后分别键入要搜索的关键词，根据搜索的结果进入目标网站及其论坛。

4. 实训示例

① 尝试分析性别对消费者购买行为的影响。具体方法参见 3.1.1 节影响消费者购买行为的因素中第 3 点。
② 为企业利用网络手段收集消费者售后反馈信息设计方案。具体方法参见 3.3.4 节网络消费者的购买过程中第 5 点。

5. 实训要求

根据选择的企业情况，以"消费者售后反馈信息设计方案"为题目，写一份实训报告。

要求：
① 3～4人为一个小组，共同完成任务。
② 除文字描述外，要多使用图表方式来表达。
③ 设计中应写明利用的网址、手段和具体的方法等。
④ 文字叙述应做到条理清晰、有依据、符合目标消费者的实际情况。

3.5 本章小结

分析消费者的购买行为和影响消费者购买行为的因素是营销人员的一项重要工作，正确地分析网络消费者购买过程及特点，明确影响网络消费者购买行为的主要因素是网络营销工作的一个重要部分。

本章从消费者购买过程入手，介绍了影响消费者购买行为的各种因素，分析了消费者网络购买的行为特点，提出了企业应对的相关策略。

 案例分析与提高

案例讨论：支付宝发"敬业福"活动

2016年年初，支付宝"集齐五福，平分2亿现金"的红包活动抢了个大风头。一时间，几乎身边所有的人都在求最稀缺的那张"敬业福"。但实际上，集齐五福的人不过才领到272元，而支付宝获得的传播量和品牌影响力却不可估量。

支付宝当然不止是想抢风头那么简单，众所皆知，深入社交领域才是其最终目的。通过引导用户加支付宝好友，互送福卡，来打通用户之间的社交关系。通过"集齐五福"活动，支付宝成功地吸引了众多消费者，并引导很多潜在消费者的使用需求，极大地唤起了网民的使用欲望。

分析与提高

① 根据上述案例，分析网络消费者的特色和需求。
② 根据上述案例，结合当下的网上潮流和热点，尝试设计其他的网络消费者吸引策略。

思考题

1. 消费者网络购买行为会受到哪些因素的影响？
2. 针对消费者网络购买过程的特点，网络营销人员可以采用哪些应对策略满足消费者的需求？

第4章 网络营销调研

引言

在当今社会，市场调研已经成为企业营销决策中一项经常性活动，并且是企业正确制定市场营销战略与策略的基础。如果说市场营销的战略和策略分别要解决的是"我要到哪里"和"我要怎样到那里"的问题，那么市场调研解决的就是"现在我在哪里"的问题。

与传统的市场调研相比较，网络市场调研有双重含义：一方面，它强调调研方法中互联网的运用；另一方面，它强调调查对象是互联网形成的市场。本书所谈到的网络市场调研仅指第一种情况。本章将从传统市场调研的概念出发，介绍传统市场调研的方法，然后介绍网络市场调研的方法、策略等。

本章的主要知识和技能点：
- 市场调研的概念、分类和方法
- 市场调研的步骤
- 市场调查问卷的相关知识
- 网上市场调研的分类和方法
- 网上市场调研的策略

教学要求：
- 了解市场调研的概念、分类和方法
- 熟悉市场调研的步骤
- 掌握市场调查问卷的设计方法
- 掌握网上市场调研的分类和方法
- 掌握网上市场调研的策略

【引导案例】安徽特酒集团的网络营销调研策略

为了更好地开展网络营销活动,从而开拓国际市场,安徽特酒集团制定了网络营销的调研思路,并以此为依据进行网络市场调研活动。

1. 明确调研方向

安徽特酒集团(以下简称"安特集团")是我国特级酒精行业的龙头企业,全套设备及技术全部从法国引进。其主要产品是伏特加酒及分析级无水乙醇。其中,无水乙醇的销量占全国的50%以上。伏特加酒通过边境贸易,向俄罗斯等国出口达到1万吨,总销售额超过1亿元。伏特加酒作为高附加值的主打产品,是安特集团利润的主要来源。但是,随着俄罗斯等国经济形势的日趋恶化,出口量逐年减少,形势不容乐观。安特集团审时度势,决定进行网络营销市场调研,并在此基础上开辟广阔的欧美市场。集团确定了营销调研的三个方向。

① 价格信息。价格信息的收集是至关重要的,它是制定价格策略和营销策略的关键。通过对价格信息的分析,可以确定世界上各种伏特加酒的质量与价格之间的比例关系,可以摸清世界各国伏特加酒的总体消费水平,可以确定国际伏特加酒的贸易价格,其中最主要的作用还是对安特牌伏特加酒进行出口定位。价格信息主要有两种。一是生产商报价。由于安特集团是生产企业,因此与来自其他生产企业的价格可比性很强,参考价值很高,特别是世界知名伏特加酒生产企业的报价。这是因为世界著名伏特加酒生产企业的销量在国际贸易中占的比例很大,其价格能左右世界市场的价格走向。二是销售商报价。销售商包括进口商和批发商,他们报出的价格都是国内价格,一般都含有进口关税。对于生产企业而言,可比性不是很强。但是,他们所提供的十几种甚至是几十种产品来自不同的国家,参考价值很高。生产商可以据此确定每种产品的档次,确定不同档次产品的价格水平。

② 关税、贸易政策及国际贸易数据。关税及相关政策信息在国际营销活动中占有举足轻重的地位。进口关税的高低影响着最终的消费价格,决定了进口产品的竞争力;有关进口配额和许可证的相关政策关系向这个国家出口的难易程度;海关提供的进出口贸易数据能够说明这个国家每年的进口量,即进口市场空间的大小;人均消费量及其他相关数据则说明了该国的市场容量。要从世界上160多个国家中选择重点销售地区、确定重点突破目标,就必须依靠这些信息。这类信息包括:关税、进口配额、许可证等相关政策,进出口贸易数据,市场容量数据。

③ 贸易对象的详细信息。收集贸易对象的信息是网络营销的一个重要环节,其目的是建立一个潜在的客户数据库,从中选出真正的合作伙伴和代理商。需要收集的信息具体包括:贸易对象的历史、规模、实力、经营范围和品种、联系方法(电话、传真、电子邮件)等。

2. 确定信息收集方法

① 价格信息。生产商的报价主要从厂方站点、生产商协会站点、讨论组和相关贸易组织网站中获取；获取方式有两种：按国家分别检索、常用站点每周例行检索。

收集销售商的报价主要从以下几个方面入手：查询销售商站点、政府酒类机构站点和新闻机构站点。进行政府酒类机构站点查询，主要是因为在某些国家或地区，政府的酒类专卖机构是唯一的进口商和批发商，这些机构中酒类品种多达上百种，价格中的虚头也最少，所以参考价值很高；进行新闻机构站点查询，主要是为了收集各种博览会、交易会的信息公告及经济类媒体的报道，在这些报道中可以发现有关商务谈判中的定价或者蛛丝马迹。

从生产商、销售商及其商务谈判中得到的价格信息，需要再加以整理、分析，才能确定它们之间的相互关系，最后得出完整的价格体系。

② 关税、贸易政策及国际贸易数据。这类信息的主要收集方案包括：检索大型数据库，向已经建立联系的各国进口商发送电子邮件进行咨询，查询相关政府机构站点和新闻机构站点。

③ 贸易对象的详细信息。对于已经建立了网站的进口商，只要掌握其网址就可以拥有以上信息。对于没有建立网站的进口商，可以先得到其联系方法，建立联系后再逐步询问。信息收集途径包括目录型、数量型、地域型搜索引擎，黄页，专业的管理机构及行业协会站点和各国酒类专卖机构站点。

安特集团通过半年左右时间，收集了以上三个方面的信息，对于世界上伏特加酒的贸易状况有了基本了解，掌握了世界伏特加酒交易的价格走势，认清了安特牌伏特加酒所处的档次和水平，也联系了上百家进口商、经销商，基本上把握了国际伏特加酒市场的脉搏，圆满地完成了网络营销调研工作，也为今后的网上谈判、选择代理商等网络营销工作打下了良好的基础。

案例点评：

市场调研为企业制定营销策略提供了科学、可靠的依据，是市场营销中的重要一环。随着互联网的深入应用和企业开拓国际市场的需求，合理应用互联网、开展网络市场调研已经成为企业提高综合竞争力的手段之一。

安特集团根据自身实际情况，确定了网络市场调研方向和调研方法，取得了预计的效果和成绩，也为今后各项网络营销工作打下了良好的基础。可见，其网络市场调研的设计是比较全面、有针对性的。

通过以上成功案例，可以充分看到选取恰当的网络调研方法与手段是十分重要的，网络市场调研在企业营销过程中起着非常重要的作用。

4.1 市场调研

传统市场调研和网上市场调研的目的是一致的，都是让企业清楚地知道"现在我在哪里"，为企业正确制定市场营销战略与策略奠定基础。在本节中，主要从传统市场角度出发，学习一些市场调研的相关知识。

4.1.1 市场调研的概念

市场调研也经常被翻译为市场调查或市场研究等。对于市场调研的概念，学者们从不用的角度予以了不同的表述。

美国的菲利普·科特勒（Philip Kotler）认为："市场调研是系统地设计、收集、分析和提出数据资料，以及提出和公司所面临的特定的营销状况有关的调查结果。"他认为市场调研是为公司的特定营销状况服务的。

美国市场营销协会（AMA）将市场调研定义为："市场调研是一种通过信息将消费者、公众和营销者联系在一起的职能，这些信息用于识别和确定市场营销机会及问题，产生、提炼和评估营销活动，监督营销绩效，改进人们对营销过程的理解。"这个定义强调市场调研是一种职能手段，使得消费者、公众和营销者三者联系在一起。

根据市场调研的范围，市场调研的概念又有狭义和广义之分。狭义的市场调研是指对消费者的调查，了解其购买、消费等各种事实、动机和偏好。而广义的市场调研则是将研究范围扩展至营销过程的每一阶段，包括消费者、营销环境、市场属性状态和营销效果等。

综合以上概念，可以认为：市场调研就是企业为了特定的市场营销策略，采用科学的方法对有关市场营销相关资料做系统的计划、收集、整理、分析和研究活动。

4.1.2 市场调研的分类

由于分类标准不同，市场调研的分类方法也是多种多样的。

按照调查内容的不同，可以分为市场营销环境调查、市场需求调查、市场供给调查、市场行情调查和市场营销活动调查。

按照调查中采取的调查方法不同，可以分为文案调研和实地调研。实地调研又分为观察调研、询问调研和实验调研。

按照调查的深度不同，可分为探测性调研、描述性调研和因果性调研。

按照调查对象的不同，可分为全面调查和非全面调查。以下将对全面调查和非全面调查进行比较细致的介绍。

1. 全面调查

全面调查是指对构成调查对象总体的所有个体逐一进行调查登记的一种调查。例如，为了了解某城市小学生的身高情况,可以对该城市所有小学生的身高进行调查登记,这属于全面调查。由于全面调查涉及的调查范围比较广、调查对象个体数量比较多,所以有利于获取全面的详细信息。与此同时,全面调查还具有工作量大、时间长和费用高的缺点。

普查是全面调查的一种。普查是对要研究的总体中全部个体进行无一例外的观察、询问、登记的调查,如人口普查、农民住户人均纯收入普查、污染源普查等。

2. 非全面调查

非全面调查是对构成调查对象总体的一部分个体进行调查登记的一种调查。例如,某城市对某届政府的市民满意度进行调查。在调查过程中,工作人员不可能对每位市民都进行调查。在这种情况下,工作人员只能对一部分市民进行调查。这样的调查就是非全面调查。非全面调查又包括重点调查、典型调查和抽样调查。

1) 重点调查

重点调查是在全部调查对象中选取一部分重点对象进行调查,从而获得总体基本情况的一种调查。重点调查的关键在于如何选择调查对象。所选调查对象在数量上仅占全部调查对象的一部分,却在全部调查对象中占有举足轻重的作用。重点调查的优点在于,调查对象少,节省人力和财力,获得资料比较及时;缺点在于,获得的资料不够准确和全面。

2) 典型调查

典型调查是对总体中具有代表性的少数个体进行调查。这种调查方法一般建立在对调查对象进行初步分析的基础上,并要求所选调查对象具有充分的代表性。由于调查对象少,可以对调查对象进行细致、入微的了解,从而得到调查对象详尽的资料。典型调查具有调查对象少,节省人力和财力,获得资料及时的优点。

3) 抽样调查

抽样调查是从全部调查对象中按照一定方式抽取部分个体进行调查,从而推断全部调查对象情况的一种调查。根据调查目的、调查对象和调查精度要求的不同,抽样调查又分为随机抽样、分层抽样、等距抽样、整群抽样、简单抽样、判断抽样、配额抽样和滚雪球抽样8种。抽样调查主要应用于以下3种情况:全面调查不可能进行、全面调查没有必要进行、调查紧急情况。抽样调查不仅具有方便易行、节省人力财力的优点,还有严谨的数学原理作为其分析的科学依据。因此,抽样调查是市场调研中一项常用的调查。

4.1.3 市场调研的方法

在市场调研中,选取恰当的方法与手段是实现调研目的的首要问题。市场调研的方法主要分为两类:直接资料调查法和间接资料调查法。直接资料调查法是指通过实地调查,收集第一手资料的方法,包括观察法、询问法和实验法等调研方法。间接资料调查法是指从各种文献档案中收集信息资料的方法,如文案调查法。由于市场调研方法各具特色,所以在市场调研中要根据调查对象的特点和调查目的选择恰当的市场调研方法。

1. 观察法

观察法是调查者在调查现场直接观察被调查者的活动，以获得市场信息资料的方法。运用观察法进行市场调研，调查者不与调查对象进行交谈、提问等直接接触，而是通过对被调查者行为、表情、态度等方面的观察，来获取所需要的信息。观察法可以分为：直接观察法、亲自经历法、痕迹观察法和行为记录法。

在运用观察法进行市场调查的时候，要注意以下几点：

① 观察者要避免被被观察者发现、察觉，以免干扰被观察者，影响观察结果。

② 观察者应具有较强的观察能力、较全面的营销知识和较强的设备操作能力。

③ 观察人员使用的记录用纸和观察目录应该有一定的格式，便于后期进行整理和分析。

观察法是一种简单易行的调研方法。应用观察法进行市场调查所收集的资料为第一手资料，真实地反映了被观察者行为、态度等方面的情况，所以观察法具有很高的直观性和可靠性。在观察过程中，调查人员不与被调查者发生交谈。整个观察过程是在被调查者没有意识的情况下进行的，所以避免了调查者对被调查者的误导。

与此同时，观察法也存在一定的不足。由于观察法只能对事实进行观察，所以不能说明事物发生的原因，也不能了解被观察者的心理状况。通常情况下，观察法适用于小范围的市场调研。在大范围的市场调研中，采用观察法进行调研需要投入大量的人力与物力，并且花费较长的时间。由于调查者不与被调查者进行交流，所以要求调查者具有较高的素质，否则会直接影响观察结果的准确性与可靠性。

2. 询问法

询问法是调查者通过询问的方式将事先拟定好的调查项目或问题向被调查者提出，并要求回答，由此获得所需要的信息资料。对于调查者事先准备的调查项目或者问题，被调查者可以口头回答；或者调查者将调查项目或者问题整理成问卷，利用问卷对被调查者进行询问。询问法包括面谈法、电话调查法、邮寄调查法和留置问卷法。

① 面谈法是指调查者当面对被调查者进行询问，以获得所需要的信息资料。面谈法可以分为两种形式：个人面谈和小组面谈。

② 电话调查法是由调查人员按照调查计划所规定的随机拨号方式，通过电话向被调查者询问相关问题的一种调查方法。随机拨号的方法是根据随机抽样的原理设计的，一般有两种做法：一种是利用现有的电话号码簿作为框架，随机的选取电话号码；另一种是根据调查的具体情况和抽样方案先确定拨打号码的前几位，再随机确定后几位。

③ 邮寄调查法是将事先拟定的问卷寄给被调查者，由被调查者根据调查问卷的填表要求填好后寄回的一种调查方法。邮寄调查法的基本步骤如图 4 - 1 所示。

图 4-1 邮寄调查法的基本步骤

④ 留置问卷法是指调查者当面把问卷交给被调查者,在对被调查者说明调查的意图和返回问卷的时间后,将问卷留给被调查者;被调查者在约定时间内将填写好的问卷,返回给调查者。这是介于面谈法和邮寄调查法之间的一种调查方法。它继承了面谈法回收率高的优点,也继承了邮寄调查法保密性高的优点。缺点在于调查地点受一定的限制,并且调查费用比较高。

3. 实验法

实验法是指通过实验对比,收集所需信息资料的方法。在因果性的调研中,实验法是一种非常重要的工具。实验法源于自然科学中的实验求证方法,它通过小范围的实验,记录事物的发展和结果,搜索和分析第一手信息资料。实验法通常被用于市场反应实验、新产品投放实验、市场饱和度实验、广告效果实验和市场营销组合实验。实验法的实施步骤如图 4-2 所示。

图 4-2 实验法的实施步骤

下面对实验法中的重点步骤进行介绍。

1）选择实验对象

选择实验对象的方法主要有两种：主观判断和随机抽取。前者适用于调查者对实验对象了解较多的情况；而后者适用于调查者对实验对象了解较少的情况。

2）确定实验方法

实验法主要包括3种方法：实验单位前后对比实验、实验单位与非实验单位对比实验、实验单位与非实验单位前后对比实验。对于不同的实验调查，实验者要根据实际情况对实验方法进行选择，以保证实验效果的真实性与准确性。

3）控制实验环境

一方面实验者要选择具有代表性的市场进行实验；另一方面，在实验中要尽量避免实验受到外界环境的影响。一旦实验受到外界环境的影响，要及时对实验进程加以调整和控制。

4）测评实验效果

实验者在对实验效果进行测评时，主要进行两项工作：一项工作是借助数理统计的方法测量实验结果，另一项工作是调查者对实验活动的科学性和有效性进行评价。

实验法的优点在于通过实验，调查者可以发现影响市场变化的主要因素，并对它们进行深入研究，从而采取相应的营销策略，提高决策的科学性。同时，实验者可以通过对实验环境的控制，有效地提高调查的准确性。与其他调查方法不同，在运用实验法的过程中，调查者是在积极、主动地引导市场因素的变化，并对它们进行分析和研究，而不是被动、消极地等待某种现象的发生。但是，实验法容易受到外界因素的影响，调查所需时间比较长，风险大，费用高。

4. 文案调查法

文案调查法是指通过搜集各种历史和现实的动态统计资料，对调查内容进行研究的一种调查方法。与直接资料调查法中涉及的调查方法不同的是，文案调查法所搜集的资料是二手资料。这种调查方法的优点是充分利用现有的二手资料，节省调查费用。因此，文案调查法通常是市场调查的首选方法，主要应用于以下方面：市场供求趋势分析、相关和回归分析、市场占有率分析及市场覆盖率分析。

文案调查法虽然充分利用了二手材料，节省了调查费用，资料收集时间比较短，但是这种方法也有局限性：首先，很难把握所搜集的资料的准确性，而且二手资料多为历史资料，很难反映出正在发生的新问题与新情况；其次，搜索的资料往往不能完全吻合调查目的；最后，文案调查法对调查者的要求比较高，要求具有广泛的理论知识和专业技能。

由于文案调查法存在的局限性，调查者分析研究文案调查资料之前，应该对其质量进行评估，评估资料是否满足以下要求：

① 数据的收集方法是否经过严格审查。

② 通过比较不同来源的数据，评价数据是否准确。
③ 判断数据是否及时。
④ 了解数据收集的目的是否与本次调查目的吻合。
⑤ 检验数据的性质与内容，应该特别注意关键变量的定义，测量答案的分类方法和所检验的关系。
⑥ 检查数据是否可靠。

4.1.4 市场调研的步骤

市场调研是一种有目的、有计划的调查研究活动，是调查研究市场现象本质和规律性的过程。在市场调研中，建立一套系统的科学程序，有助于提高调研工作的效率和质量。大体上，整个市场调研过程可以分为调研准备阶段、调研实施阶段和分析总结阶段。

1. 调研准备阶段

调研准备阶段是调研工作的开端。本阶段主要解决调研目的、要求、范围、规模和力量组织等问题，并在此基础上制定切实可行的调研方案和调研工作计划。本阶段工作主要分三步进行：确定调研课题、对调研做可行性分析和制定调研方案。

2. 调研实施阶段

调研实施阶段的主要任务是组织调研人员深入实际，按照调研方案的要求，系统地收集各种可靠资料和数据，听取被调查者的意见。此项工作可以根据以下步骤逐步进行。
① 建立市场调研组织，对调研人员进行培训。
② 组织调研人员收集二手资料。
③ 确定调研单位，收集原始资料。

3. 分析总结阶段

市场调研的分析总结阶段包括3项工作，即整理资料、分析资料和编写调研报告。

整理资料是一件费时、费力的工作，但对调查资料的最终质量和统计分析的效果具有重要意义。市场调研所获得的资料往往是零散的、杂乱无章的，必须经过一个去粗取精、去伪存真、由表及里的过程，才能提高信息的浓缩度、清晰度和准确度，提高信息的利用价值。首先要对资料进行检查、核实和校订。也就是检查资料是否齐全，是否有重复或遗漏，是否有误差，以及是否与实际情况相违背。一旦发现问题，应及时进行订正、删改和补充。然后再对资料进行分类汇编。经过检查的资料应该根据调研方案的要求进行分类，且要求编号归档，以便日后查找和使用。

分析资料的目的实际上就是告诉我们每组资料里面到底隐藏了哪些有用的信息，并以恰当的形式表现出来。分析资料是一项复杂的工作。在具体的应用过程中，分析方法主要分为定性分析方法和定量分析方法。

编写一份有分析、有说明的调研报告，是市场调研最后阶段最主要的工作，也是整个市场调研活动的最后一个环节。调研报告是调研的最后成果，是用客观材料对所调研的问题做出系统的分析和说明，提出结论性的意见。调研报告没有固定格式，一般包括以下内容：标题、目录、表格和插图清单、概要、引言、主报告、参考文献、附录和其他文档。概要不应过长，应简要描述调查的目的，调查的时间、地点，调查的主要结果、结论和建议。引言部分描述调查项目的背景信息。主报告是调查报告的主体部分，阐述调查中的主要结果、主要结论及其细节。编写者应该搞清楚读者的兴奋点在哪里，以便抓住读者的注意力。其他文档中可以包括术语索引、各种数据表和调查问卷等重要文档。

在调研报告编写过程中，编写人员要秉承实事求是的原则，如实地反映问题。为保证调研报告的质量，要征求多方面的意见，做到集思广益。此外，还要保证报告内容切合主题，突出重点，并且得出明确的结论。

4.1.5 市场调查问卷

问卷，又称调查表，是一种以书面形式了解被调查者的反映和看法，并以此获得资料和信息的载体。在市场调查中，问卷作为一种最常见的调查工具，发挥着重要的作用：有利于全面、准确地收集各种资料；有利于方便、迅速地进行统计分析；还有利于节省调查时间，提高工作效率。总之，一份设计良好和规范的问卷，不仅可以提高调查的质量和准确性，还能够提高调查工作的效率和效益。

1. 调查问卷的结构

一份规范、完整的调查问卷通常由3部分组成：开头、正文和结尾。

1）开头

问卷的开头包括标题、说明词、填表说明和问卷编号。

标题是对调查主题的概括说明，要求开门见山，被调查者看过标题后可以大致了解调查问卷的内容。

说明词用以说明调查的目的、问题和调查结果的用途。与此同时，在说明词中还要介绍此次调查的主办单位，并对被调查者表示感谢。说明词可以使被调查者重视调查，积极参与。

填表说明是向被调查者说明如何填写调查问卷，包括填表要求和说明。有的时候填表说明仅仅针对个别题目，被设置在这个问题的后面；有的时候填表说明针对整个问卷，被设置成为独立的部分。

问卷编号主要用于问卷、调查者与被调查者的识别。

2）正文

问卷的正文包括问题和选项、被调查者基本情况和编码3部分。

问题和选项是整个调查问卷的核心。调查问卷中涉及的内容可以分为两个部分：行为资料和态度资料。行为资料是指有关调查对象社会经济行为的资料，主要反映调查对象是否做过某些事情及做某些事情的次数和频率。例如，"您上个月是否去商场买东西了？"态度资料是指有关对象或被调查者对他人（或事件）的能力、兴趣、意见、评价、情感、动机等方面的态度的资料，主要反映了调查者对特定"外部世界"的感受、认知、看法和评估。例如，"你认为现在健身中心的价格：①很高（ ）②较高（ ）③适中（ ）④较低（ ）⑤很低（ ）"。

被调查者基本情况指的是被调查者的背景信息，用于说明被调查者的基本特征。如果被调查者是个人，这部分内容可以包括：性别、年龄、职业、受教育程度、收入、婚姻情况、居住地址、联系电话等。如果被调查者是社会群体或组织，则应包括：组织名称、属性、规模、结构等。由于被调查者的背景不同，他们的行为和态度也有所不同，所以被调查者的基本信息在调查问卷中具有重要作用。

编码就是将调查问卷中的项目转化为具体的数字，有助于后期的数据整理与分析。问卷中每一个问题和答案都应该有一个数字作为它的编码。除此之外，每份调查问卷也应该有自己的编码。

3）结尾

调查问卷的结尾可以对被调查者表示感谢，也可以设置开放式问题询问被调查者的意见和建议。

2. 调查问卷的分类

调查问卷可以按照不同的标准进行分类。按照调查方式可以划分为自填式问卷和访问式问卷。自填式问卷是指被调查者自己填写的问卷，而访问式问卷是指由调查人员根据被调查者的回答代为填写的问卷。

按照问题的类型可以将调查问卷分为封闭式问卷、开放式问卷和半封闭式问卷。封闭式问卷，是指问卷中不仅列出了各种问题，还给出了各种可能的选项，让被调查者进行选择。相对地，开放式问卷仅设计了问题，没有固定的答案，需要被调查者自行填写。而半封闭式问卷是封闭式与开放式相结合的调查问卷。

封闭式调查问卷的优点是：第一，答案标准化，便于后期的数据整理与分析；第二，问题的选项可以帮助被调查者更好地理解问题，保证调查的质量和回收率；第三，节省时间；第四，对被调查者的要求比较低，适用于文化程度较低的被调查者。

封闭式调查问卷的缺点是：第一，问题的答案受到限制，只能从规定的选项中选择答案，有可能漏掉信息；第二，由于被调查者理解不同而引起的错误，在封闭式问卷中很难反映出来；第三，在被调查者不知道应该如何填写的时候，容易胡乱填写；第四，被调查者容易出现笔误，影响调查的准确性。

开放式调查问卷的优点是：第一，由于没有固定答案，被调查者可以自由发挥回答问题，有助于调查者收集事先没有预料到的信息；第二，从被调查者的回答中，调查者可以检查被调查者对题目的理解是否正确，提高调查问卷的有效性；第三，开放式调查问卷适合在问题不多的时候使用。

开放式调查问卷的缺点是：第一，由于没有固定的答案，收集的答案不规范，不利于后期的整理与分析；第二，与问题不相干的信息容易掺杂到答案中，影响问卷的真实性；第三，对于一些比较复杂的问题，被调查者需要花费一些时间思考，容易引起被调查者的不悦，影响调查的回收率，也有可能影响调查的效果；第四，对被调查者的要求较高，需要具有一定的写作技巧与语言表达能力，不适用于文化水平较低的被调查者。

3. 调查问卷提问的原则

① 准确性原则。
② 完备性原则。
③ 互斥性原则。
④ 精简性原则。

4. 调查问卷提问应避免的问题

调查问卷在设计过程中受到一些语言因素的制约，影响了被调查者对于问题的理解。

1）避免一般性问题

例如，一个饭店在进行顾客调查时，设置了这样的问题："您对我们的饭店是否满意？"显然，这个问题过于笼统，很难达到预期的效果，因此应将问题拆分，分项提问。如将问题改为："您认为我们饭店的菜色是否丰富？""您认为我们饭店的就餐环境是否优雅？""您认为我们饭店的饭菜是否可口？"等。

2）避免使用多语义词

有些词语意思模糊，往往因为被调查者的理解不同而产生歧义，应该尽量避免使用这类词语。例如："你经常旅行吗？"被调查者会对"经常"产生疑惑，是指在一周内还是一个月以内？因此，调查者应该为题目设定明确的界定范围："去年你去旅行了几次？"

3）避免引导性问题

问卷中的问题要避免向被调查者作任何的暗示和误导。例如，"许多消费者都认为××饭店饭菜可口，您的印象如何？"这个问题带有强烈的暗示作用，引导被调查者的想法，影响调查效果。可以将上述问题修改为："您认为××饭店的饭菜味道如何？"

4）避免遗忘性问题

在调查问卷中，有的问题时间间隔太久，被调查者已经遗忘，或者记不清楚，容易引起他们对于调查的反感和不满，最终造成调查结果质量下降。例如，"去年你购买了哪些图书？"应该将时间段选定在被调查者比较容易回忆的范围之内："上个月你购买了哪些图书？"

5) 避免困窘性问题

在对被调查者的基本资料进行调查时，有的问题涉及被调查者的个人隐私，如年龄、收入、受教育程度等。这部分不应该直接提问，容易让被调查者产生反感与不满。一般采取分层次列表提问的方法，或通过询问被调查者对该事物的看法等方法。

6) 避免断定性问题

问卷中的某些问题已经断定被调查者已经拥有了这项商品或发生过这种行为。但事实上，被调查者根本没有拥有过该商品。例如："你丈夫喜欢喝红酒还是白酒？"被调查者可能未婚，也可能丈夫不喝酒。这些都会造成调查结果的不准确。遇到这样的情况，可以对问题进行拆分，分项提问："你是否已婚？""你的丈夫是否饮酒？""他喜欢红酒还是白酒？"

7) 避免假设性问题

调查者将个别问题设置在一种假设性的环境中，然后询问被调查者在这种假定的情况下会进行何种行为。例如，"如果别墅降价50%，你是否会购买别墅？"这样设置问题是不科学的，在假设的环境下，被调查者并不知道自己会有何种行为，因此填写答案的价值不高，不能真正反映问题的本质，影响调查结果。

【课堂练习 4-1】市场调查问卷的典型应用

练习目的：

通过本次课堂练习，获得不同市场调查问卷类型的感官体验，深刻体会市场调查问卷中，封闭式问卷、开放式问卷和半封闭式问卷各自的特点，进而更加深入地了解市场调查问卷的功能及其对企业的重要性。

练习要求：

学生自由组合成小组，分析"市场调查问卷的典型应用"的案例内容，结合理论知识分析案例的实际应用特点；各小组还可以模仿这个案例，把比较有代表性的、实际在企业中应用到的各类市场调查问卷应用案例与全班师生一起分享，以便更好地掌握所学理论知识。

练习内容：

封闭式问卷、开放式问卷和半封闭式问卷的典型应用

1. 封闭式问卷的典型应用

● 两项选择问题，就是对于一个问题，问卷中提供两种选项供被调查者选择。例如，"今年冬天您滑雪了吗？(1) 是 ( )；(2) 否 ( )"。

● 多项选择问题，就是对于一个问题，问卷中提供3种或3种以上的选项供被调查者选择。例如，"你认为现在健身中心的价格：(1) 很高 ( )；(2) 较高 ( )；(3) 适中 ( )；(4) 较低 ( )；(5) 很低 ( )"。

● 事实性问题，要求被调查者对相关的事实作出回答。例如，"今年冬天你滑雪的次数是几次？(1) 没有去过 ( )；(2) 一次 ( )；(3) 两次 ( )；(4) 三次 ( )；

(5) 四次及以上（　　）"。

- 词语配对试验，类似于连线题，调查问卷中一个产品的若干品牌名称与若干个形容词各组成一列，被调查者需要将品牌名称与最适合它的形容词配对。
- 李克特量表，允许被调查者在同意和不同意之间的模糊量度内进行选择。例如，"您是如何认为'中国汽车行业已经赶上国外同行'的说法？(1) 很赞同（　　）；(2) 同意（　　）；(3) 不知道（　　）；(4) 不同意（　　）；(5) 坚决不同意（　　）"。
- 语义差别法，允许被调查者在两个意思相反的词之间的模糊度内进行选择。例如，您对某食堂有何高见？

种类多	√				种类少
饭量大			√		饭量小
饭菜味道好				√	饭菜味道差
服务态度好		√			服务态度差
就餐环境好		√			就餐环境差

2. 开放式问卷的典型应用

- 自由回答法，是指被调查者几乎可以以不受任何限制的方式回答问题。例如，你对食堂提高服务质量有何高见？
- 语句完成法，是指在问卷中提供一些不完整的句子，由被调查者用自己的语言将这些句子完成。例如，当我走到××卖场内，我_____。
- 文字联想法，是指由调查者先列出一些单词，让被调查者看后写出脑海中反映出的其他词语，以发现被调查者对于这些词所产生的联想或隐含意义。例如，当您看到"珠宝"这个词后，请将您联想到的词或句子写出来。
- 故事完成法，是指给出一个未完成的故事，让被调查者完成。例如，"周末晚上，我来到一家新落成的商场里面，刚刚走到××卖场，一位销售小姐就迎了上来……"请你完成这个故事。
- 主体痛觉测验法，问卷中有一组图片或照片，要求被调查者按照问卷中的画面根据自己的理解虚构一个故事。例如，图上画着一对夫妻正在打量一辆汽车，旁边一位男士正在指着汽车说些什么。要求被调查者编写一个100字左右的故事。

3. 半封闭式问卷的典型应用

半封闭式问卷是封闭式问卷和开放式问卷的结合，主要表现为以下3种方式。

- 同一个问题中同时含有封闭式和开放式回答方式的问卷。

例如，您最喜欢哪一个手机品牌？（选择一种）

(1) 华为（　　）

(2) 苹果（　　）

(3) 三星（　）

(4) 小米（　）

(5) 其他_____

- 一部分问题属于封闭式，另一部分问题属于开放式的问卷。
- 上述两种方式混合的问卷。

思考与互动：

学生思考并回答以下几个问题，教师点评、归纳。

① 在上述案例中，对比三类问卷的异同。

② 在上述案例中，分析三类不同问卷的适用范围。

③ 应用适宜的市场调查问卷，能给企业带来什么好处？

④ 通过上述案例，具体谈谈应用市场调查问卷有哪些注意事项。

⑤ 根据你对市场调查问卷的了解，在设计一个好的市场调查问卷时，你还有哪些建议或对策？

4.2 网上市场调研

随着网络化进程的逐步深入，网络科技手段被应用到了市场调研中，形成了网上市场调研。本节中，主要针对调研方法在互联网中的使用情况进行讲解。

4.2.1 网上市场调研的概念

网上市场调研是指企业为收集信息在互联网上利用信息技术开展市场调查，并对这些信息进行整理和研究，提出网络市场调研报告的活动。

1. 网上市场调研的特点

网上市场调研来源于传统市场调研，因此它们存在许多相似点。但是，网上市场调研又具有以下区别于传统市场调研的特点：

① 降低成本，缩短调研周期。

② 不受时间和空间的影响。

③ 调查结果客观性强，准确度高。

④ 网上调研具有交互性。

2. 网上市场调研的分类

与传统市场调研类似，网上市场调研的分类方法也是多种多样的。

按照调查者组织的调查样本划分，网上市场调研可以分为主动调查法和被动调查法两种。

① 主动调查法是指调查者主动组织调查样本，并完成统计调查的方法，如电子邮件法、随机 IP 法和视讯会议法等。

- 电子邮件法是指调查者将调查问卷通过电子邮件的方式发送给特定的网络用户，被调查者填写好调查问卷后，再通过电子邮件的方式回复调查者的调查方法。这种调查方法类似于传统市场调查中的邮件调查法，但是大大提高了调查效率。
- 随机 IP 法是指随机产生一批 IP 地址，并以这些 IP 地址作为抽样样本的调查方法。
- 视讯会议法是指通过互联网视讯会议功能，将分散在各个不同区域的被调查者虚拟地组织起来，在调查者的引导下针对调查问题进行讨论的调查方法。

② 被动调查法是指调查者被动地等待调查样本，完成统计的调查方法，如网站法。网站法是指将调查问卷附在一个或多个网站上，等待浏览网站的用户回答调查问题的方法。目前，这是网上调研中最基础的方法，应用非常广泛。

按照采用调查方法不同，可以分为网上问卷调查法、网上讨论法、网上观察法和利用搜索引擎搜集材料的方法。

按照网上调研所采用的技术划分，可以分为站点法、电子邮件法、随机 IP 法和视讯会议法等。

4.2.2 网上调研的方法

网上调研的方法是在传统市场调研方法的基础上，利用先进的网络技术提高调研的准确度和效率，是对传统调研方法的继承与发展。

1. 二手资料的网上调研方法

二手资料的调研方法是网上调研的主要方法之一。与传统市场调研方法相同，在进行一手材料调研之前，应先进行二手材料的收集工作。

1）二手材料的特点

相对于一手材料，调研二手材料更加快捷、廉价。通过互联网，调查人员可以每周 7 天、每天 24 小时的从政府、行业组织或者企业获取信息。相对于传统的文案调查法，网上信息的更新速度更加快捷，有利于企业根据市场的不断变化快速调整营销策略。与此同时，从互联网上获取的二手材料也存在一些问题，如二手材料与调研问题吻合度不高、无法判断二手材料的可靠性等。

2）获取二手材料的渠道

获取二手材料的渠道有很多，如政府网站、行业组织网站、竞争对手的网站、专业调查公司、在线数据库等。

① 中国互联网络信息中心（CNNIC）网站——提供关于中国互联网络发展状况等方面的统计资料。

② 中华人民共和国国家统计局网站——提供我国在经济、技术、文化等方面发展状况的统计资料。

③ 行业组织网站——提供相关行业的信息与资料，如中国餐饮网网站、中国旅行社协会在线网站、中国家电网网站。

④ 电子商务平台网站——提供相关产品的信息与资料，掌握网络市场格局、了解网络竞争态势，如阿里巴巴网站、淘宝网站、天猫网站、京东网站、当当网站等。

在网上进行二手材料调研时，调查者要把握的一个重要因素就是保证调研信息的可靠性。调查者在决定是否使用二手材料之前，对其可靠性抱有怀疑态度是十分明确和必要的。在评价二手材料可靠性的时候，调查者应该首先确定网站的所有者。一般来说，首先政府部门或知名行业组织网站的可靠程度比不知名的小企业或者个人的网站高。其次，确定信息更新时间，更新时间近的信息更能够反映市场现状。再次，还可以通过多个网站对比的方法，确定信息的可靠性与真实性。最后，核查网页内容，如果网页上有大量的错字或者数字叠加错误，那么该数据的可靠性比较差。

2. 网上直接调研

在进行网上市场调研的时候，有时二手材料不能完全满足企业需要，调查者还需要掌握必要的一手材料来帮助企业分析市场变化，作出适当的营销决策。网上直接调研是获取一手材料最常用的方法。与传统的市场调研方法相似，网上直接调研方法包括访谈法、观察法和在线问卷调查法等。

① 访谈法是一种比较常见的调研方法。常见的访谈形式包括：网上小组访谈，一对一网上访谈，留言板、论坛、新闻讨论组或电子邮件法。

② 观察法是指使用 Cookie 或者相关软件跟踪消费者的网上活动。例如，确定消费者经常访问哪些网站，通过分析帮助企业知道消费者对哪些商品或服务感兴趣，从而制定出有针对性的营销策略。

③ 在线问卷调查法将在后面的内容中进行具体介绍。

3. 网上间接调研

网上间接调研是指利用互联网收集与企业相关的市场竞争者、消费者的信息。这是一种介于二手资料调研和网上直接调研之间的调研方法。相对于二手资料调研，网上间接调研的资料是零碎的、分散的，需要后期投入人力、物力进行整理。与网上直接调研相比，网上间接调研不直接面对被调查者，而是通过间接的、侧面的方法了解顾客的想法及市场的变化。网上间接调研的渠道很多，如搜索引擎、网站、微博、微信、论坛、聊天室等。

为了了解竞争对手，调查人员可以通过访问网站的形式，了解竞争对手的动态。调查人员还可以登录论坛或者聊天室，获取有价值的信息。

在网上调研过程中，搜索引擎是十分常用的一项网络服务，也是网上间接调研最常使用的调研工具。搜索引擎的基本功能就是为人们在查找资料时提供方便。基于这样的功能，搜索引擎在网上间接调研中发挥了极大的作用。

4. 在线问卷调查

在传统市场调研中，问卷调查是获取原始资料的主要手段。在网上市场调研中，在线问卷调查是获取一手材料方面的重要手段。

1) 调查问卷的发布途径

依据调查问卷在网上发布的主要途径不同，在线问卷调查可以分为发布型、混合型、邮件型、讨论组型等多种形式。其中，应用最广泛的是发布型和邮件型。

(1) 发布型

顾名思义，发布型就是将调查问卷发布到互联网上，等待访问者填写。这种方式的优点在于被调查者自愿填写调查问卷，不受外界因素干扰；而缺点在于调查者无法对调查问卷的真实度进行核查。企业在发布在线调查问卷时，针对自身情况有两种不同的策略：在企业自己的网站上发布调查问卷和借助其他网站发布调查问卷。

企业在自己的网站上发布调查问卷，这种方法适用于知名企业。这些企业网站的访问者，一般对企业有一定的了解，或者对其产品（或服务）感兴趣，或者与企业有业务往来。他们在填写调查问卷时提供的信息价值高，可以反映出大部分用户的意见和想法，有利于企业了解市场情况，制定出适当的营销策略。

借助其他网站发布调查问卷，这种方法适用于一些知名度不高、没有自己的网站或者网站不够吸引人的企业。为了弥补企业自身的不足，他们可以借助一些知名网络服务提供商（ISP）和网络内容提供商（ICP）的力量设置在线调查问卷的链接，如搜狐、雅虎等知名网站。这种方式具有扩大调查面、提高调查质量的优点。

(2) 混合型

混合型的在线问卷调查适合于已经建立了自己网站的企业，但是没有固定访问者，或者访问者的数量有限的企业。在这种情况下，企业可以在自己的网站上发布调查问卷，同时借助知名网络服务提供商和网络内容提供商的力量设置链接发布调查问卷。

(3) 邮件型

调查问卷以电子邮件（E-mail）的形式发送给被调查者，被调查者填写好问卷后，再以电子邮件的形式返回调查者。企业以这种形式进行网上调查问卷的基础是对用户有一定的了解，并且掌握了用户的电子邮箱地址。这种方式的优点在于调查者可以对被调查者进行选择；而缺点在于调查者无法控制邮件的回收率。

(4) 讨论组型

讨论组型的网上调查问卷就是利用新闻组或者讨论组发布调查问卷。

2)设计调查问卷的注意事项

① 在提问之前要标明调研的目的、意义,引起网上被调查者的注意与兴趣。

② 调查问卷要尽量少占用被调查者的时间和上网费用,要在被调查者失去兴趣前填写完成。

③ 调查问卷中问题要表述明确,容易理解,不应该有重复和误导的情况发生。对敏感问题,要注意提问的方式和方法。

④ 利用互联网交互机制,实施调研问卷分层设计。这样的在线问卷调查适合于过滤性的调研活动。

⑤ 在讨论组或者新闻组里发布调查问卷时,要注意遵守网上行为规范,且调研内容与讨论组、新闻组的主题相关。

⑥ 为了提高人们参与调查问卷的积极性,可以适当地设置礼品对被调查者进行鼓励。

4.2.3 网上调研的策略

在市场调查中,无论使用什么调查方法,借助什么工具,调研结果都可能存在不全面,或者掺杂虚假信息的可能性。为了保证调研质量,尽可能使企业获得最有价值的信息,调查者在进行市场调查时,要讲究一些技巧,注意一些问题,避免上述情况的发生。

1. 数据库

数据库已经成为网上市场调研的重要手段,在网上市场调研中发挥着极其重要的作用。

1)数据库的分类

数据库是网络营销信息系统的基础,为网上市场调研的数据分析工作奠定了基础。目前,在企业网站上经常使用的数据库有3种类型:顾客数据库,产品、商品数据库和网络下载数据库。

(1)顾客数据库

顾客数据库是联系企业与顾客之间的桥梁,是企业在网络营销过程中最主要的数据库。顾客数据库主要涉及与顾客相关的内容,除传统营销中的顾客档案以外,还应该包括顾客的联系方式(电子邮箱地址或网址等)、顾客购买产品的信息、顾客询问产品的信息,以及顾客对产品的评价和建议等。

(2)产品、商品数据库

产品、商品数据库存储与商品有关的信息,如产品介绍、功能介绍、使用说明、设计详解、产量和价格等。除此之外,此数据库中还应该包括相关产品及配套产品的有关信息。

(3)网络下载数据库

网络下载数据库中存储的内容是企业从网络上下载的其他企业的相关产品信息,具体内容包括相关产品的信息及相关企业的信息。收集这些信息的目的是为企业营销提供更多的材料。

2) 数据库的建立及应用

调研人员在建立和使用数据库时，主要有两个途径和方法：建立企业自身的数据库和使用互联网上已经建立的数据库。

2. 网上调研在吸引客户方面的策略

1) 企业网站本身具有吸引力

企业网站是人们了解企业的一扇窗。企业在设计网站时，最重要的就是要吸引人们的注意，将人们的目光从别的地方吸引到自己的网站上来。

2) 调查问卷设计合理

一份好的调查问卷要求做到目的明确、简单易懂，还要便于存入数据库。

3. 网上调研的注意事项

1) 网上调研方法与传统市场调查相结合

虽然网络已经得到了极大的发展与普及，但是相对于传统市场调研，网上市场调研仍然存在诸如覆盖面较窄、上网人数有限、上网人群分布不均等问题。例如，在上网人群中，老年人的比例比较低。显然，在网上进行老年人居住情况的调查就不太妥当。基于这些原因，传统市场调研依然发挥着重要作用。在实际进行市场调研时，可以使用网上调研与传统市场调研相结合的方法，避免类似问题发生。

2) 样本的数量与质量的平衡

样本的数量与质量一直是网上市场调研的局限之一。由于网上市场调研受到网站浏览量、被调查者数量、被调查者人群分布情况等诸多因素的限制，很难同时保证样本的数量及质量。因此，企业可以使用多种多样的方法吸引访问者参加调研。但是在众多的鼓励方法背后，也隐藏着很多问题，比如被调查者重复填写调查问卷等。为了避免类似问题影响调研结果的准确率，可以通过网络身份认证的方法解决此类问题。此外，筛选调查问卷也是极其重要的一项工作。

3) 保证信息的准确度

由于网络安全的种种原因，被调查者可能不愿意透露自己的个人信息。但是对于调查者而言，了解被调查者的背景是必不可少的工作。因此，企业要尽量在不引起被调查者反感的情况下，收集被调查者的个人信息，了解被调查者的背景。

【课堂练习4-2】网上市场调查问卷的发布与分析

练习目的：

通过本次课堂练习，熟悉问卷星在线问卷调查平台发布流程，分析网上市场调查问卷的结构和内容,深刻体会网上市场调查中,网上问卷调查的特点,进而更加深入地了解网上市场调查问卷的功能,及其对企业的重要性。

练习要求:

学生自由组合成小组,分析"网上市场调查问卷的发布与分析"的案例内容,结合理论知识分析案例的分析步骤、分析思路和分析结果;各小组还可以模仿这个案例,把比较有代表性的、实际在企业中应用到的网上市场调查问卷应用案例与全班师生一起分享,以便更好地掌握所学理论知识。

练习内容:

网上市场调查问卷的发布与分析

1. 登录问卷星平台

打开问卷星首页官网首页并登录,如图4-3所示。

图4-3 问卷星官网首页

2. 创建并发布调查问卷

点击"创建问卷"按钮,如图4-4所示,选择创建"问卷调查",创建调查问卷。

第4章 网络营销调研

图4-4 问卷星平台创建问卷页面

根据调查问卷题目，选择题目问卷题目的类型。问卷星为广大用户提供多种多样的题目类型：单选、多选、填空、评分等，如图4-5所示。创建以"亚司艾市场调查问卷"为例的网络调查问卷，如图4-6所示。

图4-5 问卷星中问卷题目类型

图4-6是网上调研中使用的一份调查问卷。调查问卷的名称为"亚司艾市场调查问卷"。下面将结合前面提到的知识对这份调研报告进行分析。

图 4-6 网络调查问卷

正如前面讲到的,调查问卷应该包括三部分内容:开头、正文和结尾。调查问卷的开头包括调查问卷的标题和图 4-6 上部(图 4-7)。在这部分内容中,写明了此次调查的主办单位是 ASI 有限责任公司的市场推广部;在向被调查者表示感谢的同时,做出资料保密的承诺。为了吸引更多的访问者填写问卷,调查者还使用了赠送礼品的策略。但是,在调查问卷的开头缺少对调查目的、问题和调查结果用途的描述和说明，无法使被调查者对本次调查有初步认识。

市场推广部 (Marketing Promotion Department)　　　　　　　　ASI Controls (Shanghai) Ltd.

尊敬的客户：

非常感谢您对我们工作的支持与信任，您所填写的全部信息我们将完全保密，并保证仅用于内部分析与评价工作。对于您的积极配合，我们将赠送一份精美礼品，以示感谢（适用于填写完整的有效问卷）。

图4-7　网上调查问卷开头的部分内容

调查问卷的正文部分应包括问题和选项、被调查者基本情况。在此调查问卷中，调查者设置部分（图4-8）的目的在于了解被调查者的背景，并收集被调查者的个人资料。虽然这些问题中没有诸如收入之类的敏感问题，但是也存在职务这种容易混淆的内容。在这种情况下，最好以添加备注的方式，对容易引起被调查者混淆的内容进行说明。

姓名：　　　　　　　　　　　　　　　　　　电话：
工作单位：　　　　　　　　　　　　　　　　职务：
通信地址：　　　　　　　　　　　　　　　　邮编：

图4-8　网上调查问卷正文的部分内容

调查问卷的其余部分是问题和选项。显而易见，这是一份以封闭式问题为主的调查问卷。调查者在调查问卷中对多项选择题添加了备注，这对被调查者起到了提示的作用。封闭式调查问卷的优点在于提高了调查的规范性，节省了填写时间和后期整理时间。相对地，封闭式调查问卷也存在漏掉信息的可能性，以及被调查者在不清楚如何填写的情况下，胡乱填写的情况。这些都将直接影响调查的准确性。

调查者在调查问卷的结尾处设置了一道开放式问题，以询问被调查者意见的形式结束调查问卷。

从总体上讲，这份调查问卷结构基本完整，只是问卷开头部分缺少对调查目的的描述。在内容设计上，问卷设计者注意到了细节的处理，通过运用备注的方式提示被调查者。与此同时，调查者为了吸引更多的访问者填写调查问卷，提高调查问卷的完整性，还运用了赠送礼品的策略。

思考与互动：

学生思考并回答以下几个问题，教师点评、归纳。

① 分析网上市场调查问卷的适用范围。
② 对比分析市场调查问卷和网上市场调查问卷的优劣与异同。
③ 适宜的网上市场调查问卷能给企业带来什么好处？

④ 通过上述案例，具体谈谈应用网上市场调查问卷有哪些注意事项。

⑤ 根据你对网上市场调查问卷的了解，在设计一个好的网上市场调查问卷时，你还有哪些建议或对策？

4.3 上机练习与实践——网上市场调研实训

1. 实训目的

某自行车销售商是一个销售各种品牌自行车及其零部件的国内大型连锁公司，公司业务遍及全国各地。随着网络全面渗透至企业运营和个人生活中，为了更好地吸引众多的网络客户、开拓网上销售渠道、提高公司管理各类客户的能力和综合竞争力等，该公司决定开展网络营销。

公司在了解、熟悉网络和网络营销的现状、发展、演变及未来发展趋势，分析我国制造行业的网络营销现状，进行网络环境分析和网上消费者分析后，打算在网上发布市场调查问卷，以充分了解网络消费者的喜好和需求。

2. 实训内容

① 根据该公司的网上市场调研需求，熟悉和了解调查问卷的设计方法，以及网上市场调查方法，并设计一份网上市场调查问卷。

② 通过网站、论坛和电子邮件的方式，分别发布此调查问卷。

③ 对回收的调查问卷进行整理和分析，得出此次市场调研的结论。

3. 实训方法

① 连接互联网。

② 在浏览器地址栏输入相应网址，按照实训示例中的提示，分步骤完成。

4. 实训示例

① 建立自己的微博，发布问卷。进入新浪首页，单击【微博】按钮，进入该页面后，单击【开通微博】按钮，按照相关提示填写资料，开通成功后，在微博上发布所设计的问卷。

② 在问卷星网站上发布问卷：进入问卷星首页，单击【立即注册】按钮，按照相关提示填写资料，注册成功后，按照网站的提示发布所设计的问卷。

③ 在论坛中发布问卷。进入新浪首页，单击【论坛】按钮，进入该页面后，了解注册规范，并按照注册的要求和条件注册。实际注册后，在论坛上发布所设计的问卷。

④ 利用电子邮件发布问卷。收集他人的电子邮件地址，将所设计的问卷作为附件，通

过自己的电子邮件发布给被调查者。

5. 实训要求

① 根据各自的练习情况，以"网上市场调研练习"为题目，进行上网实际操作和练习，并撰写一份实训报告，要有关键步骤的抓图。

② 以小组为单位针对自拟题目进行市场调研，设计网上调查问卷，能够使用一种或者一种以上的市场调研策略。

策划报告内容要求：
- 明确网上市场调研题目。
- 分析网上市场调研的方法。
- 进行网上调查问卷的设计制作说明。
- 运用所学的工具进行网上调查问卷的简单制作。
- 对调研数据进行分析，得出市场调查的结论。

4.4 本章小结

网上市场调研是网络营销中的重要组成部分，为企业做出合理的营销决策提供了科学的依据。本章从传统市场调研入手，介绍了市场调研的概念、方法、步骤；并且通过对比的方法，介绍了网上市场调研的概念、方法和策略。本章还着重介绍了市场调查问卷的分类、注意事项及网上发布途径等相关知识。

案例分析与提高

案例讨论：思科公司的网络调研

思科公司是美国最成功的公司之一。它于 1984 年由斯坦福大学的一对教授夫妇创办，1986 年生产第一台路由器，让不同类型的网络可以可靠地互相连接，掀起了一场通信革命，思科公司每年投入 40 多亿美元进行技术开发。

思科公司非常重视对网站访问者的调查，曾经在最引人注意的首页位置邀请网站访问者参与问卷调查。在思科公司的网上问卷调查中，主要包括以下内容：

① 多长时间访问一次思科官网？

② 如何知道思科官网的？（网络搜索引擎、思科公司合作伙伴、在线广告、报纸、社交网站）

③ 今天访问思科官网的主要目的是什么？（了解思科公司的产品或服务、购买思科公司的产品或服务、查找思科公司合作伙伴、寻求客户支持、了解培训或活动、管理我的思科个人资料）

④ 请描述在思科官网上查找具体信息的体验。

⑤ 请评价思科公司网站的设计和外观、内容的数量、内容的质量、信息的覆盖面、信息的条理性、导航的便利性、良好的访问者支持、内容的时效性等。

⑥ 通常通过哪种途径访问思科官网？

⑦ 是否出于休闲或工作的目的使用一些社交网站？

⑧ 是否经常访问其他高科技网站？喜欢这些网站的原因是什么？

思科公司通过网络调研问卷的方式统计网站访问者，这是通过传统的纸质问卷几乎无法完成的工作；通过网络和问卷的结合，思科公司可以从中了解访问者的来源、访问者的需求和目的、访问者对网站的评价、访问者获取思科公司信息的途径。

通过对网站访问者回馈的问卷内容进行分析，思科公司更能把握信息的传播途径、网站的接受程度、网站内容是否有待提高或需要整理，以及社交网站的影响和访问者喜爱的其他科技网站。这些信息对于思科公司了解访问者的信息、改善网站的质量、提供顾客需要而原来网站上又缺少的信息和建设网站的参考样板等都具有积极的作用。

分析与提高

① 根据上述案例，分析与思考网络调研与纸质问卷调研的区别，并分析其各自优缺点。

② 根据上述案例，分析与思考在设计网络调研的过程中，应该遵循哪些设计原则？网络调查问卷设计的过程有哪些？可采用哪些设计方法？

1. 什么是市场调研？
2. 传统市场调研中常使用的调研方法是什么？其优缺点是什么？（列举3种即可）
3. 什么是网上市场调研？
4. 网上市场调研的主要方法有哪几种？（列举3种即可）
5. 常用的网上市场调研策略有哪几种？

第5章 网络营销战略

引言

网络营销战略规划是企业以市场需求为导向，在对企业内外营销环境进行分析的基础上，对企业网络营销的任务、目标及实现目标的方案、重点和措施做出总体的、长远的谋划，并付诸实施与控制的过程。它是指导企业网络营销活动、合理分配企业网络营销资源的纲领。在网络经济条件下，市场竞争愈演愈烈，开展企业营销战略管理已成为企业进行市场经营、取得市场竞争优势地位的重要工作。

本章从传统市场营销中的目标市场战略出发，介绍网络营销战略的相关概念、战略模式选择等内容，通过案例说明网络营销战略的重要性，并通过示例重点讲解企业实施营销战略的步骤和方法。

本章的主要知识和技能点：
- 市场细分的概念、方法
- 目标市场选择的方式
- 市场定位的概念
- 网络营销战略模式

教学要求：
- 明确市场细分、市场定位的概念
- 了解市场细分的步骤、方法和细分标准
- 明确网络市场细分的定义和必要性
- 掌握目标市场选择的方式和策略
- 了解网络营销战略模式的选择

【引导案例】网店的网络目标市场策略

小王的女儿已经3岁了，赋闲在家的她想开一家网店，考虑到服装网购市场比较火爆，并且因为自己也有小孩儿的缘故，这些年对婴幼儿服装市场了解不少，因此想开一家婴幼儿服装产品专卖店。说干就干，小王将自己的网店取名为"星星宝贝"，并马上着手对网络服装市场进行调研。经过两个多月的前期调研和准备，她发现："原来服装网购市场中的学问，比想象的要深得多、广得多。"

虽然婴幼儿服装的网购市场规模庞大，然而品牌林立、强手如云，使得市场竞争异常激烈。如果漫无边际地开展网络推广，凭个人的资源和实力，要想在激烈的市场中争得一席之地，恐怕是难上加难。只有集中精力、扬长避短，充分利用自己的优势资源，才有可能分一杯羹。

经过反复的调研、探索、论证，小王最终确定了自己的网店定位：讲究生活品质的白领妈妈，特别在乎自己小孩儿的外表形象，希望自己的孩子不仅干净整洁，而且有款有型。这些妈妈的月收入在3 000~5 000元，她们既非奢华一族，也无温饱之忧。因此，要求产品不仅质量可靠、价格实在，而且应当设计新颖、潮流时尚。这些服装可以不是大品牌，却有可圈可点的性价比和美观度。

从"服装"，到"婴幼儿服装"，再到"中等收入、潮流时尚、讲究生活品质，在乎小孩儿形象的白领妈妈的宝宝服装"……随着网络调研的深入、网络市场细分的明确、网络市场的选择，网络市场的定位逐渐清晰起来。小王终于发现自己进入了一个"更为熟悉、更有把握、更有底气、更有信心"的服装网购市场。她在这一系列调研、细分、选择及定位的基础上，拿出了自己的创业计划书，并立即得到了不少业内投资人的青睐。创意有了，资金有了，小王的网店很快就热热闹闹地开张，并红红火火地经营起来了。

案例点评：

互联网上没有地域的限制，全球网民都可以是你的客户。然而，像小王这一类网店，要让自己的产品在众多的竞争对手中脱颖而出，是有一系列的困难需要克服、一系列的问题需要解答的。

网络市场状况如何：是否有价值？是否值得企业去做？

网上竞争对手是谁：他们在哪里？他们做得怎么样？

网上消费者有何特点：用户为什么在网上买？网上浏览和购买行为有何特点？

如何作出网络市场细分？如何将一个庞大的网络市场细分为不同的子市场？

如何作出网络市场选择？如何选择网上目标客户？选择哪一部分目标消费者群体去服务？

如何作出网络市场定位？如何做到精准定位？如何提炼网络产品的独特卖点，以便能吸引用户眼球？如何展现产品的特色优势？

由此案例我们可以看出：在网络营销过程中，网络市场策略是非常关键的一步。归根结底，就是要通过网络市场调研，解决网络市场细分、网络市场选择，特别是网络产品的定位问题，为网络营销的开展奠定基础。

5.1 目标市场策略

随着市场经济的发展，企业的市场营销也经历了一个从以企业生产为中心、以生产者主权论为基础、以对策性管理为特点的传统市场营销向以市场为导向、以消费者主权论为基础、以战略性管理为特点的现代市场营销的演变。目标市场策略强调以市场细分为基础，根据企业自身的条件有目的地选择市场，提供适合的产品，提供满足消费者特点的营销活动。

5.1.1 市场细分

1. 市场细分的概念

市场细分是指根据消费者需求的差异性，把一个整体市场划分为若干个具有需求差别的消费群体的过程。需要注意的是，市场细分是根据消费者需求的差异性来分类，而不是根据企业的特点和产品本身的特点进行分类。

市场细分的结果是把一个整体市场通过一个或多个细分条件划分成若干个子市场，同一子市场上消费者的需求具有更多的共同性，不同子市场之间的需求具有较明显的差异性。市场细分之后，企业应能够明确自身市场的数量及各个子市场中需求的差异和特征。

2. 市场细分的原因与作用

首先，大多数企业或产品所面对的市场是一个复杂而庞大的整体，它由不同的购买个体和群体组成。由于组成市场的这些购买个体和群体在地理位置、资源条件、消费心理、购买习惯等方面具有差异性，面对同样的产品，会产生不同的购买行为，市场细分可以使企业发现有利的市场机会，提高企业的市场占有率。发现有利的市场机会特别是对于发展中的中小企业更加重要。这主要是因为中小企业资源能力有限，当其在市场上与实力雄厚的大企业相遇时缺乏竞争力。

其次，企业的资源有限，一个企业要想满足所有消费者的需求有很大的困难，市场细分之后可以使企业明确各细分市场需求的特征，在市场选择时避免盲目性；有利于企业合理配置资源，用最少的资源获得最大的效益。

最后，当一个企业（特别是中小企业）同时面对所有消费者时，会分散企业的竞争能力，不利于其在市场竞争中获得有利地位。通过市场细分，企业可以选择有利于自己的子市场进入，以自己的优势资源和竞争力面对竞争对手，取得市场竞争的胜利。

3. 市场细分的步骤

正确地进行市场细分应遵循以下的步骤。
① 根据需要确定市场细分的范围。
② 分析潜在顾客的需求，确定细分标准。
③ 根据细分标准划分整个市场。
④ 为细分子市场取名称，分析和估计各细分市场的规模和需求特点。

通过上述细分步骤可以看出，营销人员在广泛了解消费者需求的基础上，要根据消费者的需求特点进行市场细分，而不是以企业产品或企业自身的特点来细分市场。同时，找准、提出各细分市场的需求特征是市场细分工作的重要内容，也是下一步正确进行目标市场选择的基础。

4. 市场细分的标准

市场细分需要依据一定的细分标准来进行。选择适合的细分标准能够提高市场细分的有效性，为实施目标市场策略、达到预期的效果奠定基础。一般来说，消费者市场的细分标准可以从以下方面选择。
① 人口因素：年龄、性别、收入、职业、国籍等。
② 地理因素：不同地域产生的生活习惯上的差异。
③ 心理因素：消费者的生活方式、个性等。
④ 行为因素：购买时机、追求的利益、使用者的情况、使用率、忠诚度等。

5. 市场细分的方法

选择了细分标准之后，可以依据标准的数量进行单因素细分或多因素细分。
① 单因素细分：根据一个细分标准细分市场。
例如，某著名洗涤品生产企业以消费者的收入作为细分市场的标准，把整个洗涤品市场划分为3个子市场，并分别以不同的产品满足目标市场的需求。

- 子市场1：低收入地区——肥皂。
- 子市场2：中等收入地区——普通洗衣粉。
- 子市场3：高收入地区——高级洗衣粉。

② 多因素细分：根据两个或两个以上的细分标准细分整个市场。
例如，汽车厂商根据消费者的年龄和收入两个细分标准把整个市场分为4个子市场：低收入中年人汽车消费市场；高收入中年人汽车消费市场；低收入青年人汽车消费市场；高收入青年人汽车消费市场。

6. 市场细分的有效标志

为了保证市场细分的有效性，在市场细分完成后可以依据以下标准检查市场细分工作是否到位。

① 可测量性：各子市场的购买力能够被量化。
② 可进入性：企业有能力进入所选择的子市场。
③ 可盈利性：经细分后选择的子市场可使企业盈利。
④ 市场反响：若相同需求的顾客被分为不同的子市场，则说明市场细分过细；若不同需求的顾客被划分在同一子市场，则说明市场细分过粗。

5.1.2 目标市场选择

目标市场策略的第二个步骤是目标市场选择。目标市场选择是指企业在划分了不同的子市场后，决定选择哪些和多少子市场作为目标市场。在这里，目标市场是指企业要进入并从事营销活动的子市场。

正确进行目标市场选择应做好对各个子市场的评估，并根据自身的发展目标、阶段战略等选择要进入的目标市场。

1. 评估各个子市场

在评估各个子市场时，重点应放在子市场的规模和发展前景、细分市场的吸引力和是否符合企业的资源、经营目标3个方面。

评估子市场的规模和发展前景主要应明确各个子市场的市场容量、预期获得的经济效益和各细分市场进入的壁垒情况。

评估细分市场的吸引力大小主要分析各子市场对竞争对手的吸引力如何，目前的竞争状态如何。

在选择目标市场时应选择与企业资源相适应，符合企业长远发展目标的子市场，因此，要明确企业的长远目标和企业具备的资源。

2. 选择目标市场

目标市场选择时有3种策略可供企业选择。

1）无差异市场营销策略

无差异市场营销策略是指企业经过市场细分后不考虑各个子市场的特征，而只注意各个子市场的共性，将产品的整个市场视为一个目标市场，用单一的营销策略开拓市场。也就是说，只推出单一的产品，运用相同的市场营销组合，在一定程度上满足各个子市场上尽可能多的顾客需求。

无差异营销策略采用的是全面进入的模式来选择和占领市场。它的理论基础是成本的经济性，因此无差异市场营销策略在战略管理中又被称为成本领先战略。

2）差异市场营销策略

差异市场营销策略是指企业经过市场细分后，将整体市场划分为若干细分市场，同时为几个子市场服务，针对选择进入的每一个细分市场，设计不同的产品，并在渠道、促销和定价等方面都相应改变，以适应各子市场的需求。例如，手机企业针对不同性别、不同收入水平、不同职业的消费者推出不同特色的手机产品，并选择不同的产品代言人、不同的营销策略来宣传、推广产品。

3）集中性市场营销策略

集中性市场营销策略是指企业经过市场细分后，只选择一个细分子市场为目标市场，集中全力为一个细分子市场服务。也就是说，企业集中力量进入一个细分市场，实行专业化生产和销售。例如，生产空调器的企业选择专门生产汽车用空调机。

以上3种目标市场策略各有利弊，企业到底采取哪一种策略，应综合考虑企业资源和实力、产品的同质性和市场的同质性、产品所处的生命周期、竞争者的市场营销策略，以及竞争者的数目等多方面因素。

5.1.3 市场定位

市场定位是指企业选择了目标市场之后，为取得目标市场上的竞争优势，设计和生产具有鲜明特色的产品，以区别于其他企业的同类产品，从而在顾客心目中树立良好的形象，并留下深刻印象。

在目标市场定位时，企业可以根据不同的方面来进行，例如：根据产品特色质量和价格定位，根据产品用途定位，根据使用者的类型定位，根据顾客得到的利益定位，等等。在本章引导案例中，小王从产品特色、价格、产品用途、使用者的类型特点等方面进行了综合的市场定位，并提出了相应的营销策略。

【课堂练习5-1】目标市场策略的应用

练习目的：

通过本次课堂练习，获得市场细分应用的感官体验，深刻体会市场营销中，市场细分、目标市场选择和市场定位的概念、意义及其需要遵循的步骤，进而更加深入地了解目标市场策略的必要性及其对企业的意义。

练习要求：

学生自由组合成小组，分析"某奶酪生产企业的目标市场策略"的案例内容，结合理论知识分析案例的实际应用特点；各小组还可以模仿这个案例，把比较有代表性的、实际在企业中应用到的典型应用案例与全班师生一起分享，以便更好地掌握所学理论知识。

练习内容：

某奶酪生产企业的目标市场策略

某公司是一个来自欧洲的著名奶酪生产企业，已在中国设厂生产。公司的产品包括4个针对不同目标市场的系列，并已在国内30多个城市销售。2000年以来，在中国这个不太成熟的奶酪零售市场，市场一直保持了快速增长，公司十分看好中国的经济发展前景和奶酪市场的机会。面对市场的变化，企业从自身的发展战略角度考虑，计划大幅度增加在华投资，调整其在华投资战略。为了配合这一快速发展战略的实施，企业需要进一步明确其主要目标市场，确定最重要的目标市场特征，以及该目标市场对产品和品牌的需求特点。

1. 市场细分

研究人员首先明确了本次市场细分的主要目的，即通过细分明确哪个群体是企业的主要目标市场，哪些市场具有较大的潜力，什么是这些市场上消费者的消费心理、使用习惯和利益。针对此目的，通过与奶酪企业的沟通，研究人员将细分范围选择为国内奶品市场相对较大的北京和上海，并确定了市场细分的标准。

一般来说，划分细分市场的标准包括：地理区域、人口学指标、心理学指标、消费行为指标等。根据与企业的沟通，研究人员主要选择"年龄""社会角色""行为模式""心理驱动"作为细分标准，并利用消费者座谈会的方法获取相应的信息。

研究人员在每个城市召开了8组座谈会，其中4组为奶酪的实际消费者，4组为奶酪的潜在消费者。在实际消费者和潜在消费者中又分为相同的4个组别，它们是：母亲和她们6~12岁的孩子组，13~19岁的孩子组（女性占2/3），20~28岁的未婚白领组（女性占2/3），29~45岁有1岁以上子女的母亲组。

根据调查和研究，最后得出了以下结果。

按照年龄、社会角色划分，奶酪市场主要存在于以下6个群体中：

- 1~6岁的幼儿。
- 8~12岁的小学生。
- 初高中生、大学生。
- 刚参加工作的年轻人，已婚但没有孩子的年轻夫妇。
- 幼儿的母亲。
- 小学生的母亲。

按购物、行为模式划分的细分市场包括下列4个：

- 1~16岁群体，主要由幼儿、儿童、小学生、中学生组成。
- 18~25岁群体，主要由大学生、刚参加工作的年轻人、刚结婚但没有孩子的年轻夫妇组成。
- 26~35岁群体，主要由年幼孩子（1~6岁）的母亲组成。
- 36~45岁群体，主要由8~12岁孩子的母亲组成。

按心理驱动因素划分的细分市场包括以下3个：

- 1～16岁群体，追求产品带来的欢乐、美味。
- 18～28岁群体，追求现代、时尚。
- 30～45岁群体，追求健康、活力。

经过整合，研究人员最终确定了3个重要的细分市场，它们是：
- 欢乐美味市场，1～16岁少儿群体，追求产品带来的欢乐、美味。
- 现代时尚市场，18～25岁青年群体，追求现代、时尚。
- 健康时尚市场，由26～35岁幼儿母亲和36～45岁少儿母亲组成，追求产品带给家人的健康活力。

2. 目标市场选择

根据上述市场细分结果，进一步评估各子市场。
- 欢乐美味市场：这个子市场目标客户群体是青少年群体，市场容量较大，这类目标客户群体对产品的更新换代率要求最高，对企业的新产品研发能力有一定要求，能获得一定的经济效益。
- 现代时尚市场：这个子市场目标客户群体是青年群体，市场容量相对小些，这类目标客户群体思维灵活、喜欢追求新鲜事物，对企业的新产品研发能力要求最高，能获得一定的经济效益。
- 健康时尚市场：这个子市场目标客户群体是母亲，市场容量最大，这类目标客户群体稳重成熟、注重产品的质量和品质，对熟悉的产品有一定的依赖性，能获得较大的经济效益。

研究人员在深入研究各群体对奶酪产品的理解、消费奶酪的驱动力、对奶酪的需求原因、消费者对奶酪的主要兴趣点的基础上，选择"健康时尚市场"为企业未来发展的主要目标市场。

3. 市场定位

为取得"健康时尚市场"上的竞争优势，该公司进一步深入了解了目标消费者，根据这个子市场中的目标客户群体需求、特点和定位，明确了公司下一步的发展计划，给出了针对性的市场营销策略。

思考与互动：

学生思考并回答以下几个问题，教师点评、归纳。

① 根据上述案例，分析企业是如何开展目标市场策略的。

② 在上述案例中，市场细分、目标市场选择和市场定位的基础和根本什么？

③ 应用适宜的目标市场策略，能给企业带来什么好处？

④ 通过上述案例，具体谈谈应用目标市场策略有哪些注意事项。

⑤ 根据你对奶酪产品的了解，在企业实施目标市场策略方面，你还有哪些建议或对策？

5.2 网络营销战略分析

战略管理对现代市场经济环境下企业的经营有着越来越重要的作用和意义。企业通过战略规划、战略管理对企业的经营环境进行科学的预测,对企业的经营发展进行科学的规划。这将使企业能够充分利用市场机会,避免环境威胁。

5.2.1 网络营销战略规划的含义

1. 战略的含义

战略一词译自英文 strategy,也译为策略。战略泛指重大的、带有全局性和决定性的计谋。现代社会常把战略应用于政治、经济等领域,如政治战略、经济战略、社会发展战略等。把战略思想应用于网络营销管理中,就形成了网络营销战略。

2. 网络营销战略规划的含义

规划是一种事先的安排,用于正确地指导人们完成自己的目标。战略规划,是指在事情发生变化之前,就制定并实施的有预见性的规划。

网络经济环境下,市场状况瞬息万变,市场竞争也不断深入。网络营销战略规划是指在激烈的市场竞争中,企业为了充分利用市场机会,避免环境威胁,求得持续、稳定、健康、高效的发展,在对企业外部营销环境和内部资源条件充分分析的基础上,对企业网络营销的任务、目标及实现目标的方案和措施做出总体的、长远的谋划,并付诸实施与控制的过程。从实质上看,企业网络营销战略是企业外部环境、企业内部实力与企业网络营销目标三者的动态平衡,是合理分配企业网络营销资源、指导企业网络营销活动的纲领。

在企业的网络营销活动中,希望实现的目标往往不止一个,但企业必须依据内部条件和外部环境,确定一个一定时期内最为合理的目标,这便是网络营销战略规划的第一层含义。同时,实现一个既定的目标,往往不止一种途径、一种方案,但其中必有一种方案或一种途径被企业认为是最适宜、最可行的。谋划、选择和确定一个最为合理、最为可行、高效的实现其预定目标的方案,是网络营销战略规划的第二层含义。

5.2.2 网络营销战略规划的作用

网络营销战略规划是企业为开展网络营销工作、实现其网络营销目标的总体和长远的谋划,是企业全体员工行动的纲领,因此它是关系企业长远发展和全局利益的重大决策。对此决策选择的正确与否,将会直接影响网络营销的成败和企业的经济效益。网络营销战略规划在企业网络营销活动中所起的重要作用,主要表现在以下 5 个方面。

1. 战略规划网络营销活动

网络营销战略规划，是从战略的角度规划企业的网络营销活动，它能够使企业的营销活动符合企业所谋求的整体发展目标。同时，战略规划是在环境分析和科学预测的基础上对未来的展望，因此，通过战略规划，能够使企业充分认识自身的现状，并对未来有比较明确的前瞻，把握营销的主动性，使企业的网络营销活动能够着眼于迎接未来的挑战，降低企业经营的风险。

2. 统一协调网络营销活动

网络营销战略规划以企业总体发展的需要为依据，以企业的全局为对象，体现了全局性和统一性。通过战略规划，企业可以协调各项营销活动，进一步提高营销效率，使企业持续有序地向前发展。

3. 合理配置网络营销资源

网络营销战略规划需要经过环境评价、组织内部条件分析、决定对策、制定行动方案、实施结果反馈等过程。为了达到最好的网络营销效果，实现终极目标，企业需要对其内部资源和外部环境进行科学分析，同时还要充分协调和利用各种网络营销资源，对不同部门、不同业务、不同产品及不同市场的网络营销活动进行合理安排。因此，战略规划能够促进企业网络营销资源的合理配置，促进企业资源最大效用的发挥。

4. 动态适应网络营销环境

企业的网络营销环境是随着社会经济等环境变化而不断改变的。因此，企业的网络营销活动也应该随着环境需求的变化而进行动态调整。网络营销战略规划为企业实施动态的网络营销管理提供了环境预测、总的方向目标和约束，能够使企业对网络营销活动进行有预见性的、动态的调整。

5. 提升整体网络营销能力

网络营销战略规划中，任务、目标的明确经历了从上而下、再从下而上的过程，是在企业内部统一思想、统一认识的前提下完成的，这使得企业上下在网络营销目标、方向等问题上有了比较一致的认识，做到了上下统一、方向一致。因此，企业在提高网络营销活动目的性、预见性、整体性、有序性和有效性的同时，提升了整体的竞争能力、应变能力和网络营销能力。

5.2.3 网络营销战略规划的过程

菲利普·科特勒在《市场营销管理》中指出："市场导向的战略规划是一种管理程序，

其任务是发展和保持企业的资源、目标与千变万化的市场机会之间切实可行的适应;战略规划的目标就是形成和重新开拓企业的业务和产品,以期获得目标利润的增长。"

可见,实施网络营销战略规划,需要根据战略规划的管理程序,做好程序中每一步骤的工作。

1. 分析网络营销机会

战略环境分析是实施网络营销战略规划过程的第一步。这一阶段的任务是为企业制定网络营销战略规划提供依据。在这一阶段,通过对企业外部环境,如市场发展态势、竞争形势、国家政策、社会文化、科学技术等因素的分析,企业应充分认识面临的威胁,特别是要在分析外部环境的基础上发现可供企业利用的市场机会。另外,通过对企业内部条件,如企业营销能力、生产技术水平、企业可控资源等的分析和预测,企业应明确自身的优势和劣势,为制定企业如何利用市场机会的行动方案提供支持。

2. 明确网络营销任务

在充分认识网络营销环境的基础上,明确任务是网络营销战略规划的第二步。企业应在分析营销机会的基础上,根据自身的条件和特点确定网络营销活动的任务。在此过程中,企业应做到以下几点。首先,网络营销活动的开展、营销活动的任务目标应符合企业总体发展的方向,有助于企业总目标的实现;其次,企业要根据自身的优势特点,选择合理的网络营销管理模式;最后,企业要明确为开展网络营销活动而投入的费用和因此而带来的效益。

3. 确定网络营销目标

企业的网络营销任务确定以后,还要将这些任务具体化,形成网络营销各部门、网络营销各环节的一系列目标和一套完整的目标体系。网络营销各级作业环节都应对自己的目标有明确的认识,并对其目标的实现完全负责。目标的作用有两个,一是指明网络营销活动预期要达到的结果,二是可以作为各级营销人员完成目标情况的评价标准。

根据企业总体战略目标的侧重点不同,在确定网络营销目标时,可以侧重以下不同的方面。

1) 侧重销售

企业为提高销售增长率或市场占有率,借助互联网的交互性、实时性和全球性,在网上建立销售渠道,为顾客提供方便、快捷的网上销售。有许多传统的零售企业都先后在网上设立了销售窗口,如北京图书大厦在网上建立了网上书店(图 5-1);有的传统零售企业与电子商务综合平台合作开设旗舰店,如稻香村分别在天猫和京东开设旗舰店(图 5-2)。

图 5-1 北京图书大厦网上书店

图 5-2 稻香村的网上商城

2）侧重服务

企业为提高服务质量和顾客满意度，增强竞争能力，借助互联网沟通便捷和实时交互的特点，在网上建立顾客服务系统，全天候地为消费者提供售前、售中和售后服务。很多信息技术公司都建立了此类网站，如思科公司在其网站上设立的服务与技术支持专栏，专门为不同服务需求的顾客提供全方位的服务；顾客通过网上服务人员可以远距离进行技术咨询，如图5-3所示。

图5-3 思科公司的网上服务

3）侧重品牌建设

以品牌建设为侧重点的企业网络营销目标，主要是通过在网上建立自己的品牌形象，加强与顾客的直接联系和沟通，提高顾客的品牌忠诚度，为企业的后续发展打下基础，同时配合企业现行目标的实现。处于开展网络营销初期的企业比较多地选择以此为网络营销的目标。例如，很多传统企业在最初实施网络营销时，在自己的网站上只有对企业、产品品牌的宣传和介绍。

4）全面出击

企业通过网络营销，要同时达到上述多个目标。例如，亚马逊公司通过设立网上书店作为其主要销售业务站点，同时创立世界著名的网站名牌，并利用新型的营销方式全面降低营销费用，改进营销效率，全面提升了企业的竞争力。

4. 进行网络营销的技术规划、组织规划和管理规划

开展网络营销很重要的一点是要有强大的技术投入和支持。因此，确定网络营销目标之后，需要对实现目标所需要的资金投入及人员培训等做出统筹的计划和安排。

运用网络技术开展网络营销，将会给企业在经营管理的诸多方面带来深刻的变化。这种变化除了体现在企业员工理念和认识的变化上之外，还突出地体现在对传统企业组织形式和业务流程的冲击上。这种变化和冲击要求企业的组织形式必须从传统的金字塔形组织结构转化为网状、相互沟通、相互学习的组织结构。这些变化的出现也要求企业在实施网络营销之初，就应该对企业组织可能受到的影响和结构变化有比较成熟的考虑，并提出相应的措施。

组织结构发生变化后，企业中随之而来的是管理的变化。企业的管理必须从传统企业管理的模式转变为适应网络营销需要的模式，如对企业网络营销24小时全天候客户服务的管理、使用后台数据库的管理等。

5.2.4 网络营销战略的重点

随着互联网的发展，企业在面对有形市场的同时还要面对网络市场。这种环境的改变，使企业的目标市场、顾客关系、企业组织、竞争形态及营销手段等都要随之发生变化。企业既面临着新的挑战，也面临着无限的市场机会。实施网络营销，企业可以扩大视野，重新界定市场的范围，改善与顾客之间的关系，改变市场的竞争态势。因此，企业网络营销战略的重点也相应体现在以下几个方面。

1. 顾客关系的再造

在网络环境下，企业规模的大小、资金的实力从某种意义上已不再是企业成功的关键因素。消费者在网络上有了更多的主动性和更广泛的选择。因此，如何通过网络营销再造顾客关系，实现发掘网络顾客、吸引顾客、留住顾客，与顾客维持关系的目标，是企业网络营销战略的重要内容之一。

客户关系管理是通过管理客户信息、客户决策系统、向客户营销、与客户互动、信息反馈管理等活动将企业流程与客户战略相结合，以建立客户的忠诚度，增加利润。网络环境给企业实施客户关系管理、进行顾客关系再造提供了强大的技术支持，企业可以从两个方面去做。

① 提供免费服务。提供免费信息服务是吸引顾客最直接与最有效的手段。利用免费信息引起对此信息感兴趣的消费者的注意，与他们进行交流，从中获取消费者在需求、产品、服务等方面的意见和建议。

② 组建网络俱乐部（社区）。网络俱乐部（社区）是以专业爱好和专门兴趣为主题的网络用户中心，网络用户俱乐部的每个分类项目都设有讨论区，对某一问题感兴趣的网络用

户可以随时交流信息。

在每个网络俱乐部的讨论区中,大批兴趣爱好相同的网友针对共同的爱好交流信息和意见,这为企业收集一手信息、引导消费趋势、与目标消费者进行一对一的交流和沟通提供了良好的便利条件。因此,企业可以通过在网上开设或者赞助与之产品相关的网络俱乐部,把产品或企业形象渗透至对产品有兴趣的用户,并利用网络俱乐部把握市场动态、消费时尚变化趋势,及时调整产品及营销策略。

2. 定制化营销

所谓定制化营销,是指利用网络优势,一对一向顾客提供独特化、个人化的产品或服务。网络环境下消费者的个性化特征日益突出,不断地满足消费者个性化的需求将使企业能够吸引顾客、留住顾客、维系与顾客的长期关系;同时,网络技术环境也给企业提供了实时了解顾客个性需求、及时与顾客沟通的便利条件。因此,提供定制化服务在网络环境下成为可能,也成为企业在网络环境下的一项重要战略目标。例如,世界著名的亚马逊网上书店对其顾客提供了个性化的服务,针对每位顾客的不同需求主动提供有针对性的书目。又如,美国《华尔街日报》的个人版为读者提供针对个人需求设计的报纸,其内容基本上是读者需要并感兴趣的。

3. 建立网上营销伙伴

建立网络联盟或网上伙伴关系,就是将企业自己的网站与他人的网站关联起来,以吸引更多的网络顾客。在网络环境下,企业之间的市场竞争更加透明,消费者的需求更加多样。为了能够以企业自身有限的资源最大限度地满足消费者多样的需求,企业可以借助网络的优势,与相关企业结成信息资源共享的合作联盟,形成优势合力,创造竞争优势。

企业可以通过以下方式与其他企业形成网络联盟。

① 结成内容共享的伙伴关系。内容共享的伙伴关系能增加企业网页的可见度,向更多的访问者展示企业的网页内容。例如,思科公司与自己产品服务相关的企业、供应商结成了合作伙伴,并在自己的网站上专门设立了"合作伙伴与供应商"栏目(图5-4),栏目中又开辟了"思科合作伙伴空间""合作伙伴计划""合作伙伴技术手册"等内容介绍,以自身和合作伙伴不同的技术优势相互配合,共同为消费者提供优质服务,提高顾客的满意度。

成为合作伙伴

增值经销商
向您的客户销售产品、服务和解决方案并提供支持。
渠道合作伙伴计划
思科服务合作伙伴计划

供应商
构建和交付托管服务和云服务。
云和托管服务计划

顾问
凭借您的专业知识来定义业务成果和交付结果。
成为顾问

独立软件供应商（ISV）和独立硬件供应商（IHV）
开发、测试、营销、销售和连接其他渠道合作伙伴。

集成商
在您自己的解决方案内设计我们的产品和解决方案。
成为集成商

生命周期顾问
帮助客户进行采用、扩展和更新，实现解决方案的价值。
成为生命周期顾问

图 5-4　思科公司网站上"合作伙伴与供应商"栏目

②交互链接和搜索引擎。交互链接是通过相关网站之间的连接，使登录其中一个网站的浏览者通过网站之间的链接，访问一组相关的网站，从而给浏览者提供更为充实的信息，达到提高企业网站可见性的目的。搜索引擎注册是网上营销寻求伙伴关系的重要选择，因为有经验的互联网用户在网上查找所需的信息时，总是首先利用搜索引擎。搜索引擎注册是把企业的网站登录在一个大的搜索引擎上，当消费者在网上通过搜索引擎查找所需要的信息时，可以向其展示企业和相关企业网站的内容。

【课堂练习5-2】网络营销战略的应用

练习目的：

通过本次课堂练习，获得网络营销战略应用的感官体验，深刻体会网络营销中网络营销战略的重点，进而更加深入地了解网络营销战略的功能及其对企业的重要性。

练习要求：

学生自由组合成小组，分析"戴尔公司的网络营销战略应用"的案例内容，结合理论知识分析案例的实际应用特点；各小组还可以模仿这个案例，把比较有代表性的、实际在企业中应用到的典型应用案例与全班师生一起分享，以便更好地掌握所学理论知识。

练习内容:

戴尔公司的网络营销战略应用

戴尔(Dell),是一家总部位于美国得克萨斯州朗德罗克的世界500强企业,由迈克尔·戴尔于1984年创立。戴尔以生产、设计、销售家用及办公室计算机而闻名,同时也涉足高端计算机市场,生产与销售服务器、数据储存设备、网络设备等。基于微软视窗操作系统,戴尔公司经营着全球规模最大的互联网商务网站。

1. 分析网络营销机会

从戴尔公司企业外部环境来看,随着信息化的快速发展和互联网应用的逐步普及,网络市场已经成为新的竞争焦点。电子商务已经在人们的生活中占据越来越重要的地位,也是一个企业赢得国际竞争力的需要。从戴尔公司企业内部环境来看,戴尔公司早在1994年即推出了网站,并在1996年加入了电子商务功能,推动着商业向互联网方向发展。在接下来的一年中,戴尔公司成为第一个在线销售额达到100万美元的公司。科技的进步和网络技术的发展,给企业带来了新的机会和挑战,戴尔公司的营销能力、生产技术水平和企业资源均允许戴尔公司在应用互联网方面进一步深入。

2. 明确网络营销任务

在充分认识现有网络营销环境的基础上,戴尔公司明确了网络营销任务:进一步推广其在线订购模式。戴尔公司有能力也有必要抓住这个网络营销机会,以便不断地增强和扩大其竞争优势。

3. 确定网络营销战略重点——定制化营销

根据戴尔公司的前期网络营销机会和网络营销任务分析,戴尔公司利用现代信息技术支持企业生产的便利条件,开展了以顾客定制为主的定制化营销,实现了顾客导向的快速运等,具体体现在生产环节上就是:戴尔公司通过国际互联网和企业间内联网等技术,以电子速度对顾客订单做出反应;当订单传至该公司信息中心时,由公司控制中心将订单分解为子任务,并通过国际互联网和企业间内联网分派给各个独立制造商,各制造商按照收到的电子订单进行配件生产组装,最终按照戴尔公司控制中心的时间表来供货。这个过程一旦获得由世界各地发来的源源不断的订单,就会循环不停、往复周转,形成规模化、产业化生产。定制营销重建了企业的价值流,能快速、准确地把握顾客需求的特点,并以最快的速度生产出产品和服务,相对于大规模生产企业制造出的有限产品组合,确实物有所值,真正实现了用"平民的价格"享受到了"贵族的服务"。戴尔的Premier个性化产品定制方案(图5-5)吸引了更多的网络消费者,受到了广大消费者的好评。

思考与互动:

学生思考并回答以下几个问题,教师点评、归纳。

① 在上述案例中,企业是如何制定网络营销战略的?
② 在上述案例中,分析定制化营销战略的适用范围。
③ 制定适宜的网络营销战略,能给企业带来什么好处?

④ 通过上述案例，具体谈谈制定网络营销战略有哪些注意事项。
⑤ 根据你对网络营销战略的了解，你还有哪些建议或对策呢？

图 5-5　Premier 个性化产品定制方案

5.3　上机练习与实践——目标市场策略实训

1. 实训目的

某自行车销售商是一个销售各种品牌自行车及其零部件的国内大型连锁公司，公司业务遍及全国各地。随着网络全面渗透至企业运营和个人生活中，为了更好地吸引众多的网络客户、开拓网上销售渠道、提高公司管理各类客户的能力和综合竞争力等，该公司决定开展网络营销。

公司在了解、熟悉网络和网络营销的现状、发展、演变及未来发展趋势，分析我国制造行业的网络营销现状，进行网络环境分析和网络市场调研后，打算开展目标市场策略，明确市场细分，做好目标市场选择和市场定位，为企业进一步开展网络营销活动打好基础。

2. 实训内容

对指定企业进行市场细分、目标市场选择和市场定位。

3. 实训方法

① 分组，2～3人一组。
② 对上述指定企业进行市场细分、目标市场选择和市场定位。

4. 实训示例

① 选定某自行车销售商为分析对象。
② 根据企业需要，确定企业的主要潜在顾客为北京地区的女性消费者。
③ 分析潜在顾客的需求，确定细分标准为年龄。
④ 根据细分标准把整个市场划分为4个子市场。
⑤ 为细分子市场取名，分别为儿童市场、青年市场、中年人市场、老年人市场。
⑥ 比较详细地分析和估计各细分市场的规模和需求特点。
⑦ 运用市场选择策略选择目标市场。
⑧ 为目标市场进行市场定位。

5. 实训要求

① 按要求进行市场细分、目标市场选择、市场定位的练习，记录分析过程，根据各自的练习情况，以"目标市场策略练习"为题目，撰写实训报告一份，要有分析过程记录。
② 实训报告内容要求：
- 由小组共同完成报告，字数在2 000字以上。
- 对相关信息进行收集和整理，并有图表等数据分析和结论。
- 报告应做到主题突出，收集的信息及数据表达清晰，分析和结论合理，叙述流畅，无错别字。
- 列出所查询的网站网址、参考文献的标题和作者。

5.4 本章小结

在网络经济条件下，市场竞争越来越激烈，营销环境发生了巨大的变化，社会从一个比较缓慢的、基本上可以预见的变化向一个不连续的、剧烈的变化转变，企业已经意识到战略规划对企业成功的重要意义。企业在现代市场营销观念与网络营销理论的指导下，开展网络营销战略管理的一个重要内容就是制定切实可行的网络营销战略规划。

案例分析与提高

案例讨论：内购网——国内第一家会员制电商平台

企业在员工福利采购时常常遇到以下问题：企业员工的需求不一，众口难调；供应商缺乏，选择性小，更无法通过福利体现企业文化；因为购买量小，供应商肆意报价，缺乏售后服务，人力资源管理部门需要自己发货、做客服，费力不讨好等。内购网就是一家在互联网背景下致力于为企业提供个性化福利服务解决方案、改善企业福利绩效、提升员工满意度的会员制电商平台（图5-6）。

图5-6 内购网首页

1. 总体定位

内购网是国内一家会员制电商平台，为企业提供针对员工福利的互联网解决方案和相关运营服务，是"互联网+员工福利"的典型代表。

2. 目标客户群体

希望通过互联网方式解决员工福利问题的企业，特别是2 000人以上的大公司、100人左右的小公司和初创公司。

3. 目标市场定位

专注于互联网时代背景下的企业员工福利服务的技术及运营平台，致力于为企业提供先进的互联网技术与工具，努力成为"企业省心、员工开心"的全方位服务平台。

4. 市场效应

作为企业福利绩效改善的合作者，原本单纯的内购网已经发展出越来越多的除购物以外的业务内容，正在从企业连接走向企业共享，成为多方参与的一站式员工生活和工作服务平台；从提供商品向提供平台转变，内购网作为平台的盈利模式日趋完善。内购网还在O2O方面不断创新，为客户提供洽谈会、品牌新品推广会、办公管家、企业邮局等新内容；基于平台成员行为建立的积分信用系统也开始发挥作用，为平台共享生态系统的建设领航；多种场景化设计与企业内部各种流程的对接，使内购网对企业福利绩效改善和满足员工的双重服务越来越游刃有余。

分析与提高

① 根据上述案例，分析内购网的目标市场定位是否合理。
② 根据上述案例，结合职场新人的特点，尝试为该网站设计其他的网络营销战略模式。

思考题

1. 什么是市场细分？
2. 什么是市场定位？
3. 目标市场选择的方式是什么？
4. 市场细分的步骤、方法和细分标准是什么？
5. 网络市场细分的定义和必要性是什么？
6. 网络营销战略的重点是什么？

第6章 产品策略

引言

产品是网络营销的基本要素,是企业与市场联系的重要载体,是企业经营的核心。美国西北大学著名的营销学教授菲利普·科特勒曾说,所谓产品是指能够提供给市场以满足消费者需要和欲望的任何有形物品和无形服务。

在传统的市场营销组合策略中,产品策略是企业营销策略的一个重要组成部分,但是,随着社会生产力及网络信息化的发展,在网络营销中,传统产品策略已开始变化,逐渐演变为满足消费者需求的营销策略。作为产品策略的内容已由原来单一的实物产品策略转化为实物产品策略、服务产品策略和信息产品策略三位一体的产品策略。本章从产品整体概念出发,介绍产品生命周期理论和新产品开发策略、网上产品定位及网络营销新产品策略、品牌及网络营销品牌策略等内容,通过案例说明产品策略的重要性,并通过示例重点讲解了企业实施产品定位的步骤和方法。

本章的主要知识和技能点:
- 产品的整体概念
- 产品生命周期和各阶段的策略
- 网上产品定位
- 网络品牌、网络营销品牌策略

教学要求:
- 了解网络品牌的概念和策略
- 掌握产品整体概念和产品生命周期概念,明确各阶段的策略
- 明确网上产品定位原则

【引导案例】亚马逊的产品策略

美国华尔街投资奇才贝索斯于1995年7月在西雅图市郊贝尔维尤租来的一户住宅的车库里，成立了亚马逊书店。4年后，这家公司拥有1 310万名顾客，遍及160多个国家和地区，成为网上零售的先锋，1998年的销售量为30亿美元，1999年则吸引了价值近80亿美元的交易。亚马逊在很短的时间里吸引了大量的访问者，获得了成功，究其原因主要是得当的产品策略和服务策略。

首先，选定目标，不断前进。商品的正确选择是亚马逊跨出成功的第一步。亚马逊成功的关键是贝索斯选择了一个最恰当的市场空白——书籍。这种商品具有品种量巨大，不管在任何时间全世界都有超过300万种不同的书在印刷中，便于邮购，销售时间长和消费者群分散等适于网络经营的特征。事实证明，这项选择是明智而且成功的。在书籍经营方面取得成功以后，根据顾客的需求，亚马逊书店很快将网上书店的商品扩展至音像制品和玩具等新产品。除了自己亲自开店以外，亚马逊也在收购或者控股其他网上专业商店，亚马逊已拥有网上药店46%的股份，拥有网上宠物商店50%的股份；并且，与格林莱特公司联合宣布，前者介入在线汽车购买服务业务，消费者可以通过一个链接进入格林莱特公司网站选购不同种类的汽车。从亚马逊的迅速发展来看，其潜能不只是卖书，大有挑战零售业巨头沃尔玛之势。目前亚马逊不仅商品种类繁多，而且业务也扩展至世界范围。

其次，塑造品牌，积极推广。品牌是网络信息服务业最重要的无形资产。强大的品牌效应可以提高公司的信誉度，在消费者中具有广泛的影响力。亚马逊作为电子商务的一面旗帜，其成功的核心策略就是以服务和广告迅速创立自己的品牌，产生品牌效应，进而占领市场。亚马逊在两年左右的时间里成为毫无争议的网上第一书店，就是依靠周到、细致的个性化服务，在网络营销领域塑造了强劲的品牌，并且通过各种方式推广、扩大知名度，对品牌优势善加利用。虽然，亚马逊多年处于亏损状态，从2002年才开始实现盈利，但它拥有自己的经营特色，并形成了品牌效应。凭借这种品牌效应，亚马逊扩大了售书之外的经营范围，销售CD、礼品和录像带，并在其他零售商品销售方面超过对手，成为网上最大的零售商。贝索斯在注意创立品牌之余没有忽视对网站的促销。亚马逊借用网络独特的优势来推广品牌。它选择了雅虎等著名搜索引擎和部分专业站点为合作伙伴，发布针对性的广告和建立与专业站点特征相关的站点。

再次，应对竞争，技术为本。随着亚马逊取得巨大成功，各路商家也看到了网络的巨大商机，对开辟网上市场一致看好，亚马逊的进一步发展面临着多方面的对手。美国在短短几年中出现了1 000多家网络书店，甚至传统书店的领先者也涉足网上交易。尽管如此，亚马逊依然阵脚不乱，从容应对。在日趋激烈的竞争中，亚马逊注重经营策略的同时丝毫没有放松推动技术革新的步伐。亚马逊从不把自己定位于服务企业，而是定位于高新技术企业。亚马逊的雇员大部分是软件工程师，因此，该公司的技术软件不断创新，想要抄袭是难上加难。现在亚马逊的软件技术至少领先对手2年。除了退货政策和赠送商品目录外,亚马逊所有的特色服务都是通过应用新技术而产生的,并产生了传统零售业所没有的交互式服务效果。这些技术使顾客在购物时更加方便,选择商品范围更广。

最后,不断开拓新市场。亚马逊成为目前网上最大的书店,但没有就此满足。在其主页下面,有这样一句话:"我们计划以更多的语种在更多的国家出现。"亚马逊开拓新市场主要有两种形式。一是密切与各出版商的关系。在传统图书行业中,出版商必须承担退货风险。但是亚马逊因为其所定书籍正是客户确定要买的书,所以他们的退货率几乎为零。因此,几乎所有出版商都乐意给予亚马逊极为优惠的订货待遇,提高了亚马逊打价格战的能力。另外,亚马逊还凭借巨大的客户信息,对客户的购书进行追踪分析,并及时反馈给出版商,使之成为出版商预测市场需求量的重要参考信息。这样就更加密切了两者的关系。二是开拓国际市场。亚马逊已不再满足于国内市场的成功,它开始将影响扩展至世界各地。目前,经营的区域包括非洲、亚太地区、拉丁美洲、中东、北美和欧洲等板块;现有的非英文语种有法语、德语、汉语等8种。特别是2004年成功收购了卓越网,在中国更好地发展了它的业务。

案例点评:

亚马逊公司是有史以来发展最快的公司之一,自从1995年开始网上售书业务以来,公司创造了一个又一个奇迹。其中,商品的正确选择是亚马逊跨出成功的第一步,品牌成为网络信息服务业最重要的无形资产。由此可见,在网络营销过程中,产品是非常关键的。所谓网络营销的产品策略选择涵盖了如何选择适合在网上销售的产品、如何开发适合在网上销售的新产品、如何在网上开展产品的宣传和推广等,这些都是网络营销成功的关键,值得企业认真思索和探讨。

6.1 产品整体概念

产品是企业开展网络营销活动的物质基础,是网络营销组合中的首要因素,在整个网络营销活动过程中都离不开产品。

6.1.1 产品的含义

对于产品的理解,通常人们认为其是一种具有特定的物质形态和用途的物体,即实体的产品、物质的产品,如自行车、电视机、照相机等。这种理解是狭义的。现代市场营销学所说的产品是广义的,它是指向市场提供的能满足人们某种需要的一切东西,包括有形物品、无形的服务和人员、组织、观念或它们的组合,亦称作产品的整体概念,向消费者提供整体效用,满足消费者的整体需求。

6.1.2 产品整体概念的3个层次

产品整体概念由3个基本层次构成:核心产品、形式产品和附加产品(延伸产品),如图6-1所示。

图 6-1　产品整体概念示意图

1. 核心产品

这是指消费者购买某种产品时所追求的实际效用和利益，也就是产品的使用价值，如产品的用途、功能、效用等。这是产品整体概念最基本的层次，也是产品整体概念中最重要的部分。

消费者或用户购买某一产品，不单是为了取得一种有形的、可以感触的物体，更重要的是取得某种实际利益，满足自己特定的需求和欲望。例如，消费者购买一台照相机，不是为了占有这个黑匣子，而是为了满足艺术爱好或纪念的需求，照出清晰的照片，留下美好的回忆；女士购买口红，不是为了占有这个小红棒，而是追求美貌、漂亮；人们购买电冰箱，并不是为了买个大铁箱，而是为了通过电冰箱的制冷功能使食物保鲜。可见，核心产品向人们说明的是产品的实质。某一产品能否被消费者接受，不仅取决于企业能否提供这一产品，更重要的是这一产品能否给消费者带来某种实际利益，使其需求得到满足。所以，企业市场营销人员在设计、开发新产品时，必须以向消费者提供尽量多的实际利益为出发点；在推销产品时，最重要的是向消费者说明产品的实质。

2. 形式产品

这是指产品在市场上出售时的物质形态。它是通过 5 个侧面来表现的，包括产品的质量水平、特色、款式、品牌和包装等。仍以电冰箱为例，人们在购买时，并不是能制冷的冰箱就随便买一个，还要考虑冰箱的品质、牌子、造型、颜色等。可见，产品的形式向人们展示的是核心产品的外部特征，它能满足同类消费者的不同需求。

形式产品一般不涉及产品的实质，但当这种形式与实质内容协调一致时，将给消费者带来各种心理上的满足，起到促销的作用。因为在竞争激烈的市场上，消费者主要是通过产品的形式进行比较，做出购买决策的。因此，企业应极其重视对其产品包装、商标、款式、造型等方面的设计，塑造完美的产品形体，以此提高产品的竞争能力。

3. 附加产品

附加产品也称延伸产品、扩大产品，是指超出产品实体以外的一系列附加利益和附加服务，包括提供信贷、免费送货、维修保证、安装、技术培训、售后服务等在消费领域给予购买者的好处。如电冰箱销售给顾客后，送货上门，一年内免费维修等。

在现代市场营销环境下，企业销售的决不仅仅是产品的使用价值，而是产品整体概念所反映的全部内容。顾客的需求能否得到最大限度的满足，不仅取决于生产领域产品的设计和开发，也取决于流通领域的购买过程，更取决于产品在消费领域的使用过程。在日益激烈的市场竞争中，利用产品实体本身来赢得竞争主动权的机会已越来越小，营销者争夺顾客的主战场将逐步转移至售后服务上。因此，能够向顾客提供完善的产品附加利益的企业，必将在竞争中获胜。

产品整体概念的上述3层含义，十分清晰地体现了以顾客为中心的现代市场营销概念。这一概念的内涵和外延都是以消费者的需求为标准的，消费者有什么样的需求，企业就应当提供什么样的产品。著名营销学专家菲利普·科特勒在《市场营销原理》一书中举了一个例子来说明这个道理。有一家办公用具公司生产了一种文具柜，十分结实耐用，但销路不佳，经理抱怨说："我们的文具柜这样结实，从楼上摔下去也坏不了，为什么买的人很少呢？"问题在于，没有一个人买文具柜是为了从楼上往下摔的。你提供的产品并不是顾客所需的，再结实也没有用。

综上所述，产品整体概念形成于生产、流通、消费各个领域。顾客所追求的是整体产品，企业向市场提供的也必须是整体产品。

6.2 产品生命周期理论

产品生命周期是指某产品从进入市场到退出市场的全部过程。产品生命周期是一个很重要的概念，它和企业制定产品策略，以及在生命周期不同阶段的经营策略有直接关系。

6.2.1 产品生命周期各阶段的特点

产品生命周期是根据产品在市场上的销售情况和利润变化情况来衡量的，一般经历4个阶段：投入期、成长期、成熟期和衰退期。如图6-2所示。

图 6-2　产品生命周期示意图

1. 投入期的特点

投入期的主要特点有：
①消费者对该产品不了解，产品销量少，单位产品成本较高。
②尚未建立理想的营销渠道和高效率的分配模式。
③价格决策难以确立，高价可能限制购买，低价可能难以收回成本。
④广告费用和其他营销费用开支较大。
⑤产品的技术、性能还不够完善。
⑥利润较少，甚至出现亏损，企业承担的市场风险最大。

但这个阶段市场竞争者较少，企业若能建立有效的营销系统，可以将新产品快速推进投入期，从而尽快进入市场成长期。

2. 成长期的特点

成长期的主要特点有：
① 消费者对新产品已经熟悉，销售额迅速上升，单位产品成本迅速下降，企业利润迅速上升。
② 大批竞争者加入，市场竞争加剧。
③ 产品已定型，技术工艺比较成熟。
④ 建立了比较理想的营销渠道。
⑤ 市场价格趋于下降。
⑥ 为了适应竞争和市场扩张的需要，企业的促销费用基本稳定或略有提高，但占销售额的比率下降。

3. 成熟期的特点

成熟期的主要特点有：
① 产品的销售量虽然还会有所增长，但增长的速度趋于缓慢。
② 企业生产能力出现过剩，导致激烈的价格竞争，产品价格迅速下降。
③ 竞争致使广告等促销费用提高，利润比较稳定，并逐步趋于下降。

4. 衰退期的特点

衰退期的主要特点有：
① 产品销售量由缓慢下降变为迅速下降，消费者的兴趣已完全转移。
② 价格已下降到最低水平。
③ 多数企业无利可图，被迫退出市场。
④ 留在市场上的企业逐渐减少产品附带服务，消减促销费用，以维持最低水平的经营。

6.2.2 产品生命周期各阶段的营销策略

1. 投入期的营销策略

当企业的某种新产品正式上市，其投入期就正式开始了。对进入投入期的产品，企业总的策略思想应该是迅速扩大销售量，提高盈利，尽量缩短投入期，更快进入成长期。主要策略有以下几种。

① 快速掠取策略，即以高价和高促销推出新产品。高价格的目的是尽可能获取更多的盈利，而大量的促销费用是为了广泛宣传新产品的特点，以推进销售量的增长。实施该策略的市场条件是：市场上有较大的需求潜力；目标顾客具有求新心理，急于购买新产品，并愿意为此付出高价；企业面临潜在竞争者的威胁，需要及早树立品牌。

② 缓慢掠取策略。这是以高价格和低促销水平推出新产品的策略，其目标在于获取尽可能多的盈利。实施该策略的市场条件是：市场规模相对较小，竞争威胁不大；市场上大多数用户对该产品没有过多疑虑；适当的高价能被市场接受。

③ 快速渗透策略，是指用低价格和高促销费用推出新产品的策略，快速占领市场，达到最大市场占有率。该策略实施的条件是：产品市场容量很大；潜在消费者对产品不了解，且对价格十分敏感；潜在竞争比较激烈；产品的单位制造成本可随生产规模和销售量的扩大迅速下降。

④ 缓慢渗透策略，即企业以低价格和低促销费用推出新产品的策略。低价格将使市场迅速接受该产品；同时，低促销成本可以实现较高的利润。采用这种策略的条件是：市场容量较大；潜在消费者易于或已经了解新产品且对价格十分敏感；有相当的潜在竞争者准备加入竞争行列。

2. 成长期的营销策略

产品进入成长期，其销售额和利润都呈现出迅速增长的势头，因而企业在产品成长期应有的策略思想就是抓住时机，尽快扩大生产批量，保持旺销的活力。具体来说，可以采取以下营销策略。

① 根据用户需求和其他市场信息，不断提高产品质量，努力发展产品的新款式、新型号，增加产品的新用途。

② 进入新的细分市场。

③ 开辟新的销售渠道，扩大商业网点，增强市场覆盖率。

④ 改变广告宣传的目标，从以建立和提高产品知名度为中心转变为以说服消费者接受和购买该产品为中心。

⑤ 根据竞争形式，在适当时机降低价格以提高竞争能力，同时吸引新的购买者。

3. 成熟期的营销策略

产品进入成熟期后，其销售量已到达最高点，市场竞争加剧，企业利润呈下降趋势。企业这时所应采取的基本策略就是延长产品的生命周期，使已处于停滞状态的销售增长率和已趋下降的利润重新回升。可供选择的延长产品生命周期的策略主要有以下3种。

① 市场改良策略。所谓市场改良策略也就是开发新的市场，为产品寻求新顾客。

② 产品改良策略，也称为"产品再推进"，是指改进产品的品质或服务后再投放市场。

③ 营销组合改良，即通过改变定价、销售渠道及促销方式延长产品成熟期。

4. 衰退期的营销策略

① 集中策略，即把资源集中使用在最有利的细分市场、最有效的销售渠道和最易销售的品种、款式上。概言之，缩短战线，以最有利的市场赢得尽可能多的利润。

② 维持策略，即保持原有的细分市场和营销组合策略，把销售维持在一个低水平上。等到适当时机，便停止该产品的经营，退出市场。

③ 榨取策略，即大幅度降低销售费用，销售量虽然有可能迅速下降，但是可以增加眼前的利润。

以上产品生命周期理论，只是一种理想化或典型化的描述。在现实的经济生活中，并不是所有产品的生命历程完全符合这种理论形态，还有一些其他的表现形态，如图6-3所示。

图6-3 产品生命周期不同形态示意图

图6-3(a)显示当产品进入衰退期,由于采取了改进措施,使产品又进入一个新的周期,但它比前一个周期持续时间更短。例如,黑白电视机,在城市市场饱和后,把它推向农村市场,又掀起了一个销售高潮,最后被淘汰。图6-3(b)显示一种产品在其生命周期不断延伸的过程中,其销量和利润都在不断地递增。例如,美国杜邦化学公司生产的尼龙产品,最初只用于军事上,做降落伞、绳索等;第二次世界大战后,产品转入民用领域,企业开始生产尼龙衣料、窗纱、蚊帐等日用消费品;之后又继续扩大市场,做轮胎、地毯、沥青等。每一次开发新的用途和新的市场,都使尼龙由成熟期的后期转入迅速增长的阶段,从而使它的生命周期至今延缓不衰。图6-3(c)显示有的产品只有成长期和衰退期,在市场上迅速成长、急剧地衰退,这主要是一些时尚流行商品。图6-3(d)显示有些产品从投入市场到成熟要经历一个十分漫长的过程,这主要是受购买力的制约,如耐用消费品。图6-3(e)显示一种产品在进入成熟期后,销售量逐渐稳定在一定的水平上,如生活必需品、有代表性的产品等。这些不同的表现形态,并不是对产品生命周期理论的否定,相反,可以用产品生命周期理论对这些不同的形态做出恰当的解释。所以,就大多数产品来讲,生命周期理论是完全适用的。

6.3 网上产品定位及网络营销新产品战略

电子商务的发展为商品销售开辟了一个崭新的领域，但是，并不是所有的商品都适合在网上销售。企业在开展网络营销时，应该认真分析采取什么样的产品策略，开发并销售那些在网上更具有销售优势的产品和服务。

6.3.1 网络产品的概念

由于网络营销是在网上虚拟市场开展营销活动来实现企业营销目标，面对与传统市场有差异的网上虚拟市场，必须要满足网上消费者一些特有的需求，所以，网络营销产品的内涵与传统产品的内涵有一定的差异性，主要是网络产品的层次比传统营销产品的层次大大扩展了。

在传统市场营销中，产品满足的主要是消费者的一般性需求，因此产品概念相应地分成3个层次。虽然传统产品概念的3个层次在网络营销产品中仍然起着重要作用，但产品设计和开发的主体地位已经从企业转向顾客。企业在设计和开发产品时还必须满足顾客的个性化需求，因此网络产品是一个能够满足顾客某种需求和欲望的，集物质型产品、服务和信息为一体的综合体。网络营销产品在原产品概念层次上还要增加两个层次，即期望产品层次和潜在产品层次，以满足顾客的个性化需求。

1. 核心产品层次

这是产品最基本的层次，是满足顾客需要的核心内容，是顾客要购买的实质性的物品。例如，消费者购买食品的核心是为了满足充饥和营养的需要；购买计算机，是为了利用它作为上网的工具等。营销的目标在于发现隐藏在产品背后的真正需要，把顾客所需要的核心利益和服务提供给顾客。有时同一种产品可以有不同的核心需要，如人们对服装、鞋帽的需要，有些以保暖为主，有些则以美观为主，强调装饰和美化人体的功能。所以，营销者要了解顾客需要的核心所在，以便进行有针对性的生产经营。

2. 有形产品层次

这是产品在市场上出现时的具体物质形态，是企业的设计和生产人员将核心产品通过一定的载体，转载为有形的物体而表现出来。它包括产品的质量水平、功能、款式、特色、品牌和包装等。

3. 延伸产品层次

这是指顾客在购买产品时所得到的附加的服务或利益，主要是帮助消费者如何更好地使用核心利益和服务。例如，提供信贷、质量保证、免费送货、售后服务等。例如，美国IBM

公司最先发现,用户新购买计算机,不仅是购买进行计算的工具设备,还是购买解决问题的服务,用户需要使用说明、软件程序、快速简便的维修方法等。因此,该公司率先向用户提供一整套计算机体系,包括硬件、软件、安装、调试和教授使用与维修技术等一系列附加服务。美国著名管理学家李维特曾指出:新的竞争不在于工厂里制造出来的产品,而在于工厂外能否给产品加上包装、服务、广告、咨询、融资、送货、保管或顾客认为有价值的东西。

4. 期望产品层次

网络营销中,消费需求呈个性化的特征,不同的消费者可以根据自己的爱好对产品提出不同的要求,因此产品的设计和开发必须满足顾客的个性化消费需求。顾客在购买产品前对可购产品的质量、使用方便程度、特点等方面的期望值,就是期望产品。例如,中国海尔集团提出"您来设计我实现"的口号,消费者可以向海尔集团提出自己的需求个性,如性能、款式、色彩、大小等,海尔集团可以根据消费者的特殊要求进行产品设计和生产。现代社会已由传统的企业设计开发、顾客被动接受转变为以顾客为中心、顾客提出要求、企业辅助顾客设计开发产品以便满足顾客个性需求的新时代。

5. 潜在产品层次

这是在延伸产品层次之外,由企业提供能满足顾客潜在需求的产品层次。它主要是产品的一种增值服务。它与延伸产品的主要区别是:顾客没有潜在产品层次的需要时,仍然可以很好地使用产品的核心利益和服务。因为随着高科技的发展,有很多潜在需求、利益或服务还没有被顾客认识到。

6.3.2 网络产品的特点

一般而言,目前适合在互联网上销售的产品通常具有以下特性。

1. 产品性质

由于网络用户在初期对技术有一定要求,因此用户上网大多与网络等技术相关,因此网上销售的产品最好是与高科技或计算机、网络有关。一些信息类产品如图书、音乐等也比较适合在网上销售。还有一些无形产品也可以借助网络的作用实现远程销售,如远程医疗。

2. 产品质量

网络的虚拟性使得顾客可以突破时间和空间的限制,实现远程购物和在网上直接订购,这使得网络购买者在购买前无法尝试或只能通过网络来尝试产品。

3. 产品式样

通过互联网对世界各国和地区进行营销的产品要符合该国或地区的风俗习惯、宗教信仰和教育水平。同时，由于网络消费者的个性化需求，网络营销产品的式样还必须满足购买者的个性化需求。

4. 产品品牌

在网络营销中，生产商与经营商的品牌同样重要，一方面要在网络浩如烟海的信息中获得浏览者的注意，必须拥有明确、醒目的品牌；另一方面，由于网络购买者面对很多选择，但网络销售无法进行购物体验，因此，购买者对品牌比较关注。

5. 产品包装

作为通过互联网经营的面对全球市场的产品，其包装必须适合网络营销的要求。

6. 目标市场

网络市场是以网络用户为主要目标的市场，在网上销售的产品要适合覆盖广大的地理范围。如果产品的目标市场比较狭窄，可以采用传统营销策略。

7. 产品价格

互联网作为信息传递工具，在发展初期是采用共享和免费策略发展而来的，网上用户比较认同网上产品价格低廉的特性；另外，由于通过互联网络进行销售成本低于其他渠道，在网上销售产品一般采用低价位定价。

6.3.3 网络产品的分类

上述网络产品的特点其实是由于网络的限制，使得只有部分产品适合在网上销售。随着网络技术发展和其他科学技术的进步，将有越来越多的产品在网上销售。在网络上销售的产品，按照产品性质的不同，可以分为两大类：实体产品和虚体产品。

1. 实体产品

实体产品是指具体物理形状的物质产品。在网络上销售实体产品的过程与传统的购物方式有所不同。在这里已没有传统的面对面的买卖方式，网络上的交互式交流成为买卖双方交流的主要形式。消费者或客户通过卖方的主页考察其产品，通过填写表格表达自己对品种、质量、价格、数量的选择；而卖方则将面对面的交货改为邮寄产品或送货上门，这一点与邮购产品颇为相似。因此，网络销售也是直销方式的一种。

2. 虚体产品

虚体产品与实体产品的本质区别是虚体产品一般是无形的，即使表现出一定形态也是通过其载体体现出来，但产品本身的性质和性能必须通过其他方式才能表现出来。在网络上销售的虚体产品可以分为两大类：软件和服务。软件包括计算机系统软件和应用软件。网上软件销售商常常可以提供一段试用期，允许用户尝试使用并提出意见。好的软件很快能够吸引顾客，使他们爱不释手并为此慷慨解囊。

服务可以分为普通服务和信息咨询服务两大类。普通服务包括：远程医疗、法律救助、航空火车订票、入场券预订、饭店旅游服务预约、医院预约挂号、网络交友、电脑游戏等。信息咨询服务包括：法律咨询、医药咨询、股市行情分析、金融咨询、资料库检索、电子新闻、电子报刊等。

对于普通服务来说，顾客不仅注重所能得到的收益，还关心自身付出的成本。通过网络这种媒体，顾客能够尽快得到所需要的服务，免除恼人的排队等候的时间成本。同时，消费者利用浏览软件，能够得到更多、更快的信息，提高信息传递过程中的效率，增强促销的效果。

对于信息咨询服务来说，网络是一种最好的媒体选择。用户上网的最大诉求就是寻求对自己有用的信息，信息服务正好提供了满足这种需求的机会。通过计算机互联网络，消费者可以得到包括法律咨询、医药咨询、金融咨询、股市行情分析在内的咨询服务，以及包括资料库检索、电子新闻、电子报刊在内的信息服务。

6.3.4 网络产品的定位原则

① 能够充分利用互联网的强大功能和优势。
② 能够赋予原有产品附加价值。
③ 能够增强企业的竞争优势。
④ 有大量的网络潜在消费者与企业互动。

【课堂练习6-1】网络产品定位的分析

练习目的：

通过本次课堂练习，获得网络产品定位的感官体验，深刻体会网络营销中，网络产品定位的重点，进而更加深入地了解网络产品概念的内涵及其对企业的重要性。

练习要求：

学生自由组合成小组，分析"裂帛服饰旗舰店的网上产品定位"的案例内容，结合理论知识分析案例的实际应用特点；各小组还可以模仿这个案例，把比较有代表性的、实际在企业中应用到的典型应用案例与全班师生一起分享，以便更好地掌握所学理论知识。

练习内容：

裂帛服饰旗舰店的网上产品定位

裂帛，作为原创衣饰的佼佼者，单看名字，就可以感觉到这个品牌的不拘一格。"裂帛"的字面意义——撕裂丝帛，当然，也一样可以撕裂礼服、撕裂规则；这是裂帛在自己的网店（图6-4）上对于自身品牌含义的解读。

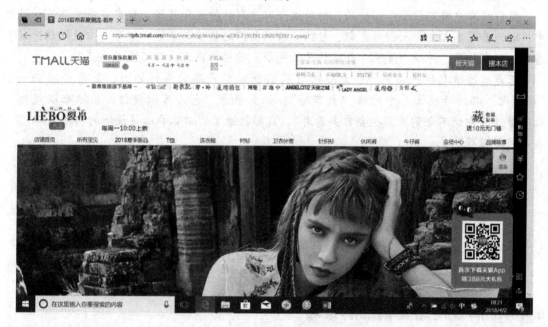

图6-4 裂帛服饰旗舰店

作为个人创业者的大风和小风，于2006年在淘宝网上创建了服饰旗舰店。裂帛在经过淘宝开店、家中设厂、扩大生产规模等阶段后，现已成为淘宝女装中拥有设计、开发、生产能力的佼佼者。

裂帛服饰旗舰店在淘宝网上众多的女装产品中能取得一席之地，主要是由于其产品定位的差异化、产品的个性化营销和新产品的设计能力。

1. 产品定位的差异化

差异化是裂帛服饰旗舰店的座右铭，裂帛走的是细分市场后的差异化路线。其产品不跟风、讲究原创，其服装的风格为参照本心、无拘无束，被大众公认为自然风、民族风；在设计上夸张、大胆，突出个性，尽管不能获得所有消费者的青睐，却形成了一个忠实的客户群。

2. 产品的个性化营销

服装行业的传统营销思路是"新产品不打折，过季之后打折，最后亏本清仓"。裂帛在营销手段上依旧采取个性化的策略：推出了针对新品的8折限时抢购活动——"抢果果"，让新产品在刚刚上市的时候就受到追捧。与此同时，裂帛旗舰店也开始挖掘论坛的能力，先后推出征文等活动，通过帖子与消费者互动，引起了很大的关注度，从而使得裂帛在淘宝论坛上仅仅用了2个月就升级为"帮"，创造了一个小小的奇迹。裂帛还开展了"罐头人"的招聘计划，通过活泼的招聘广告，巧妙地达到了招聘人才、推广自身品牌形象的双重目的。

3. 新产品的设计能力

裂帛的客户群定位于白领阶层，针对这个客户群的特色和喜好，裂帛在新产品设计过程中，延伸着人类文化中人们对色彩、自然、情感共同的热爱与表达，分享内心生活的感动和喜悦；还有狂喜、神秘、流浪、异域的意态气场，被誉为离客户心灵最近的品牌。

正是通过精准的产品定位、大胆的营销创新和新产品的设计能力，裂帛成功从一个"小众化"品牌开拓出一个网络"大市场"；让竞争者"也许可以模仿，始终难以超越"，让消费者"即使不会购买，也会常去看看"，成功打造了"离客户心灵最近的网络品牌"。

思考与互动：

学生思考并回答以下几个问题，教师点评、归纳。

① 根据上述案例，分析企业是如何开展网络产品定位的。
② 根据上述案例，分析企业进行网络产品定位的基础。
③ 适宜的网络产品定位能给企业带来什么好处？
④ 通过上述案例，具体谈谈进行网络产品定位有哪些注意事项。
⑤ 根据你对服装产品的了解，在进行网络产品定位时，你还有哪些建议或对策呢？

6.4 品牌及网络营销品牌策略

品牌创造价值。品牌能够赢得顾客的忠诚及更高的价格，从而可增加企业的市场份额和利润。品牌还可为企业创造选择权价值。借助有力的品牌，企业可扩展新的产品类别，赢得新的顾客群体，向新的市场区域开拓，在合伙经营或谈判中获得有利的地位等。

6.4.1 品牌及其相关概念

绝大多数企业都为自己的产品赋予品牌和商标，它们是产品整体概念中一个重要的组成部分。

1. 品牌

品牌（brand）是一种名称、属性、标记、符号或设计，或是它们的组合运用，其目的是借以辨认某个销售者或某群销售者的产品或服务，并使之同竞争对手的产品和服务区别开来。

2. 品牌名称

品牌名称是指品牌中能够用语言表达的部分，例如，"可口可乐""麦当劳""万宝路"等都是国际知名品牌，"红塔山""长虹""海尔"等都是我国的知名品牌。

3. 品牌标志

品牌标志是指品牌中可以被识别、辨认，但不能用语言表达的部分，常常是一些符号、图案、明显的色彩或字体等，如"可口可乐"的独特字体，"海尔"品牌中两个小孩的标记，"海棠"洗衣机品牌中的海棠花等。

4. 商标

商标是指经政府有关部门登记注册后受法律保护的品牌，具有专门使用权和排他性。所以，商标实际上是一个法律名词，是受法律保护的品牌或品牌的一部分。

从上述几个概念可以看出，品牌与商标既有联系又有区别。商标是注册登记的品牌或其中的一部分，它们之间是整体与部分的关系，所有的商标都是品牌，但品牌不一定是商标。

品牌是一个商业名称，商标是一个法律名称，二者的区别在于是否经过一定的法律程序。在我国的商标法中，只有注册商标与非注册商标之分，而无商标与品牌之分。由于它们之间密切相关且基本作用相同，人们习惯上把品牌与商标当作同义词来表述。

6.4.2 商标、品牌的作用

一个享有盛誉的商标是企业的一种无形财富。没有长盛不衰的产品，但是可以有长盛不衰的品牌，"可口可乐""吉利"等世界名牌的发展史都证明了这一点。在现代市场营销中，商标和品牌具有特殊的作用。

1. 表示商品出处，便于消费者选购

商标作为商品的标志，最基本的作用就是区别不同生产者或经营者所生产经营的同类产品，便于顾客选购。

2. 监督商品质量，维护消费者利益

我国的商标管理条例规定：注册商标要报送产品质量标准，作为监督执法的依据，凡不按注册标准生产的产品，粗制滥造、以次充好的，可由商标管理部门撤销其商标专用权，并予以通报或处以罚款。这样商标也就成为产品质量的象征，可以促使企业按标准生产产品，保证产品质量的稳定和维护消费者的权益。

3. 便于企业寻求法律保护，维护专用权利

品牌标记经注册成为商标后，就享有商标专用权。名牌优质产品历来都是不法经营者假冒的对象，有了商标，企业就可以拿起法律的武器维护自己的合法利益。对擅自制造、使用、销售企业商标，以及在同类、类似产品中模仿企业注册商标等侵权行为，可依法提起诉讼，惩治不法行为。

4. 用作广告宣传，促进销售

品牌是企业形象与信誉的表现形式，象征着产品的质量和信誉。因此，独特的商标是一种有效的广告宣传手段，称为"无声的广告"。名牌产品的销路总比一般产品的销路好得多，就是商标促销的最好例证。

总之，随着市场经济的发展，品牌在现代营销中的作用越来越大。不但生产经营者注重品牌，而且消费者在购买过程中更注重品牌，市场注重品牌甚于商品，品牌的魅力超过商品的魅力。

6.4.3 网络营销品牌概述

1. 品牌的要素

品牌的要素是差异化、关联性和认知价值。

① 差异化。产品差异化是创建一个产品或一项服务的品牌所必须满足的第一个条件。公司必须将自己的产品同市场上的其他产品区别开。

② 关联性。关联性是指产品为潜在顾客提供的可用性程度。消费者只有在日常生活中实际看到品牌的存在，品牌才会有意义。

③ 认知价值。认知价值是创建一个有价值品牌的关键要素。即使企业的产品同市场上的其他产品存在差异，潜在顾客发现别人也在使用这种产品，但如果他们感觉不到产品的价值，就不会去购买这种产品。

2. 网络品牌的特点

在传统的营销环境中，生产厂家、企业通过大笔的广告预算控制大众媒体，以达到吸引大众的注意力，从而达到营销的目的。而在网络商业环境中，受众对信息的选择、接收、处理等活动具有积极主动的特性，他们将较强地控制信息的获取与分发。而且互联网的公平原则使竞争的企业在用户面前一视同仁。例如，在互联网的搜索引擎中查询"洗衣粉"，"碧浪""汰渍""雕牌"等品牌可能会同时呈现在用户的计算机屏幕上。互联网所具有的交互、快捷、全球化等优势，为提高企业知名度、树立企业品牌形象、更好为用户服务等方面提供了有利的条件，但这些网络本身固有的特性对于每一个企业都是公平的。因此，企业应该根据自身的产品与服务特点，利用网络创建自己的网络品牌。

① 网络品牌是传统品牌的延伸。例如，海尔集团的品牌"Haier"本身在国内外就享有较高的声誉，其网站自然有了一个较好的基础。有了好的基础如果不妥善加以利用，非但不会增加原有品牌资产，相反会有损于原有的品牌形象。

② 网站使品牌的内涵得到扩充。品牌的内涵已经延伸至售后服务、产品分销、与产品相关的信息和服务等方面。如美国亨氏公司为了建设亨氏产品的品牌，设立了800免费客户

服务热线、支持赞助"妈妈宝宝俱乐部"等活动。目前，该公司通过在站点中给用户提供丰富的婴幼儿营养学知识、营养配餐、父母须知等信息，展开传播与营销。通过这样的沟通方式使用户在学习到了为人父母、照顾婴幼儿常识的同时，建立了对亨氏品牌的忠诚度。这样，人们对亨氏品牌的理解就不仅局限于婴儿营养产品，而且包含了丰富的营养学知识。

③ 良好的公共关系是创建网络品牌的关键。网络上公共关系涉及的对象有网站的访问者、企业的合作伙伴、行业协会等。

例如，北京绿野视界信息技术有限公司是一家提供专业的户外活动资讯的公司，为此他们建立了一个名为"绿野"的网站。该网站为户外活动爱好者提供涉及户外活动全方位的资讯和服务，在广大户外运动爱好者中拥有强大的影响力；并通过"户外网站联盟"等板块，汇集了相关厂商的名录，与许多户外活动产品类厂商建立了合作伙伴关系。通过信息资源共建的方式，企业间的良好合作关系使彼此得到更多的利益，同时为客户提供了一种综合性服务。

④ 网站的交互能力是维系品牌忠诚度的基础。与客户及时、有效的沟通是提高品牌生命力、维系品牌忠诚度的重要环节。网站的交互特性为营销中的交流和沟通提供了有效的手段。一方面，客户可以通过在线方式直接将意见、建议反馈给经营者；另一方面，经营者可以通过对客户意见的及时答复获得客户的好感和信任，从而增强客户对品牌的忠诚度。各企业可以根据具体情况进行网络品牌的营销与传播。

3. 网络品牌的建设

① 借鉴传统品牌营销方式向传统媒体投放广告是手段之一。越来越多的企业开始使用电视、杂志、报纸、户外广告牌等传统广告形式树立品牌形象。以使那些还没有接入互联网的用户在上网前就接受他们宣传的品牌；同时也增强用户在离线的状态下对品牌的认知程度，如亚马逊公司曾在非网络媒体投入了大量的资金以建设品牌。当然，也不排除利用网络广告进行品牌宣传。

② 借助专业的品牌管理策划人员。创建网络品牌的基础是建设公司的网站，网站的开发与运作不应该完全由技术人员来操作，因为品牌的创建、维护、管理需要专业的商业知识。例如，世界最大的电子邮件出版发行商 Mercury Mall 更名为 InfoBest 时，为树立 InfoBest 为个人信息分发领导者的形象，公司聘请了一位在 P&G 公司有 22 年产品包装经验的资深策划人员进行策划。

③ 借助原有企业的品牌优势。除了新的互联网公司需要进行网络品牌建设，原有的著名企业也应加入这一新的网络经济环境中。为了在网络中取得竞争优势，必须制定一些特殊的品牌策略，必须使用户认识到在一个新的网站，他们同样能得到一个具有影响力的公司的产品与服务。新的网络品牌将具有更加广泛的包容性，并且还可与其他知名的企业共同建设新的网络品牌，形成一个新的网络品牌联盟。除此之外，正如前面所讲到的，良好的公共关系、性能稳定的交互功能也将是创建网络品牌的突破口。

国内的知名企业纷纷建设站点，以进一步巩固自己的品牌无形资产。同时一些新的互联网公司，通过网站的建立提供产品与服务，积极建设新品牌，如网易公司曾花重金购买netease.com的域名，搜狐公司也注册了sohu.com的国际域名，以巩固其品牌的知名度，并方便用户查询。

6.4.4 企业域名的意义

从网络营销的观点来看，网站建设的每一步工作都与网络营销密切相关。一个好的域名也是网站品牌营销的重要组成部分，一个意义明确的网站名称对网站的推广具有很重要的意义。

确定明确、有意义的域名是网站规划的主要内容。有些网站发布一段时间之后才发现域名不太合适，需要重新调整，不仅非常麻烦，而且以前的推广工作变得几乎没有任何价值，对网站形象也造成一定的损害。所以在选择域名时就应该考虑到以后的推广问题。

域名也是资源，一个企业网站的域名并不仅仅是一个标识而已，域名在很大程度上也是重要的营销资源。

1. 选择域名应该注意的问题

① 要短小常用。以".com"".net"等为后缀的域名中，许多字母少并且有一定字面含义的单词或单词组合早已被注册了，但依然有一些方法可以组成比较短小的域名。通常可以利用一些单词的缩写或缩写字母加上一个有意义的简单词汇，或者使用汉语拼音。

② 要容易记忆。容易记忆也是很重要的一项因素，容易记忆的另一个意义在于比较容易解释，如IBM.com、china.com等。

③ 应不容易与其他域名混淆。造成混淆的情况很多，如后缀".com"或".net"的域名分属不同用户，网易的163.com和163电子邮局的163.net就容易造成混淆。另外，国际域名和国内域名也容易造成混淆，如www.download.com是一个国外下载网站，www.download.com.cn是国内提供各种软件下载的网站。

④ 应与公司名称、商标或主要业务相关。如IBM.com，让人马上联想到这是IBM公司的域名，这对于一个企业来说无疑是一笔巨大的财富，这就是为什么一些域名可以价值很高的原因所在。

⑤ 应避免文化冲突。一个正规的公司如果用"hacker.com"作为域名显然不合适，或者域名中有歧视、攻击等含义的成分都是不好的。

2. 注册多个域名

企业可以注册多个域名。虽然一个域名从功能上是足够的，但如果企业注册了多个域名可以有以下几点好处。

① 可以避免同其他网站混淆。不同后缀的顶级域名分属不同的所有者，很容易给用户

造成混淆。如 163.com 和 163.net 若归一个网站所有，就不会出现这种现象。

② 保护品牌名称或注册商标。一个公司可以拥有多个商标名称，所以，除了公司名申请域名外，还应该为每个商标名申请一个域名。

③ 为企业发展业务注册域名。在注册".com"域名的同时，最好注册一个同样名称的".net"域名，既可以为将来的业务发展做准备，也可以避免其他公司注册该域名而引起混淆。

④ 注册中文域名。由于中文用户的语言背景，中文域名可以比英文域名更容易记忆，因此中文域名非常重要。许多知名企业的中文域名被抢注的现象也说明了这一点。

⑤ 便于用户查找企业的网站。当一个企业有多个域名时，也可以让用户根据公司的名称很容易地猜想到企业的域名。所以，除了注册较短的公司名称缩写域名之外，还可以注册一个公司完整名字的域名，这样用户就可以根据公司名称找到公司的网站。

6.4.5 创建网络品牌的策略

如果品牌取得成功的环境发生了变化，品牌就会失去它的价值。企业应不断调整网络品牌策略以适应环境的变化。

1. 感性的品牌创建

企业一直在创建和维系品牌的广告和促销活动中采用感性宣传。品牌专家特德·伦哈特将品牌定义为"公司和顾客间的感性捷径"。这种感性宣传在电视、电台、路牌广告和印刷媒体上都很有效，因为这些广告的目标受众是被动接受信息的人。但感性宣传很难在互联网上应用，因为互联网在很大程度上是由顾客控制的主动媒体。许多浏览者在进行信息寻找、购买机票、预订酒店和查天气预报时会立即单击鼠标关闭感性宣传的内容。

2. 理性的品牌创建

营销人员在互联网上创建和维系品牌时常常采用理性的品牌创建方法。理性的品牌创建方法为互联网用户提供某种帮助以交换他们看广告，即不是用类似电视广告的感性宣传，而是采用提供实际帮助的理性宣传。例如，许多互联网电子邮件服务网站免费为用户提供了一种有价值的服务——电子邮件账号和存储空间。作为交换，用户在享受这种电子邮件服务时，每个页面上都会出现广告。

3. 品牌的延伸

理性的品牌创建并不是互联网创建品牌的唯一方法，对著名网站很有效的一种方法就是利用其优势地位将品牌延伸至其他产品和服务上。雅虎（Yahoo）就是应用这种策略的一个好例子。雅虎（Yahoo）是互联网上最早的目录服务网站之一，很早就有搜索引擎功能，并通过兼并其他互联网企业和扩展所提供的服务来保持它的领先地位。雅虎（Yahoo）不断增加互联网用户认为有用的功能,从而提高了网站对广告主的价值。亚马逊网上书店从最初的图书扩展到CD、VCD和拍卖等领域,也是网站充分利用优势地位,并通过不断增加功能来增强其地位的例子。

4. 关联营销

利用优势地位将品牌延伸至其他产品和服务的方法,只对在特定市场有优势地位的网站才有用。随着互联网的成熟,市场新入者更难找到空白的细分市场。许多新的、低成本的网站用来提高收入的一种工具是关联营销。在关联营销中,一家企业的网站(关联企业)上有另一家企业的网站上所售产品的描述、评价、评级和其他信息及后者的链接。对每个通过关联网站的链接访问销售商网站的用户,关联网站都会收取一定的佣金。关联网站也会因推荐销售网站而沾了后者品牌的光。关联网站避免了产品库存、广告、促销和交易处理的成本。实际上,关联网站没有任何资金风险。亚马逊网上书店是第一个在互联网上成功应用关联营销的网站,它有10万多家关联网站,这些网站大多都专注于某个特定的问题或领域,这些网站选择同自己的顾客兴趣相关的图书,并在其页面上设有访问亚马逊网上书店的链接。图书非常适合这种共享的促销活动,其他产品和服务的销售商也可采用这种关联营销方法。

5. 现有品牌的转移

把现有品牌转移到互联网上或用互联网维系现有品牌,比在互联网上创建新品牌容易而且成本低。推进企业的互联网展示应是品牌发展和维系不可缺少的组成部分。公司的品牌应出现在产品包装及电视、电台和印刷媒体等大众媒体广告上;同时,要保证网站能被多种搜索引擎找到,并在每个网页上出现公司的标志。这两种方法对企业在目标访问者中提高网站知名度非常重要,可将其和公司的Logo整合起来,这对提高网站的影响非常有益。

【课堂练习6-2】网络品牌策略的应用

练习目的:

通过本次课堂练习,获得网络品牌应用的感官体验,深刻体会网络营销中,创建网络品牌的过程和重点,进而更加深入地了解网络品牌策略的功能及其对企业的重要性。

练习要求:

学生自由组合成小组,分析"聚美优品的网络品牌建设"的案例内容,结合理论知识分析案例的实际应用特点;各小组还可以模仿这个案例,把比较有代表性的、实际在企业中应用到的典型应用案例与全班师生一起分享,以便更好地掌握所学理论知识。

练习内容:

聚美优品的网络品牌建设

随着网络的深入应用和普及,电子商务行业发展迅速,势不可当。许多企业也纷纷涉足电子商务领域，逐步浮出水面。聚美优品作为中国第一家专业化妆品团购网站于2010年抓住时机、找准定位、快速上线（如图6-5所示）。

图6-5 聚美优品网站首页

1. 目标受众分析

聚美优品是一家专业化妆品团购网站，所售商品以化妆品为主，因此将受众客户群体设置为热爱生活、热爱美丽的高雅、温柔、甜美的女性。同时，网站还设置有男性用品、母婴用品等栏目，展示了女性的顾家形象，关爱自己的同时，也不忘关心家人。

2. 品牌建设策略

锁定目标受众后，聚美优品推出一系列准确、有效的推广营销策略。第一，代言推广。聚美优品采取双代言人形式对网站进行推广。2011年，亚洲人气偶像韩庚正式签约聚美优品，成为其首位代言人；2012年，聚美优品创始人兼CEO陈欧拍摄"我为自己代言"系列广告大片。第二，博客、微博推广。聚美优品有自己的官方博客，开设有团美美容课、香氛物语、真假识别、背后的故事等栏目。顾客可以在上面自由评论，了解一些品牌的知识及聚美优品创业以来的历程。聚美优品在2010年4月份在新浪开通了官方微博，定期发布团购信息，并为粉丝提供关于美容与健康的信息，保持了与大众很好的互动。第三，媒体推广。聚美优品不仅利用传统营销手段如电视广告、报纸等进行推广，创始人兼CEO陈欧也亲自通过参与综艺节目的方式为网站代言，如天津卫视的《非你不可》、湖南卫视的《快乐女声》《天天向上》等。

3. 品牌建设结果

目前，聚美优品经过不断的努力建设与推广，取得了用户的认可与信赖。2014年5月16日聚美优品成功在美国纽交所挂牌上市，成为中国首个赴美上市的垂直化妆品电商企业。

思考与互动：

学生思考并回答以下几个问题，教师点评、归纳。

① 根据上述案例，分析企业是如何建设网络品牌的。
② 根据上述案例，分析建设网络品牌的基础。
③ 应用适宜的网络品牌策略，能给企业带来什么好处？
④ 通过上述案例，具体谈谈创建网络品牌有哪些注意事项。
⑤ 选取你了解的企业，在其创建网络品牌中，你还有哪些建议或对策呢？

6.5　上机练习与实践——网上产品定位

1. 实训目的

某自行车销售商是一个销售各种品牌自行车及其零部件的国内大型连锁公司，公司业务遍及全国各地。随着网络全面渗透至企业运营和个人生活中，为了更好地吸引众多的网络客户、开拓网上销售渠道、提高公司管理各类客户的能力和综合竞争力等，该公司决定开展网络营销。

公司在了解、熟悉网络和网络营销的现状、发展、演变及未来发展趋势，分析了我国制造行业的网络营销现状，进行了网络环境分析、网络市场调研和目标市场分析后，目前，打算熟悉、了解网上同类产品的特色和定位，掌握同类产品定位的主要内容，通过网上产品定位的比较，了解不同产品各自的特点，撰写本公司网上产品定位的分析报告，为企业进一步开展网络营销活动打好基础。

2. 实训内容

① 登录相关电子商务平台网站——阿里巴巴网站、天猫网站和京东网站等，进行注册。
② 登录网站，寻找自行车类相关产品。
③ 在众多网店中选中几家有特色的网上商店。
④ 进入这些网上商店分析其网上产品的特色和市场定位，掌握同类产品定位的主要内容。
⑤ 登录国内知名自行车品牌网站——捷安特自行车网、上海永久股份有限公司网站、凤凰自行车网站，分析其网站特色和网上产品市场定位，掌握同类产品定位的主要内容。
⑥ 分析本公司的目标消费者需求和企业竞争优势，分析本公司产品的各个层次内容和特点，分析本公司产品所属分类，为本公司的网上产品进行定位。

3. 实训方法

① 连接互联网。
② 在浏览器地址栏输入相应网址，按照实训示例中的提示，分步骤完成。

4. 实训示例

① 进入相关电子商务平台网站——阿里巴巴网站、天猫网站和京东网站等，注册成为会员，并登录。
② 从产品类目中查找自行车，进入后从所有分类中查找与本公司产品相近的自行车品种，并观察其所属分类。
③ 缩小搜索范围，输入关键字、价格区间等，选择进入几家网店，分析其产品特色和定位，掌握同类产品定位的主要内容。
④ 登录国内知名自行车品牌网站——捷安特自行车网站、上海永久股份有限公司网站、凤凰自行车网站等，分析其网站特色和网上产品市场定位，掌握同类产品定位的主要内容。
⑤ 分析本公司的目标消费者需求和企业竞争优势，分析本公司产品的各个层次内容和特点，分析本公司产品所属分类，为本公司进行自行车类产品网上定位的分析。

5. 实训要求

① 根据各自的练习情况，以"某自行车销售公司网上产品定位"为题目，进行网上实际操作，并撰写一份实训报告，要有关键步骤的抓图。
② 以小组为单位对教师指定的某类产品进行产品定位策划，写出简单的策划报告。
策划报告内容要求：
- 说明该产品的各层次内容。
- 分析该类产品的特点。
- 对该类产品进行类别划分。
- 体现产品定位的各项原则。

6.6 本章小结

本章从产品整体概念出发，介绍了产品生命周期理论和新产品的开发策略、网上产品定位及网络营销新产品战略，品牌及网络营销品牌策略等内容；通过案例说明了产品策略的重要性，并重点讲解了企业实施产品定位的步骤和方法。

案例分析与提高

案例讨论：京东商城的产品策略

京东商城是中国 B2C（business to customer）市场最大的 3C 产品网购专业平台，也是中国电子商务领域最受消费者欢迎和最具影响力的电子商务网站之一，如图 6-6 所示。

图 6-6　京东商城网站

作为中国 B2C 市场最大的 3C 网购专业平台，京东商城无论在访问量、点击率、销售量还是在业内知名度和影响力上，在国内 3C 产品网购专业平台中都首屈一指。该平台在线销售计算机、手机及其他数码产品、家电、汽车配件、服装与鞋类、奢侈品、家居与家庭用品、化妆品与其他个人护理用品、食品与营养品、书籍与其他媒体产品、母婴用品与玩具、体育与健身器材及虚拟商品 13 大类 3 150 万种 SKUs（stock keeping units）优质商品。2017 年，活跃用户数达到 2.925 亿人，完成订单量达到 50 亿元。伴随着京东的超速发展，京东商城为合作伙伴提供了更广阔的发展平台，为广大消费者提供了可靠的网络商品。

1. 网上商品种类

相较于同类电子商务网站，京东商城拥有更为丰富的商品种类，并凭借更具竞争力的价格和逐渐完善的物流配送体系等各项优势，赢得市场占有率，多年稳居行业首位的骄人成绩。

未来，京东商城将坚持以"产品、价格、服务"为中心的发展战略，不断增强信息系统、产品操作和物流技术三大核心竞争力，始终以服务、创新和消费者价值最大化为发展目标，不仅将自己打造成国内最具价值的 B2C 电子商务网站，更要成为中国 3C 电子商务领域的翘楚，引领高品质时尚生活。

2. 零元团购

2010 年 12 月 23 日，京东商城团购频道正式上线，京东商城注册用户均可直接参与团购。目前，该公司提供的团购服务主要以餐饮美食、娱乐休闲活动和非京东商品的实物团购为主，并逐步推出京东商城在售商品团购，各个类别均有产品参与。京东商城团购频道的推出，标志着中国电子商务巨头正式涉足团购领域，使该领域面临全新洗牌。

京东商城团购频道每周一至周五每天均会推出一款团购商品。对于非实物商品，已售数量达到团购数量后，消费者即会收到手机短信和邮件优惠码；而实物商品，在达成团购数量后，京东商城会将商品直接送到消费者手中，京东商城采购的商品还奉行"211限时达"极速物流标准，保证商品24小时内送达。负责人还透露，该网站的团购频道还将陆续推出极具挑战性的低价商品，一些商品将会以零元开团，消费者仅需支付快递费用即可拥有，零元团购将成为京东商城的特色团购项目，长期推出。

3. 图书频道

京东商城图书频道悄然上线，与手机数码、计算机等并列于京东产品大分类。这也意味着京东商城将与当当、亚马逊等B2C电商展开更为激烈的竞争。

据悉，京东商城的图书品种将涵盖文艺、社科、经管励志、教育考试、科技、生活、少儿7大类39个大分类超过10万个品种。人民出版社、人民文学出版社、商务印书馆、机械工业出版社、中华书局、中信出版社等国内出版巨头均与京东商城展开深入合作。同时，为了配合图书销售，京东商城进一步扩大货到付款的范围，全国500多个城市将支持图书类商品的货到付款，未来这一范围还会进一步扩大。同时，京东商城还会继续加速图书单品的完善，预计图书品类将迅速扩张至25万种。

分析与提高

① 根据上述案例，分析京东商城的网络产品策略。

② 根据上述案例，结合当下的网络潮流和热点，尝试为该网站设计其他的网络产品策略。

1. 举例说明适合在网上销售的产品的特点。
2. 如何对产品进行合理的定价？
3. 什么是网络营销产品的生命周期？如何根据不同产品的生命周期开展营销活动？
4. 如何在网上建立产品的品牌？
5. 当你为企业定位网上产品时，应该关注哪些要素的影响？

第 7 章 价 格 策 略

引言

商品或服务价格的变化直接影响着消费者的购买行为,影响着生产、流通经营者盈利目标的实现。价格策略是指企业通过对顾客需求的估量和成本分析,选择一种能吸引顾客、实现市场营销组合的价格策略。

在网络环境下,信息获取更加方便,交易成本更加低廉,竞争更加激烈,要求经营者更加重视商品和服务的价格策略问题。互联网对产品和服务的价格之所以会产生影响,是因为顾客能够较为充分地收集产品及定价信息,并对不同商品进行比较,所以他们能够进行最大限度的讨价还价。互联网所提供的低交易成本和充分的信息提升了需求方的主动性,同时促进许多更有效的网络定价策略的产生。本章将主要阐述网络对传统定价方法和策略的影响,并通过案例重点介绍了当前网络营销过程中的定价新方法和新策略。

本章的主要知识和技能点:
- 传统营销定价的方法
- 网络营销定价的方法
- 传统营销定价的策略
- 网络营销定价的策略

教学要求:
- 了解传统营销定价的方法
- 了解传统营销定价的策略
- 掌握网络营销定价的方法
- 掌握网络营销定价的策略

【引导案例】小米手机成功之路的开启

小米公司成立于2010年4月，当时的中国手机市场品牌格局稳定，国内外品牌实力悬殊，苹果、三星优势明显，老牌的诺基亚和LG实力犹存，HTC、华为、联想等新兴品牌正在成为后起之秀。小米公司正是在这样的形势下异军突起。2011年年底，小米手机上市发布了中国第一款双核智能手机，因为其超高的性价比而备受手机爱好者的青睐，刚上市两个月销售额达到5.5亿元；2012年全年销售额达到126亿元，公司总资产估值达到40亿美元，小米从一家默默无闻的公司一跃成为全球第三家赚钱的手机公司（前两位是苹果和三星）；2013年销售额达到330亿元，2014年销售额为743亿元，公司完成了新一轮融资，估值450亿美元；2015和2016年小米陷入了暂时的低迷，销售额分别是780亿元和600亿元；2017年小米重整旗鼓，在当年的10月份就完成了年初1 000亿销售额的计划，另据美国科技市场研究公司IDC的最新报告，截至2017年第三季度，小米公司在全球智能手机市场的份额为7.4%，较前一年几乎增长了一倍，排名全球第五。

案例点评：

不论哪个时代、哪个行业，对于大多数消费者而言，价格都是决定其最终购买行为的重要因素。小米手机的成功有很多因素，产品、渠道和口碑等，但其中最重要的因素无疑是价格。小米公司从一开始就采用了网上直销的做法，直接去掉了批发商、零售商等中间环节，其产品价格较其他同性能手机具有绝对的竞争力。2011年小米1上市，高端配置为1.5 GHz双核、1GBRAM、4.0英寸QHD屏幕、800万像素大光圈镜头，是当时中国市场上第一款双核智能手机，但售价只有1 999元；同年，苹果售价为5 199元，而三星或HTC同等配置价格大约在4 000元。

小米手机外观漂亮、价格便宜、速度快、功能先进、性价比高，不到2 000元就能享受到四五千元手机的高级配置，单凭这一点小米手机就满足了大部分消费者花低价享受高品质手机的需求。而且，因为价格低，用户也比较容易忽略小米手机一些细微的瑕疵。

网络让消费者对产品信息和价格一目了然，也能对不同产品进行比较，小米手机低价入市无疑激发了消费者的购买意愿，引发了购买热潮。可以说，正是由于小米公司的核心策略——高配置低价格为公司开启了成功之路，也为小米赢得了第一批用户。与此同时，小米公司非常重视产品质量和用户体验，认为好的产品对公司发展至关重要，低价格绝不代表产品的低质，相反，小米公司在设计、销售和售后服务等各个环节为用户提供了超强的参与感和超过预期的用户体验；而这种良好的用户体验促使小米用户乐于在微博、微信等社交媒体上分享，变成了好的产品口碑，进而拉动了小米手机的销售，也提升了产品形象和用户忠实度。

7.1 定价方法

企业制定价格是一件很复杂的工作,必须全面考虑各个方面的因素,采取一系列步骤和措施。一般来说,不论是在传统环境下还是网络环境下,都需要经过6个步骤:选择定价目标、确定需求、估计成本、分析竞争者的价格和产品、选择定价方法、选定最终价格。不同的企业或同一企业在不同的时期面临的情形不同,如在选择定价目标时,可以是生存目标、获得当前最高利润目标、获得当前最高收入目标、销售额增长最大目标或者最大市场占有率目标等。在这里,仅介绍传统环境和网络环境下的定价方法,选择定价方法也是企业完成定价活动中非常重要的一个环节。

7.1.1 传统营销定价方法

在传统的营销活动中,企业对产品营销价格的确定方法主要有成本导向、竞争导向和需求导向3种方法。具体来说,成本导向定价法包括成本加成定价法和目标利润定价法;竞争导向定价法包括随行就市定价法和密封投标定价法;需求导向定价法包括认知价值定价法和需求差别定价法。

1. 成本导向定价法

1) 成本加成定价法

所谓成本加成定价是指按照单位成本加上一定百分比的加成来制定产品销售价格,加成的含义就是一定比率的利润。成本加成定价公式为式(7-1)。

$$P = C(1+R) \tag{7-1}$$

式中,P 为单位产品售价,C 为单位产品成本,R 为成本加成率。

与成本加成定价的方法类似,零售企业往往以售价为基础进行加成定价,其加成率的衡量方法有两种:①用零售价格来衡量,即加成(毛利)率=毛利(加成)/售价。②用进货成本来衡量,即加成率=毛利(加成)/进货成本。将一个固定的、惯例化的加成加在成本上,这样定价从逻辑上是否行得通?答案是否定的。在制定价格的过程中,任何忽略现行价格弹性的定价方法都难确保企业实现利润最大化,无论是长期利润还是短期利润。需求弹性总是处在不断变化中,因而,最适加成也应随之调整。

最适加成与价格弹性成反比。如果某品牌的价格弹性高,最适加成就应相对低些;如果某品牌的价格弹性低,最适加成则应相对高些;而且,当价格弹性保持不变时,加成也应保持相对稳定,以制定出最适价格。

2) 目标利润定价法

目标利润定价法是根据估计的总销售收入(销售额)和估计的产量(销售量)来制定

价格。其计算公式为式（7-2）。

$$目标利润价格 = 单位成本 + （目标利润 \times 投资成本）/销售量 \qquad (7-2)$$

使用这种方法定价的步骤为：确定固定成本—确定总成本—确定生产能力及其未来时期的实际运行比例—确定企业目标利润率—计算出目标利润价格。

与成本加成定价法类似，目标利润定价法也是一种生产者导向的产物，很少考虑市场竞争和需求的实际情况，只是从保证生产者的利益出发制定价格。而且，先确定产品销量，再计算产品价格的做法完全颠倒了价格和销量的因果关系，把销量看成价格的决定因素，在实际过程中很难行得通。尤其是对于价格需求弹性较大的产品，用这种方法制定出来的价格，无法保证销量的必然实现，所以预期的目标收益也就只能成为一句空话。但此种方法对需求比较稳定、供不应求、市场占有率高、具有垄断性的商品生产企业来说，只要相关数据测量准确，还是比较有效的。

2. 竞争导向定价法

1) 随行就市定价法

所谓随行就市定价法，是指企业按照行业的平均现行价格水平来定价。在以下情况下往往采取这种定价方法：难以估算成本；企业打算与同行和平共处；如果另行定价，很难了解购买者和竞争者对本企业产品价格的反应。不论市场是完全竞争的市场，还是寡头竞争的市场，随行就市定价法都是同质产品市场的惯用定价方法。

2) 密封投标定价法

这种方法通常采用公开招标的办法，即采购机构（买方）在报刊上登广告或发出函件，说明拟采购商品的品种、规格、数量等具体要求，邀请供应商（卖方）在规定的期限内投标。采购机构在规定的日期内开标，选择报价最低的、最有利的供应商成交，签订采购合同。某供货企业如果想做这笔生意，就要在规定的期限内填写标单，上面填明可供应商品的名称、品种、规格、数量、交货日期等，密封送给招标人（采购机构），这叫作投标。这种价格是供货企业根据对竞争者的报价的估计制定的，而不是按照供货企业自己的成本费用或市场需求制定的。供货企业的目的在于赢得合同，所以它的报价应低于竞争对手（其他投标人）的报价。这种定价方法叫作密封投标定价法。然而，企业不能将其报价定得低于某种水平。确切地讲，它不会将报价定得低于边际成本，以免使其经营状况恶化。如果企业报价远远高出边际成本，虽然潜在利润增加了，却减少了取得合同的机会。

3. 需求导向定价法

1) 认知价值定价法

所谓认知价值定价法，就是企业根据购买者对产品的认知价值来制定价格的一种方法。认知价值定价与现代市场定位观念相一致。企业在为其目标市场开发新产品时，在质量、价格、服务等各方面都需要体现特定的市场定位观念。因此,首先要决定所提供的价值及价格;之后,企业要估计在此价格下所能销售的数量,再根据这一销售量决定所需要的产能、投资及单位成本;接着,管理人员还要计算在此价格和成本下能否获得满意的利润。如能获得满意的利润,则继续开发这一新产品;否则,就要放弃这一产品的开发。

认知价值定价法的关键,在于准确地计算产品所提供的全部市场认知价值。企业如果过高地估计认知价值,便会定出偏高的价格;如果过低地估计认知价值,则会定出偏低的价格。为准确把握市场认知价值,必须进行市场调查研究。

2) 需求差别定价法

需求差别定价法,又称差异定价法,是指根据销售对象、时间、地点的不同而产生的需求差异,对相同的产品采用不同价格的定价方法。在这里,同一产品的价格差异并不是因为产品成本的不同而引起的,而主要是由于消费者需求的差异所决定的。这种定价方法,对同一商品在同一市场上制定两个或两个以上的价格,或使不同商品价格之间的差额大于其成本之间的差额。其好处是可以使企业定价最大限度地符合市场需求,促进商品销售,有利于企业获取最佳的经济效益。

事实上,这种价格差异的基础是顾客需求、顾客的购买心理、产品样式、地区差别及时间差别等。采用这种方法定价,一般是以该产品的历史定价为基础,根据市场需求变化的具体情况,在一定幅度内变动价格。这种方法的具体实施通常有以下4种方式:

① 基于顾客差异的差别定价。
② 基于不同地理位置的差别定价。
③ 基于产品差异的差别定价。
④ 基于时间差异的差别定价。

7.1.2 网络营销定价方法

传统营销定价的基本原理也同样适用于网络营销。但由于网络环境是一种新的环境,与传统市场有较大的差别,这种差别导致了网络营销的定价方法与传统营销的定价方法也有较大区别。在网络环境下,由成本导向来确定价格将逐渐被淡化,而以需求导向来确定价格将成为企业确定价格的主要方法,同时竞争导向法中的投标定价法和拍卖法不断得到广泛应用。

1. 需求导向定价法

通过顾客跟踪系统,企业可以经常关注顾客的需求,时刻注意潜在顾客的需求变化,保证网站向顾客需要的方向发展。作为需求导向定价的两种方法——认知价值定价法和需求差异定价法将在网络营销中得到更充分的应用。

首先,在传统市场营销中,企业运用认知价值定价法的关键问题是获得顾客对有关产品价值认知和理解的准确资料,而在网络市场中对价值评估的准确性更高。利用互联网的互动性和快捷性，企业能及时、准确地掌握和了解顾客的预期价格，从而正确地确定产品的价格，避免了因估价过高影响销量，或定价过低企业减少盈利的不利现象。

其次，互联网的互动性和快捷性也使企业避免了因为难以准确和动态地把握顾客差异化需求而使定价发生误差的问题，从而使需求差异定价法能更有效地发挥作用。例如，以产品为基础的差异定价，是针对同种产品的不同外观、花色、型号、规格、用途等来确定不同价格的。在传统市场营销中，其价格的高低主要是根据少数几个简单的、固定的标准来确定的。这种确定方法忽视了顾客个性化和多样化的需求。在网络营销中，对于同种产品来说，企业可根据不同顾客的不同需求，让顾客自行设计产品，实现完全定制化的设计和生产，并依此来确定产品的价格，更好地满足顾客个性化和多样化的需求。

最后，传统的以生产成本为基础的定价在网络营销中逐渐被摒弃。新型的定价应是以顾客能接受的成本为基础，并依据该成本来指导生产和销售。其实，这种定价并不陌生，德国的大众汽车在最初诞生时就是在确定了价格之后，才开始根据价格的限制来进行设计和生产的。测定顾客的需要及价格认同的标准，在互联网上很容易实现，顾客可以通过网络提出可以接受的价格，企业根据顾客的价格提供柔性的产品设计和生产方案供顾客选择，直到顾客认同确认后再组织生产和销售。所有这一切都是顾客在公司的服务器程序的导引下完成的，并不需要专门的人员，因此交易成本也非常低廉。国外的许多公司，如美国的通用汽车公司（图7-1）允许顾客在互联网上通过公司的有关导引系统亲自设计和组装满足自己需要的汽车。顾客首先确定接受价格的标准，然后系统根据价格的限定从中显示满足顾客要求式样的汽车，顾客还可以进行适当的修改，公司最终生产的产品恰好能满足顾客对价格和性能的要求。

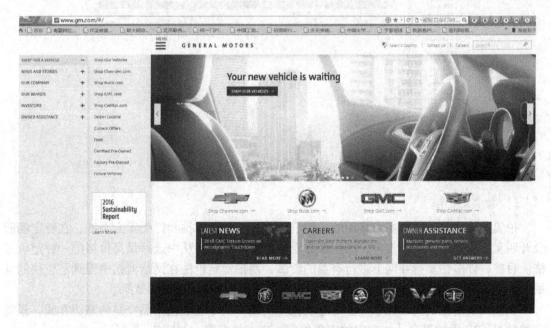

图7-1　通用汽车公司网站

2. 竞争导向定价法

在网络市场中，同样存在竞争，而且这种竞争从深度和广度上说都超越了传统市场中的竞争。大多数购物网站经常会将网站的服务体系和价格等信息公开，这为注意竞争对手的价格提供了方便。企业可以随时掌握竞争者的价格变动，调整自己的竞争策略，时刻保持产品的价格优势。在网络营销中，以竞争为基础的定价方法目前主要有两种：一是招标投标定价法，二是拍卖定价法。

1）招标投标定价法

招标投标定价法是招标单位通过网络发布招标公告，由投标单位进行投标，而择优成交的一种定价方法。对于招标单位来说，网络招标定价法不仅降低了招标成本，节省了时间，更重要的是扩大了投标单位的选择范围，从而使企业能在更大范围内进行最优选择。对于投标单位来说，网络投标定价法不仅增加了投标的营销机会，而且使企业能获得更加公平的竞争环境，为企业的发展创造了良机。招标投标定价法一般适用于大型工程承包、商品或劳务贸易等项目，而招标发布一般由企业在企业内部系统发布招标项目，如图7-2所示，其他公司再通过公司的对外网站了解该信息。

图7-2 发布招标项目

2）拍卖定价法

拍卖定价法是传统市场中常用的一种定价方法。它是指拍卖行受卖方委托，在特定场所公开叫卖，引导多个买方报价，利用买方竞争求购的心理，从中选择最高价格的一种定价方法。目前，许多拍卖行在网上进行有益的尝试，使拍卖定价法在网络营销中得到了较快的发展。例如，日本的 AUC 网在网上实施了旧车拍卖，并取得了明显的效果。

目前国内的拍卖网站除了一些专业的拍卖网站，如专注于艺术品交易的嘉德在线，最常见的就是 C2C 网站平台，如淘宝的闲鱼拍卖、京东拍卖等，如图7-3所示。

图7-3　C2C网站平台

毫无疑问，网上拍卖是利用网络对传统拍卖进行的成功创新。网络提供了一个交易平台，改变了传统拍卖的低效率，同时大大降低了交易成本。网上拍卖的产品也已经从古董、珍品、工艺品及大宗商品扩展到其他任何一种产品。网络将拍卖这种贵族化的交易方式变成了平民交易。无论是谁，无论他身在何处，只要能上网，就可以在网上竞拍任何物品，并且可以随时交易。

【课堂练习7-1】定价方法的应用

练习目的：

通过本次课堂练习，获得定价方法应用的感官体验，深刻体会网络营销中产品定价的过程和重点。

练习要求：

学生自由组合成小组，分析"目标利润定价法"的案例内容，结合理论知识分析案例的实际应用特点；各小组还可以模仿这个案例，把比较有代表性的、实际在企业中应用到的典型应用案例与全班师生一起分享，以便更好地掌握所学理论知识。

练习内容：

目标利润定价法

某工厂生产能力为1 000万个产品，估计未来时期80%的生产能力能开工生产，则可生产、出售800万个产品；生产800万个产品的总成本估计为1 000万元。若工厂想得到20%的目标利润率，则目标利润为200万元。总收入为1 200万元。则目标利润价格计算如下：

$$P = 1\,000\,万元/800\,万 + (20\% \times 1\,000\,万元)/800\,万 = 1.5\,元$$

思考与互动：

学生思考并回答以下几个问题，教师点评、归纳。

① 根据上述案例，分析企业是如何为产品定价的。
② 根据上述案例，分析目标利润定价法的优势和不足。
③ 根据上述案例，具体谈谈产品定价有哪些注意事项。
④ 根据你对定价方法的了解，你还有哪些定价方面的建议或对策？

7.2 定价策略

在很多情况下定价方法一旦确定，往往就会持续一段时间，而定价策略则可以在较短的时间内进行调整。定价策略的使用往往要考虑消费者心理和行为因素。在网络环境下，许多传统营销的定价策略在网络营销中得到了延续，并且还有许多创新。

7.2.1 传统营销定价策略

1. 心理定价策略

1) 声望定价策略

声望定价策略又称炫耀定价术，是企业利用自己在消费者心目中树立起的声望，通过制定较高的价格，来满足消费者炫耀心理的一种定价策略。

一般经营销售类似商品的生意人，常常利用人们的这种心理价值观念，在价格上做点手脚，反而可能会使自己的商品变得抢手起来。

2) 尾数定价策略

据一些商业心理学家研究，标价有尾数的商品，其销售量远比全是整数的要多得多。这是因为尾数价格对顾客心理产生积极作用所致，能给消费者以货真价实的感觉，认定有尾数的价格准确合理，从而产生信任感。尾数定价策略虽已广为使用，但它的范围仅适用于一般日用品及工业品。

3) 招徕定价策略

该策略指商家拿出一种或几种顾客普遍需要的商品加以降价，有时甚至只卖进货价或超低价，借此吸引顾客在买这些商品的同时购买其他商品。

这里需要说明的是，应用此术所选的降价商品，必须是顾客都需要而且市场价被人们所熟知的才行。

2. 折扣定价策略

折扣定价是指对基本价格做出一定的让步，直接或间接降低价格，以争取顾客，扩大销量。其中，直接折扣的形式有数量折扣、现金折扣、功能折扣、季节折扣，间接折扣的形式有回扣和津贴。

1）数量折扣策略

数量折扣策略指按购买数量的多少，分别给予不同的折扣，购买数量愈多，折扣愈大；其目的是鼓励大量购买，或集中向本企业购买。数量折扣包括累计数量折扣和一次性数量折扣两种形式。累计数量折扣规定顾客在一定时间内，购买商品若达到一定数量或金额，则按其总量给予一定折扣，其目的是鼓励顾客经常向本企业购买，成为可信赖的长期客户。一次性数量折扣规定一次购买某种产品达到一定数量或购买多种产品达到一定金额，则给予折扣优惠；其目的是鼓励顾客大批量购买，促进产品多销、快销。

2）现金折扣策略

现金折扣是对在规定的时间内提前付款或用现金付款者所给予的一种价格折扣，其目的是鼓励顾客尽早付款，加速资金周转，降低销售费用，减少财务风险。采用现金折扣一般要考虑3个因素：折扣比例、给予折扣的时间限制、付清全部货款的期限。

由于现金折扣的前提是商品的销售方式为赊销或分期付款，因此，有些企业采用附加风险费用、管理费用的方式，以避免可能发生的经营风险。同时，为了扩大销售，分期付款条件下买者支付的货款总额不宜高于现款交易价太多，否则就起不到"折扣"促销的效果。

3）功能折扣策略

中间商在产品分销过程中所处的环节不同，其所承担的功能、责任和风险也不同，企业据此给予不同的折扣称为功能折扣。对生产性用户的价格折扣也属于一种功能折扣。功能折扣的比例主要考虑中间商在分销渠道中的地位、对生产企业产品销售的重要性、购买批量、完成的促销功能、承担的风险、服务水平、履行的商业责任，以及产品在分销中所经历的层次和在市场上的最终售价。功能折扣的结果是形成购销差价和批零差价。

鼓励中间商大批量订货，扩大销售，争取顾客，并与生产企业建立长期、稳定、良好的合作关系是实行功能折扣的一个主要目标。功能折扣的另一个目的是对中间商经营有关产品的成本和费用进行补偿，并让中间商有一定的盈利。

4）季节折扣策略

有些商品的生产是连续的，而其消费却具有明显的季节性。为了调节供需矛盾，这些商品的生产企业便采用季节折扣的方式，对在淡季购买商品的顾客给予一定的优惠，使企业的生产和销售在一年四季能保持相对稳定。例如，啤酒生产厂家对在冬季进货的商业单位给予大幅度让利，羽绒服生产企业则为夏季购买其产品的客户提供折扣。

季节折扣比例的确定，应考虑成本、储存费用、基价和资金利息等因素。季节折扣有利于减少库存，加速商品流通，迅速收回资金，促进企业均衡生产，充分发挥生产和销售潜力，避免因季节需求变化所带来的市场风险。

5)回扣和津贴策略

回扣是间接折扣的一种形式,它是指购买者在按价格目录将货款全部付给销售者以后,销售者再按一定比例将货款的一部分返还给购买者。津贴是企业为特殊目的,对特殊顾客以特定形式所给予的价格补贴或其他补贴。例如,当中间商为企业产品提供了包括刊登地方性广告、设置样品陈列窗等在内的各种促销活动时,生产企业给予中间商一定数额的资助或补贴。又如,对于进入成熟期的消费者,开展以旧换新业务,将旧货折算成一定的价格,在新产品的价格中扣除,顾客只支付余额,以刺激消费需求,促进产品的更新换代,扩大新一代产品的销售,这也是一种津贴的形式。

上述各种折扣价格策略增强了企业定价的灵活性,对于提高厂商收益和利润具有重要作用。但在使用折扣定价策略时,必须注意国家的法律限制,保证对所有顾客使用同一标准。如美国1936年制定的罗宾逊-巴特曼法案规定,折扣率的计算应以卖方实现的成本节约数为基础,并且卖方必须对所有顾客提供同等的折扣优惠条件,不然就是犯了价格歧视罪。

3. 新产品定价策略

新产品定价是否合适,直接影响新产品能否顺利进入市场,并且影响企业的目标和收益。根据定价的高低,常见的新产品定价策略有3种不同的形式,即撇脂定价、渗透定价和适中定价策略。

1)撇脂定价策略

当生产厂家把新产品推向市场时,利用一部分消费者的求新心理,定一个高价,像撇取牛奶中的脂肪层那样先从他们那里取得一部分高额利润,然后再把价格降下来,以适应大众的需求水平,这就是所谓的撇脂定价策略,是一种聪明的定价策略。

撇脂定价策略给我们提供了一种思路,即价格先高后低的思路,如果应用得当,可以为企业带来丰厚的利润。但它应用的前提是产品必须能吸引消费者,也就是产品要有新意。

2)渗透定价策略

渗透定价策略是以一个较低的产品价格打入市场,目的是在短期内加速市场成长,牺牲高毛利以期获得较高的销售量及市场占有率,进而产生显著的成本经济效益,使成本和价格得以不断降低。渗透价格并不意味着绝对的便宜,而是相对于价值来讲比较低。

渗透定价策略取得成功一般需要满足一些条件:有足够大的市场需求;消费者对价格高度敏感而不是具有强烈的品牌偏好;大量生产能产生显著的成本经济效益;低价策略能有效打击现存及潜在的竞争者。

3)适中定价策略

适中定价策略既不是利用高价来获取高额利润,也不是利用低价来占领市场。在不存在明显适合于撇脂定价策略或者渗透定价策略的环境下,企业一般采取适中定价策略。例如,某洗衣液一开始被市场看作普通产品,没有哪个细分市场愿意支付高价,无法采用撇脂定价策略；同样，因为产品刚刚进入市场，顾客会认为低价代表低质量，也无法采用渗透定价策略。原则上讲，适中定价策略要求产品的价值与价格基本相符。

7.2.2 网络营销定价策略

许多传统营销的定价策略在网络营销中都可以适用，同时网络环境也给网络营销带来许多新的策略。这些策略很多，本节主要根据网络营销的特点，着重阐述免费定价策略、低价定价策略、定制化定价策略、使用定价策略和逆向定价策略。

1. 免费定价策略

互联网作为全球性开放网络，可以快速实现全球信息交换，一般来说，只有那些适合互联网这一特性的产品才适合采用免费定价策略。因此，免费产品一般具有以下特性。

① 易于数字化。互联网是信息交换的平台，它的基础是数字传输。易于数字化的产品都可以通过互联网实现零成本的配送。企业只需要将这些免费产品放置在企业的网站上，用户就可以通过互联网自由下载使用，企业通过较低的成本实现产品推广，可以节省大量的产品推广费用。

② 无形化特点。通常采用免费定价策略的大多是一些无形产品，它们只有通过一定的载体才能表现出一定的形态，如软件、信息服务、音乐制品、图书等。这些无形产品可以通过数字化技术实现网上传输。

③ 零制造成本。零制造成本主要指产品开发成功后，只需要通过简单复制就可以实现无限制的生产。对这些产品实行免费策略，企业只需要投入研制费用即可，至于产品的生产、推广和销售则完全可以通过互联网实现零成本运作。

④ 成长性。采用免费定价策略的产品一般都是利用产品成长推动占领市场，为未来市场发展打下坚实基础。

⑤ 冲击性。采用免费定价策略的主要目的是推动市场成长，开辟出新的市场领地，同时对原有市场产生巨大的冲击。如 3721 网站为推广其中文网址域名标准，以适应中国人对英文域名的不习惯，采用免费下载和免费品牌计算机预装策略，结果在 1999 年短短的半年时间内迅速占领市场，成为市场标准。

⑥ 间接收益特点。采用免费价格的产品（服务），可以帮助企业通过其他渠道获取收益。这种收益方式也是目前大多数网络内容服务商（ICP）的主要商业运作模式。

然而，尽管免费可以迅速扩大自己的知名度，但免费定价策略也有风险。Netscape 公司把它的浏览器免费提供给用户，开创了 Internet 免费的先河。Netscape 公司当时允许用户免费下载浏览器，主要的目的是在用户使用习惯之后，就开始付费，这是 Netscape 公司提供免费软件的背后动机。可后来微软公司也如法炮制，免费发放 IE 浏览器。IE 的出现打碎了 Netscape 公司的美梦。对于这些公司来说，为用户提供免费服务只是其商业计划的开始，商业利润还在后面，但是并不是每个公司都能获得成功。Netscape 公司的免费浏览器计划就没有成功。所以，对于这些实行免费策略的企业来说，必须面对承担很大风险的可能。

免费定价策略一般与企业的商业计划和战略发展规划紧密关联，企业要降低免费定价策略带来的风险，提高免费定价策略的成功性，应遵循一些基本步骤进行思考。

第一，在互联网这个成长性的市场中获取成功的关键是要有一个可能获得成功的商业运作模式，因此考虑免费定价策略时必须考虑是否与商业运作模式相吻合。

第二，分析采用免费策略的产品（服务）能否获得市场认可，也就是提供的产品（服务）是否是市场迫切需求的。互联网上通过免费定价策略已经获得成功的公司都有一个特点，就是提供的产品（服务）受到市场的极大欢迎。例如，雅虎的搜索引擎克服了在互联网上查找信息的困难，给用户带来了便利；新浪网站提供了大量实时性的新闻报道，满足了用户对新闻的需求。

第三，分析免费定价策略产品推出的时机。在互联网上的游戏规则是"Win-take-all"（赢家通吃），只承认第一，不承认第二，因此在互联网上推出免费产品是为抢占市场。如果市场已经被占领或者已经比较成熟，则要审视推出产品（服务）的竞争能力。

第四，考虑免费产品（服务）是否适合采用免费定价策略。目前，国内外很多提供免费PC的ISP，对用户也不是毫无要求，有的要求用户接受广告，有的要求用户每月在其站点上购买一定金额的商品，还有的收取接入费用等。

第五，策划推广免费产品（服务）。互联网是信息的海洋，对于免费的产品（服务），网上用户已经习惯。因此，要吸引用户关注免费产品（服务），应当与推广其他产品一样有严密营销策划。在推广免费产品（服务）时，主要考虑通过互联网渠道进行宣传。

2. 低价定价策略

借助互联网进行销售，比传统销售渠道的费用低廉，因此网上销售价格一般来说比流行的市场价格要低。由于网上的信息是公开和易于比较的，因此网上的价格信息对消费者的购买欲起着重要作用。相关研究表明，消费者选择网上购物，一方面是因为网上购物比较方便，另一方面是因为从网上可以获取更多的产品信息，从而以最优惠的价格购买商品。低价定价策略一般被制造业企业在网上进行直销时采用，如戴尔公司计算机的定价比同性能的其他公司产品低10%～15%。通过互联网，企业可以节省大量的成本费用。

另外一种低价定价策略是折扣策略，它是在原价基础上进行折扣来定价的。这种定价方式可以让顾客直接了解产品的降价幅度以促进顾客的购买。这类价格策略主要用在一些网上商店，一般按照市面上的流行价格进行折扣定价。如亚马逊网站的图书价格一般都要进行折扣，而且折扣率达到3～5折。

如果企业是为拓展网上市场，但产品价格又不具有竞争优势时，则可以采用网上促销定价策略。由于网上的消费者面很广，而且具有很强大的购买能力，许多企业为打开网上销售局面和推广新产品，采用临时促销定价策略。促销定价除了前面提到的折扣策略外，比较常用的是有奖销售和附带赠品销售。

在采用低价定价策略时要注意的是：首先，由于互联网是从免费共享资源发展而来的，因此用户一般认为网上商品比从一般渠道购买的商品要便宜，在网上不宜销售那些顾客对价格敏感而企业又难以降价的产品；其次，在网上公布价格时要注意区分消费对象，一般要区分一般消费者、零售商、批发商、合作伙伴，分别提供不同的价格信息发布渠道，否则可能因低价策略混乱导致营销渠道混乱；最后，网上发布价格时要注意比较同类站点公布的价格，否则价格信息公布将起到反作用，因为消费者可以通过搜索功能很容易地找到最便宜的商品。

3. 定制化定价策略

定制化定价策略是在企业能实行定制生产的基础上，利用网络技术和辅助设计软件，帮助消费者选择配置或者自行设计能满足自己需求的个性化产品，同时承担自己愿意付出的价格成本。戴尔公司的用户可以通过其网页了解某型号产品的基本配置和基本功能，根据实际需要在能承担的价格内，配置出用户最满意的产品，使消费者能够一次性买到自己中意的产品。在配置计算机的同时，消费者也相应地选择了自己认为价格合适的产品，因此对产品价格有比较透明的认识，增加企业在消费者面前的信用。目前，这种允许消费者定制定价订货的尝试还只处于初级阶段，消费者只能在有限的范围内进行挑选，尚不能要求企业完全满足自己所有的个性化需求。

4. 使用定价策略

所谓使用定价，就是顾客通过互联网注册后可以直接使用某公司的产品，顾客只需要根据使用次数进行付费，而不需要将产品完全购买。这一方面减少了企业为完全出售产品而进行的不必要的大量生产和包装，另一方面可以吸引过去那些有顾虑的顾客使用产品，扩大市场份额。顾客只是根据使用次数付款，节省了购买产品、安装产品、处置产品的麻烦，还可以节省不必要的开销。如微软公司曾在2000年将其产品Office 2000放置到网站，用户通过互联网注册使用，按使用次数付费。

采用按使用次数定价，一般要考虑产品是否适合通过互联网传输，是否可以实现远程调用。目前，比较适合的产品有软件、音乐、电影等。对于软件，如我国用友软件公司推出的网络财务软件，用户在网上注册后即可直接处理账务，无须购买软件和担心软件的升级、维护等；对于音乐产品，也可以通过网上下载或使用专用软件点播；对于电影产品，则可以通过现在的视频点播系统来实现远程点播，无须购买影带。另外，采用按使用次数定价对互联网的带宽提出了很高的要求，因为许多信息都要通过互联网进行传输，如互联网带宽不够将影响数据传输，势必会影响顾客租赁使用和观看。

5. 逆向定价策略

一般情况下，都是企业制定价格，消费者接受价格。但是在以消费者为主导的网络环境下,买方的定价权也应该得到体现。以拍卖为代表的逆向定价策略在互联网上逐步流行。拍卖定价,即将商品公开在网上拍卖,拍卖竞价者在网上进行登记,拍卖方只需将拍卖品的相关信息提交给拍卖平台,经公司审查合格后即可上网拍卖。

根据供需关系,逆向定价策略主要有下面几种。

①竞价拍卖。典型的是C2C交易,包括二手货、收藏品。也可以是普通商品以拍卖方式进行出售。如惠普公司将公司的一些库存积压产品也放到网上拍卖。

②竞价拍买。消费者提出一个价格范围,求购某一商品,由商家出价;出价可以是公开的或隐蔽的,消费者将与出价最低或最接近的商家成交。

③集体议价。在互联网出现以前,这种方式在国外主要是多个零售商结合起来,向批发商(或生产商)以数量换价格的方式。互联网出现后,使得普通的消费者能使用这种方式购买商品。集合竞价模式,就是将需求类似的消费者通过网络集结在一起,增加与商家的讨价还价能力,是一种由消费者集体议价的交易方式。提出这一模式的是美国著名的Priceline公司,该公司网站如图7-4所示。

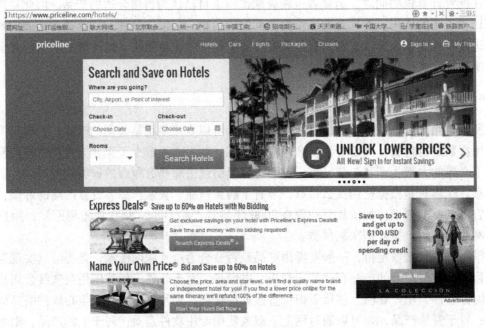

图7-4 Priceline网站

【课堂练习7-2】定价策略的应用

练习目的:

通过本次课堂练习,获得定价策略的感官体验,深刻体会网络营销中,定价策略应用的过程和重点。

练习要求：

学生自由组合成小组，分析"定价策略的几种应用"的案例内容，结合理论知识分析案例的实际应用特点；各小组还可以模仿这个案例，把比较有代表性的、实际在企业中应用到的典型应用案例与全班师生一起分享，以便更好地掌握所学理论知识。

练习内容：

定价策略的几种应用

1. 衬衫的炫耀定价术

我国的衬衫在质地和做工上比美国的要略胜一筹。在美国，美国产的衬衫卖35美元，我国的衬衫定价总是比人家低一点，以求薄利多销，但结果适得其反，销量很差。后来，把价格提高到高出美国产品3～5美元，销量却变好了。原来就是炫耀定价作用的结果。穿一件价格贵的中国衬衫显得有气派，如果穿的衬衫比别人低5美元，说明是二流货，便会降低身价。其实，何止美国人是这样。特别是年轻漂亮的女性，身上的衣着、首饰及化妆品，越是名贵越能衬托出自己身份高贵。所以，在大都市里，如果想通过大降价的办法，把珠宝首饰、流行时装、化妆品向女性推销，不一定能够获得成功。因为这种有失身份的便宜货，对崇尚炫耀的摩登女士来说，比较缺乏吸引力。即使是一般人，也会怀疑这些促销中的便宜化妆品，可能是于皮肤有害的劣质品。

2. 皮鞋的尾数定价策略

一双皮鞋标价89.9元，比标价90元销路要好。这是因为尾数价格对顾客心理产生积极作用所致。尾数价与整数价虽然是一角之差，但在消费者心理形成了一个档次差，能给消费者以货真价实的感觉，使其认定有尾数的价格准确合理，从而产生信任感。那么，应用尾数定价策略时究竟定哪个尾数比较合适呢？国外的市场学家曾有专门研究。在美国，认为5美元以下的商品，尾数定在"9"较为合适；5美元以上的商品，尾数定在"5"较佳。在英国，一些商品的标价往往以"99"作为尾数。在我国，一些有经验的营销人员认为，价格尾数定在"7"较易销售。

3. 招徕定价策略

日本"创意药房"在将一瓶200日元的补药以80日元超低价出售时，每天都有大批人潮涌进店中抢购补药。按说如此下去肯定赔本，但财务账目显示盈余逐月骤增，其原因就在于没有人来店里只买一种药。人们看到补药便宜，就会联想到"其他药也一定便宜"，采取盲目的购买行动。

另外，京东商城也经常会推出"一元图书"和"超级秒杀"活动。"一元图书"，顾名思义就是无论书的原价多少，活动价就是一元钱；"超级秒杀"活动中的商品种类很多，包括食品、服装、日用品等，其价格都远低于市场价，因此会给人们产生一种"卖得越多，赔得越多"的感觉。岂不知，京东商城用的正是招徕定价策略。以一小部分商品的超低价格吸引人气，消费者在浏览过程中很自然地被其他商品吸引，这样，一元钱和超低价的商品就带动了其他商品的销售。

4. 现金折扣策略

在西方国家,典型的付款期限折扣表示为"3/20,Net 60"。其含义是在成交后20天内付款,买者可以得到3%的折扣;超过20天,在60天内付款不予折扣;超过60天付款要加付利息。

思考与互动:

学生思考并回答以下几个问题,教师点评、归纳。

① 根据上述案例,分析企业是如何选取定价策略的。
② 根据上述案例,分析每种定价策略的优势和不足。
③ 根据上述案例,具体谈谈选取定价策略有哪些注意事项。
④ 根据你对定价策略的了解,你还有哪些定价方面的建议或对策?

7.3 上机练习与实践——网络定价实训

1. 实训目的

某自行车销售商是一个销售各种品牌自行车及其零部件的国内大型连锁公司,公司业务遍及全国各地。随着网络全面渗透至企业运营和个人生活中,为了更好地吸引众多的网络客户、开拓网上销售渠道、提高公司管理各类客户的能力和综合竞争力等,该公司决定开展网络营销。

公司在了解、熟悉网络和网络营销的现状、发展、演变和未来发展趋势,分析了我国制造行业的网络营销现状,进行了网络环境分析、网络市场调研、目标市场分析和网上产品定位后,目前,打算熟悉、了解网上同类产品的定价特色和定位,掌握同类产品定价的主要方法,通过网上产品定价策略的比较,依据自身不同层次产品的条件和特点,写出本公司网上产品定价策略的分析报告,为企业进一步开展网络营销活动打好基础。

2. 实训内容

① 了解常用的网络营销定价策略。
② 网上销售商品价格的定价体验。
③ 具体网站网络营销定价策略分析。
④ 使用定价决策分析方法进行某产品的定价分析。

3. 实训步骤

① 针对本章内容,结合互联网搜索相关信息,了解常用网络营销定价策略的适用产品特性及条件,并填写表7-1(包括但不局限于教材提供的常用网络营销定价策略)。

表7-1　常用网络营销定价策略分析

常用网络营销定价策略	适用产品特性	适用条件
免费定价策略		
低价定价策略		
定制化定价策略		
使用定价策略		
逆向定价策略		
其他		

② 网上销售商品价格体验。浏览互联网，按要求填写表7-2。

分别登录阿里巴巴网站、天猫网站、京东网站，搜索同一自行车品牌与规格型号的产品，比较各网上商店定价的高低，并分析其定价策略。

表7-2　网上销售商品价格体验

产品名称与规格：_____		
网站	价格	定价策略
阿里巴巴网站		
天猫网站		
京东网站		
总结		

③ 同类产品网站中的商品主要定价策略体验。浏览互联网，按要求填写表7-3。

分别登录捷安特自行车网站、上海永久股份有限公司网站、凤凰自行车网站，分析这些网站网络营销的主要定价策略。

表7-3　具体网站网络营销定价策略分析

商务网站	定价策略
捷安特自行车网站	
上海永久股份有限公司网站	
凤凰自行车网站	

④ 以下是网络营销定价分析的模板，请以本公司的产品为例，尝试进行价格分析。请填写表格或回答问题。

- 开展网络营销的成本分析

确定下面计划的每个因素所需花费的成本，见表7-4。

表7-4　成本分析表

成本项目描述	成本（金额）
产品制造商	
市场调研	
竞争性的情报	
包装	
中间商	
分销网络	
在线促销	
离线促销	
促销工具设计	
生产促销工具成本	
媒体成本	
销售队伍的提成	
主站点名称的注册	
ISP 提供商的合同	
站点开发设计	
站点上挂	
站点目录创建	
其他	
合计	

- 计算销售盈亏点

盈亏平衡点 =

你的销售可否覆盖成本？

A. 是　　　　　　　　B. 否

- 定价政策

在线定价策略：

离线定价策略：

二者之间的差异：

- 价格比较

与你的竞争对手相比，谁会高些？填表7-5。

表7-5 竞争对手定价分析

竞争对手	竞争对手的价格	你的价格

如果有很大的价格差距,你将怎样宣传你的差异化优势?

- 折扣

你会给在线消费者提供的折扣方式:

A. 定购量　　　B. 返现金　　　C. 增加功能　　　D. 促销积分

E. 其他(＿＿＿＿＿＿＿＿＿＿＿＿＿＿＿＿)

你对离线消费者提供的折扣方式:

A. 定购量　　　B. 返现金　　　C. 增加功能　　　D. 促销积分

E. 其他(＿＿＿＿＿＿＿＿＿＿＿＿＿＿＿＿)

对两组消费者群体计算折扣的差异进行分析:

＿＿＿＿＿＿＿＿＿＿＿＿＿＿＿＿＿＿＿＿＿＿＿＿＿＿＿＿＿＿＿＿＿＿＿＿＿＿

＿＿＿＿＿＿＿＿＿＿＿＿＿＿＿＿＿＿＿＿＿＿＿＿＿＿＿＿＿＿＿＿＿＿＿＿＿＿

- 地理

客户付运费吗?

A. 是　　　　　　　　　　　B. 否

所有客户付一样的运费吗?

A. 是　　　　　　　　　　　B. 否

客户付运费是基于距离远近吗?

A. 是　　　　　　　　　　　B. 否

理由:＿＿＿＿＿＿＿＿＿＿＿＿＿＿＿＿＿＿＿＿＿＿＿＿＿＿＿＿＿＿＿＿＿＿

4. 实训要求

① 根据各自的练习情况,以"某自行车销售公司网络营销定价实训"为题目,进行网上实际调研和分析,以2～3人的小组为单位完成7.3.3中的4项任务,并撰写一份实训报告。

② 实训报告内容要求:

- 以2～3人为单位完成报告,字数在2 000字以上。

- 对相关信息进行收集和整理，并有图表等数据分析和结论。
- 报告应做到主题突出、收集的信息及数据表达清晰、分析和结论合理、叙述流畅、无错别字。
- 列出所查询的网站网址，参考文献的标题和作者。

7.4 本章小结

网络营销定价策略是企业整体经营战略的一个重要组成部分。本章主要阐述网络对传统定价方法和策略的影响，并通过案例重点介绍了当前网络营销过程中的定价新方法和新策略。希望学生通过课后实训练习更好地掌握网络营销的定价策略和方法。

案例分析与提高

案例讨论：得到App——知识付费领域的典型旗帜

在互联网中，充斥着大量免费的信息、文章和电子书籍，网民也习惯了免费应用互联网工具、免费通过互联网获取知识。但是，从2016年开始，知识付费领域迎来大浪潮，付费内容、知识服务、知识明星成为关注的焦点。知乎、分答、得到等如雨后春笋一般冒出的各类知识分享和付费平台，形成了一种新的互联网应用，带来了价值创造的新模式。

得到App，罗辑思维团队出品，提倡碎片化学习方式，让用户短时间内获得有效的知识。即得到App在线上发布多种类型的知识形式，用户购买相应的知识服务。目前，产品线主要有：年度订阅、每天听本书、电子书、小课题、知识新闻和罗辑思维等。其收费模式分为两大类：听书和订阅大咖专栏。

统计发现，目前该App收录2047本电子书，以精华摘要的形式呈现，其中"视野""心理学""历史""商学""自我管理""管理学"等分类超逾百本；而除此以外，"订阅专栏"入驻了32位主讲人，订阅价格为一口价199元，订阅人数呈现了从2万到23万不等的状态。

以北大经济学教授薛兆丰为例，其开设的经济学专栏订阅用户超过了23万，按照199元/人的价格计算，总金额超过了4 500万元。

由于拥有海量粉丝，得到App可以拿到部分实体书的独家版权，定价比市场同类图书高出一倍。2015年实体书的销售额超过1亿元，2017年跨年演讲中首发的2018年度图书《枢纽》和得到App上的大师课《枢纽——中国史纲50讲》，销量已达到12万。

分析与提高

① 根据上述案例，分析得到App是如何在互联网免费应用中异军突起的。
② 根据上述案例，分析互联网知识付费领域的定价过程中应该注意的问题。

③根据上述案例，能否结合当下的网上潮流和热点，尝试为该 App 设计其他的网络价格策略。

1. 传统营销定价方法有哪些？
2. 传统营销定价的策略有哪些？
3. 常用网络营销定价的方法有哪些？
4. 常用网络营销定价的策略有哪些？
5. 试论述网络营销定价与传统营销定价的异同？

第8章 渠道策略

引言

以互联网作为支撑的网络营销渠道也应具备传统营销渠道的功能。营销渠道是指与提供产品或服务以供使用或消费这一过程有关的一整套相互依存的机构,它涉及信息沟通、资金转移和事物转移等。

而网络营销渠道则是借助互联网络将产品从生产者转移到消费者的中间环节,它一方面要为消费者提供产品信息,方便消费者进行选择;另一方面,在消费者选择产品后要能完成一手交钱一手交货的交易手续,当然交钱和交货不一定要同时进行。因此,一个完善的网络销售渠道应有三大功能:订货功能、结算功能和配送功能。本章将从传统营销渠道的结构与类型出发,分析目前网络营销渠道的功能与类型,并结合案例,探讨网络营销渠道建设的一般方法。

本章的主要知识和技能点:
- 营销渠道的结构与类型
- 网络营销渠道的功能与类型
- 网络营销渠道建设

教学要求:
- 了解传统营销渠道的结构与类型
- 理解网络营销渠道的功能与类型
- 掌握网络营销渠道建设的方法

【引导案例】 四天赚了 800 万

　　故事发生在 20 世纪 70 年代 10 月的一天。这是一个不算晴朗的上午，美国一家商社的老板 Bob 先生正一手端着咖啡，一手握着鼠标悠闲地浏览着网页。忽然，以色列当地一家报纸的消息让他精神一振。消息说："伊拉克可能会对以色列使用化学武器，以色列的老百姓因此惶惶不可终日……" Bob 先生坐直身体，脸上有几分严肃。多年的商业经验和敏锐的商业头脑告诉他，这是一个绝好的赚钱机会：以色列需要大量的防毒面具。他要马上行动，Bob 采取的行动包括：通过美国一个商业网站发布紧急求购防毒面具的消息；打电话通知他在以色列的分店经理，与最有声望的传媒联系，发布该店供应防毒面具的消息。

　　消息发出后，求购者蜂拥而至，把分店挤得水泄不通，登记的队伍排成了长龙。而在美国，Bob 当天就在网上收到了来自 5 家厂商的供货信息。由于每个厂商都在网上看到了其他厂商的标价，为了得到这批订单，他们之间竞相降价，很快价格就从 145.25 美元/件降到 86.6 美元/件。供应商还答应了 Bob 的订货条件……第三天晚上，Bob 包用的两架美国空军运输机飞抵以色列，在那里 Bob 以 330 美元/件销售了近 5 万件防毒面具，净赚 842 万美元，创造了现代商业史上的一个奇迹。

案例点评：

　　读完这个简单的案例后，我们不禁要思考以下 3 个问题：首先，假若 Bob 当时没有上网，也没有进行网上供货信息交流，那么会是什么样子呢？其次，假设当时以色列人可以网上订购的话，事情又会怎么样呢？最后，今天网络营销渠道到底要解决什么问题？

　　首先，如果 Bob 当时没有上网，也没有进行网上供货信息交流，那么对 Bob 来说，他不可能买到大批便宜的防毒面具。正是因为网络促生透明化价格竞标活动，Bob 才能以如此低的价格收购这些防毒面具。

　　其次，假设当时以色列人可以网上订购的话，就不会造成分店的拥挤或出现高价购买的现象。如今随着网络技术的发展，人们坐在家里，足不出户就能游遍世界各地，轻点鼠标就能订购千里之外的商品，不用多久就能送货到家，这一切变化都有赖于网络及网络渠道。

　　最后，今天的网络渠道最终就是要解决供求之间货物的传递，以及由此派生出来的其他问题。前面曾谈到，网络营销渠道是指要借助互联网技术提供产品或服务的信息，方便消费者信息沟通、资金转移和商品转移的一整套相互依存的环节。换句话说，从消费者上网查找商品的信息、下订单、支付货款一直到拿到商品的整个流程都属于网络营销渠道。

8.1 营销渠道概述

在营销活动中,渠道是指产品在从生产者向消费者或用户的转移中经过的通道。它由一系列市场分销机构或个人组成。渠道的起点是生产者,终点是消费者。中间环节有:批发商、零售商、代理商、经纪人等。渠道中的中间商起到了经济节约的作用。其示意图如图 8-1 所示。商品社会生产规模日益增长,企业的市场覆盖面越来越广。对这样广阔范围内的营销活动,一般规模的企业很难全部顾及,因此需要大批的中间商帮助宣传商品、开拓市场、组织销售。对消费者而言,中间商为他们提供采购服务,向他们发布购买信息,为他们提供产品质量担保,并协调生产者与消费者之间的矛盾。

图 8-1 中间商节约社会总劳动成本示意图

我们可以从长度、宽度和整个系统的角度来认识渠道。

8.1.1 营销渠道的长度结构

营销渠道的长度结构,又称为层级结构,是指按照其包含的渠道中间商(购销环节),即渠道层级数量的多少来定义的一种渠道结构。

通常情况下,根据包含渠道层级的多少,可以将一条营销渠道分为零级渠道、一级渠道、二级渠道和三级渠道等。零级渠道,又称为直接渠道,是指没有渠道中间商参与的一种渠道结构。零级渠道,也可以理解为是一种分销渠道结构的特殊情况。在零级渠道中,产品或服务直接由生产者销售给消费者。零级渠道是大型或贵重产品,以及技术复杂、需要提供专门服务的产品销售采取的主要渠道。在 IT 产业链中,一些国内外知名 IT 企业,比如联想、IBM、惠普等公司设立的大客户部或行业客户部等就属于零级渠道。另外,戴尔的直销模式,更是一种典型的零级渠道。一级渠道包括一个渠道中间商。在工业品市场上,这个渠道中间商通常是一个代理商、佣金商或经销商;而在消费品市场上,这个渠道中间商则通常是零售商。二级渠道包括两个渠道中间商。在工业品市场上,这两个渠道中间商通常是代理商及批发商;而在消费品市场上,这两个渠道中间商则通常是批发商和零售商。三级渠道包括三个渠道中间商。这类渠道主要出现在消费面较广的日用品中，比如肉食品及方便面等。在IT产业链中，一些小型的零售商通常不是大型代理商的服务对象，因此，便在大型代理商和小型零售商之间衍生出一级专业性经销商，从而出现了三级渠道结构。营销渠道的长度结构如图8-2所示。

图8-2 营销渠道的长度结构

8.1.2 营销渠道的宽度结构

营销渠道除了长度问题外，还有宽度问题，即企业在同一层次上并列使用的中间商的多少。企业的销售分宽渠道和窄渠道。

宽渠道是指企业使用的同类中间商很多，分销面很广。一般日用品都通过宽渠道销售，由多家批发商转售给更多的零售商进行分售。这种分销渠道能够大量销售产品，与消费者接触面广。窄渠道是指企业使用同类的中间商很少，分销面窄，甚至一个地区只有一家中间商经销。窄渠道一般适用于专业性较强的产品或较贵重的耐用消费品。

渠道宽度的选择及策划取决于企业的战略目标、产品特点和顾客分散程度。

此外，就渠道的宽度选择而言，因为营销战略不同，渠道设计也有所不同，通常有3种可供选择的策略。

① 密集型分销，即尽可能通过较多的中间商销售产品，以扩大市场覆盖面或快速进入新市场，使众多的消费者和用户随时随地能够买到这些产品。

② 选择型分销，即在同一目标市场上，依据一定的标准选择少数中间商经销其产品，而不是允许所有有合作意向的中间商都参与经销。这种战略的重心是维护企业、产品的形象和声誉，建立和巩固市场地位。

③ 独家型分销，即企业在一定时间、一定地区，只选择一家批发商或零售商经销其产品。通常双方订有协议，中间商不得经营其竞争者的产品，企业也不得向其他中间商供应其产品。这一策略的目的是控制市场，彼此得到对方更积极的配合，强化产品形象并获得较高的利润。

8.1.3 营销渠道的系统结构

随着企业生产经营的复杂化和企业对销售渠道认识的加深，销售渠道模式出现了如下特点及类型。

1. 销售渠道的纵向联合

销售渠道的纵向联合又称垂直销售系统，是指用一定的方式将分销渠道中各个环节的成员联合起来，寻求共同目标下的协调行动，以促进分销活动整体效益的提高。这种纵向联合的分销渠道大致有3种形式。

① 公司式，即由一家公司拥有和统一管理若干工厂、批发机构和零售机构，控制销售渠道的若干层次，甚至整个销售渠道，综合经营生产、批发、零售业务。

② 管理式，即通过渠道中一个规模和实力较大的成员来协调整个产销通路的渠道系统。品牌产品的制造商较能取得批发商的合作与支持。例如柯达、吉利、宝洁等公司可能博得其中间商在产品陈列、展示、促销和价格政策方面的异乎寻常的合作。

③ 合作式，即不同层次的独立的制造商和中间商以合同为基础建立的联营形式。包括批发商自愿连锁店；零售商合作社；特许专卖机构，如制造商组织的零售商特许专卖系统，制造商组织的批发商特许专卖系统，服务公司组织的零售商特许专卖机构。

2. 销售渠道的横向联合

销售渠道的横向联合又称水平式渠道系统，是由两家公司联合开发共同的渠道系统。这些公司或因资本、生产技术、营销资源不足，无力单独开拓市场机会，或因不愿意承担风险，或因看到和其他公司联合可实现最佳协同效益，而组成水平渠道系统。他们可以暂时或永久地合作，也可以组成一家新公司，如美国皮尔斯堡面粉公司和美国食品产业最著名的企业克拉夫特食品公司签订一项合作协议，由前者制造冷冻生面团产品并负责广告宣传业务，后者则应用其专门技术组织营销，将这些产品分销到商店，联合开发共同的渠道系统。

3. 多渠道销售系统

多渠道销售系统即对同一或不同的分市场，采用多条渠道的分销体系。随着顾客分市场和可能产生的渠道不断增加，越来越多的公司采用多渠道分销方式。如通用电气公司不但经由独立零售商，而且也直接向建筑承包商销售大型家电产品。又如近几年国内的软饮料行业，同一品牌罐装和瓶装产品通过传统的营销渠道销售，而桶装产品则通过使用专用的饮料分装机在大街小巷销售，更好地满足了不同顾客的需求。

此外，还有一种新兴的销售渠道系统，也是对传统商业销售运作的一次革命，即企业通过互联网发布商品及服务信息，接受消费者或用户的网上订单，然后由自己的配送中心或直接由制造商通过上门或邮寄将产品送达消费者，如网络书店、网络花店、网络药店等。这就是下面即将介绍的网络营销渠道。

【课堂练习8-1】营销渠道的长度结构判断

练习目的：

通过本次课堂练习，加深对营销渠道长度结构的理解，了解营销渠道的结构和类型，以便更好地掌握所学理论知识。

练习要求：

学生自由组合成小组，讨论在他们的生活中零级渠道、一级渠道、二级渠道和三级渠道的商品可能有哪些，完成下表。

序号	渠道长度	商品	中间渠道描述	其他商品
1	零级渠道			
2	一级渠道			
3	二级渠道			
4	三级渠道			

思考与互动：

思考并回答一下几个问题，教师点评、归纳。

① 什么样的商品多采用零级渠道进行销售？

② 营销渠道的长度结构与价格存在什么样的关系？

③ 根据本课所学知识，你在营销渠道的选择上有什么建议？

8.2 网络营销渠道

互联网的发展为传统的分销渠道带来了新的革命，网络营销渠道作为一种新兴的渠道系统开始登上历史的舞台。

8.2.1 网络营销渠道的功能

与传统营销渠道一样，以互联网作为支撑的网络营销渠道也具备订货、结算和配送三大功能。

1. 订货系统

它为消费者提供产品信息，同时方便厂家获取消费者的需求信息，以求达到供求平衡。一个完善的订货系统，可以最大限度降低库存，减少销售费用。

2. 结算系统

消费者在购买产品时，希望有多种方式供选择以方便进行付款，因此厂家（商家）应有多种结算方式。目前,国外流行的几种方式包括信用卡、电子货币、网上汇款等。而国内付款结算方式主要有网银、支付宝、货到付款等。

3. 配送系统

一般来说,产品分为有形产品和无形产品。对于无形产品,如服务、软件、音乐等可以直接通过互联网进行配送;对于有形产品,配送要涉及运输和仓储等问题。企业可以建立自己的物流系统,也可以利用专业配送公司,实现有形产品的配送。

8.2.2 网络营销渠道的类型

互联网的发展改变了营销渠道的结构。从总体上看,网络营销渠道可分为网络直销渠道和网络间接营销渠道两种类型,分别如图8-3和图8-4所示。

图8-3 网络直销渠道模式

图8-4 网络间接营销渠道模式

与传统分销渠道相比,不论是网上直销渠道还是网上间接营销渠道,都有许多更具竞争优势的地方。

首先,利用互联网的交互特性,营销渠道从过去单向信息沟通变为网上双向直接信息沟通，增强了生产者与消费者的直接联系。

其次，网上营销渠道可以提供更加便捷的相关服务。一是生产者可以通过互联网提供支付服务，顾客可以直接在网上订货和付款，然后就等着送货上门，这大大方便了顾客的购买。二是生产者可以通过网上营销渠道为客户提供售后服务和技术支持，特别是对于一些技术性比较强的行业，如IT业，提供网上远程技术支持和培训服务，既方便顾客，也使生产者为顾客服务的成本大为下降。

最后，网上营销渠道的高效性，可以大大减少过去传统分销渠道中的流通环节，有效降低成本。通过网上直接营销渠道，生产者可以根据顾客的订单按需生产，实现零库存管理。同时，网上直接销售还可以减少过去依靠推销员上门推销产生的昂贵的销售费用，最大限度控制营销成本。对于网上间接营销渠道，通过信息化的网络营销中间商和快速、有效的信息收集、反馈和沟通，生产者可以进一步扩大规模，实现更大的规模经济，提高专业化水平；通过与中间商的网络连接，可以提高信息透明度，最大限度控制库存，实现高效物流运转，降低物流运转成本。

1. 网上直销渠道

网上直销渠道与传统直接分销渠道一样，都是没有营销中间商。网上直销渠道一样也要具有营销渠道的订货、支付和配送功能。网上直销渠道与传统直接分销渠道不一样的地方在于，生产企业通过建设网络营销站点，使顾客可以直接从网站进行订货；通过与一些电子商务服务机构，如网上银行合作，可以通过网站直接提供支付结算功能，简化了过去资金流转的问题；至于配送方面，网上直销渠道可以利用互联网技术构建有效的物流系统，也可以通过互联网与一些专业物流公司进行合作，建立有效的物流体系。

2. 网上间接销售渠道

1）网上间接销售渠道概述

网上间接销售渠道是指各类网络营销中间商的专业网上销售平台，网络营销者可借助其发布产品信息，在网上销售产品。网络营销中间商是融入互联网技术后的中间商，具有非常强的专业性，能根据顾客需求为销售商提供多种销售服务，弥补网上直销的不足。这类机构成为连接买卖双方的枢纽，大大提高了网上交易的效率，中国商品交易中心、中国国际商务中心及阿里巴巴网站等都属于网上交易中介机构。

2）网络营销中间商的类型

以提供信息服务和虚拟社区为核心的网络营销中间商主要有以下几种。

① 目录服务。目录服务是指利用互联网上目录化的 Web 站点，提供信息检索功能。现在主要有3种目录服务：一种是通用目录（如雅虎），可以对不同站点进行检索，所包含的站点分类按层次组织在一起；第二种是商业目录（如 Internet 商业目录），提供各种商业站

点的索引，类似于印刷出版的工业指南手册；第三种是专业目录（如中国粮食信息网），针对某个领域或主题建立站点。

② 搜索服务。与目录服务不同，搜索站点（如百度）为用户提供了基于关键词的检索服务，站点利用大型数据库分类存储各种站点介绍和页面内容。

③ 虚拟商业街。虚拟商业街是指在一个站点内连接两个或以上的商业站点。与目录服务不同，虚拟商业街定位于某一地理位置和某一特定类型的生产者和零售商，在虚拟商业街销售各种商品，提供不同服务。

④ 网上出版。网络出版站点可以提供大量有趣和有用的信息给消费者，如电子报纸和电子杂志等即属于这种类型。由于该类网站内容丰富且免费，访问量特别大，此类站点就利用广告和提供产品目录来进行收费。

⑤ 虚拟零售商店（网上商店）。与虚拟商业街不同，虚拟零售商店拥有自己的货物清单，直接销售产品给消费者，如亚马逊。其包括的类型有：电子零售型、电子拍卖型和电子直销型。

⑥ 站点评估。提供站点评估的网站可以帮助消费者根据以往数据和等级评估，选择合适站点访问。通常，一些目录和搜索站点也提供一些站点评估服务。

⑦ 电子支付。电子商务要求在网络上交易的同时，能实现买方和卖方之间的授权支付。目前，我国许多银行都提供了网上支付服务，许多网站也提供了第三方支付服务。

⑧ 虚拟市场和交换网络。虚拟市场提供了一个虚拟场所，任何符合条件的产品都可以在虚拟市场站点内进行展示和销售，消费者可以在站点中任意选择和购买，站点主持者收取一定的费用，如阿里巴巴。

⑨ 智能代理。智能代理是这样一种软件，它根据消费者的偏好和要求预先为用户自动进行初次搜索，避免在纷繁复杂的站点中难以选择。该软件在搜索时，还可以根据用户自己的喜好和别人的搜索经验自动学习优化搜索标准。用户可以根据自己的需要选择合适的智能代理站点为自己服务，并支付一定的费用。

8.3 网络营销渠道建设

得"渠道"者得天下，为在网络营销市场竞争中抢占制高点，开展网络营销的各大企业不断加强营销渠道建设，力求实现网络营销渠道的合理化。

8.3.1 网络营销渠道的设计

在设计网络营销渠道时，一般遵循以下步骤。

1. 分析目标顾客群

由于网上销售对象不同，因此网上销售渠道是有很大区别的。一般来说，网上销售根据购买对象不同主要分为两种方式。

一种是 B2B，即企业对企业的模式。这种模式每次交易量很大，交易次数较少，并且购买方比较集中，因此网上销售渠道建设的关键是订货系统，方便购买企业进行选择。在这种方式下，一方面企业一般都有较好的信用，通过网上结算比较简单；另一方面，由于量大次数少，因此配送时可以进行专门运送，既可以保证速度，又可以保证质量，减少中间环节造成的损耗。

另一种是 B2C，即企业对消费者的模式，这种模式每次交易量少，交易次数多，而且购买者非常分散，因此网上渠道建设的关键是结算系统和配送系统，这也是目前网上销售经常遇到的门槛。在国内网上购物的初始阶段，因为消费者信用机制还未建立起来，加之缺少专业的配送系统，很多企业都因此失败，如杭州的新华书店等。近年来，随着网银和第三方支付系统的普及，以及物流业的迅猛发展，这两个问题已经不再是困扰企业开展网络营销的难题。此外也可以从其他方面来分析目标顾客，如地域、消费习惯等。

2. 确定产品所需的服务方式

在选择网络销售渠道时还要注意产品的特性。有些产品易于数字化，可以直接通过互联网传播，脱离对传统配送渠道的依赖；但大多数有形产品还必须依靠传统配送渠道来实现货物的空间移动。对于部分产品所依赖的渠道，可以通过互联网进行改造，最大限度地提高渠道的效率，减少渠道运营中由于人为失误和时间耽误造成的损失。

3. 确定渠道模式

确定渠道模式，是对网络直销渠道和间接渠道的选择。企业可根据产品的特点、企业战略目标的要求及各种影响因素，决定采用哪种类型的分销渠道：网络直销还是网络间接销售。通常来说，直接销售渠道一般适合大宗商品及生产资料的交易，而间接销售渠道一般适用于小批量商品及生活资料的交易。有些产品具有非常高的技术性，或需要经常的技术服务与维修，应由生产企业直接销售给用户为宜。这样，企业既可以保证向用户提供良好的销售技术服务，也可以在采用网络直销的同时开辟网络间接销售渠道。这种混合销售模式被西方的许多企业采用。因为在目前买方市场条件下，通过多种渠道销售产品比通过一条渠道更容易实现"市场渗透"，增加销售量。

4. 选择网络渠道成员

在从事网络营销活动的企业中，大多数企业除建立自己的网站外，还同时利用网络间接渠道，如信息服务商或商品交易中介机构发布信息，销售产品并扩大企业的影响力。因此，对于开展网络营销的企业来说，要根据自身产品的特性、目标市场的定位和企业整体的战略目标正确选择网络分销商。一旦选择不当就可能给企业带来很大的负面影响，造成巨大的损失。在筛选网络分销商时，应该从它的服务水平、成本、信用、覆盖、特色及连续性等方面进行综合考虑。

5. 确定渠道方案

企业在进行产品定位、明确目标市场后，在对影响网络分销渠道决策的因素进行分析的基础上，就需要进行渠道设计，确定具体的渠道方案。渠道设计包括3方面的决策：确定渠道模式、渠道的集成和明确渠道成员的权责利。渠道模式的选择在前面已经介绍过，这里主要介绍渠道的集成和渠道成员的权责利。

1）渠道的集成

渠道的集成，即确定营销渠道的中间商数目。在网络营销中，渠道大大缩短，企业可以通过选择多个中间商，如信息服务商或商品交易中间商来弥补短渠道在信息覆盖上的不足。在确定网络中间商的个数时，可参照传统营销渠道的选择策略，如密集型分销渠道策略、选择型分销策略或独家型分销策略。

2）明确渠道成员的权责利

在渠道的设计过程中，还必须明确规定每个渠道成员的责任和权利，以约束成员在交易过程中的行为。如生产企业向网络中间商提供及时供货保证、产品质量保证、退换货保证、价格折扣、广告促销协助、服务支持等；分销商要向生产者提供市场信息和各种统计资料，落实价格政策，保证服务水平，保证渠道信息传递的畅通等。在制定渠道成员的责任和权利时要仔细谨慎，考虑多方面的因素，并取得有关方面的积极配合。

8.3.2 网络营销渠道的管理

在选择好渠道的分销模式和确定了具体的渠道方案后，渠道就进入了一个相对成熟的阶段，这时生产厂商还有一项十分重要的工作要做，那就是对渠道进行管理，必要时还要对渠道进行调整。在渠道管理过程中，如何有效地避免渠道冲突一直是困扰传统厂商的一大难题。

在网络营销中，由于互联网的运用，大大缩短了渠道的长度，减少了中间环节，同时互联网的开放性和自由性也加强了渠道成员之间的沟通，这样，互联网条件下的渠道冲突与传统渠道相比有了明显的缓和，但仍然存在。

1. 冲突表现

一般来说，网络渠道冲突可分为4种：水平冲突、交互冲突、垂直冲突和多渠道冲突。水平冲突发生在渠道中的同类型中间商之间；交互冲突发生在不同类型的中间商之间；垂直冲突发生在不同层次的渠道成员之间，如生产厂商和中间商之间；多渠道冲突则发生在不同渠道之间。

网络渠道冲突主要表现为以下几种形式。

① 在生产厂商选择多个网络分销商销售产品时，由于没有时间和地理区域上的限制，各分销商可能同时面对所有的网络用户，从而引发各分销商之间的冲突。为了扩大销售，分销商会降价销售，使大家的利润都降低。

② 不同的中间商对价格政策、折扣结构和奖励政策的满意度不同。

③ 生产厂商要求中间商执行某些特定的服务、促销活动、信息收集和反馈工作时，中间商没有真正执行。

④ 生产厂商同时开展网络直销和网络间接销售时，它的直销活动可能会对中间商造成影响，造成生产者与中间层次之间的冲突。

2. 冲突产生原因

结合渠道形成的固有特性和网络的特点分析渠道冲突产生的原因，可以概括为以下几点。

1）角色不一致

渠道成员的角色是指每个渠道成员都可以接受的行为范围。每个成员都应该在渠道中扮演好自己的行为角色。当某个渠道成员的行为超出了其他成员可接受的范围时，就出现了角色不一致的情况，这将导致渠道冲突。例如，原来的某省销售商因为网络无边界的特性做起了另外一个省的生意。

2）观点差异

这里指渠道成员对某件事的不同理解和不同反应。例如，不同的中间商对与生产厂商的合作广告计划看法不一样。一些分销商认为这样能够刺激该产品的销量，从而得到更大的进货折扣；而一些信息服务商则会综合考虑利用网页做广告的机会成本，可能对这个计划的兴趣就不大。

3）决策权分歧

这里主要指生产厂商或分销商是否对商品的最终价格有决定权，分销商是否有权倒卖商品等。网络使得价格的透明度大大提高，如果定价不等，对定价较高的渠道商影响非常大。

4）目标错位

不同渠道成员的目标可能不一致。例如，分销商希望更高的价格折扣、更快的交货速度、更少的支出和更多的佣金，以获得最大的利润；而生产者则希望分销商要求更低的折扣和佣金，以获得最大的利润。

5）资源稀缺

资源稀缺指由于稀缺资源分配而引起的冲突。例如，厂商在采用间接销售方式时，仍保留了一些较大的客户作为自己的直销客户。

6）渠道成员的信用

虽然互联网加强了沟通，但渠道成员的信用在目前还得不到有效的认证。所以网络条件下渠道成员的信用问题也可能造成渠道冲突。

3. 网站渠道整合管理

1）渠道费用分析

无论是在传统营销渠道，还是在网络营销渠道，都会发生一定的费用。根据渠道类型的不同，发生的渠道费用也不同。例如，在区域销售代表、商业贸易伙伴、电话营销和互联网4种营销渠道中，费用就是逐渐递减的，可以用支出收益比来描述渠道费用，即用平均渠道支出除以平均渠道交易额，作为渠道调整的依据。

2）渠道整合的利益

在任何一次交易活动中都会发生一系列不同的交易任务，根据不同的任务选择不同的渠道就叫作渠道整合。通过渠道整合可以把高支出的交易任务推入较低支出的渠道中，从而大幅度降低整体交易活动费用。例如，一个基于2 000美元的交易活动，当渠道类型为销售代表时，交易费用为500美元；经过渠道整合后，交易费用或许只需100美元。

3）渠道整合的战略

在理想的充分发展的网络营销网站中，按各网站发挥功能的不同，通常可将其分为知晓型站点、B2C在线销售站点、企业外联网、商业合作伙伴站点4种类型。不同站点对应不同的整合方式。

（1）知晓型站点整合

知晓型站点是最简单的一种类型，它通常作为公司产品手册、年度报告、公众商业公告栏和人力资源需求的电子版本存在，给客户提供有关公司产品、公司服务和公司地址的信息。

在一个完整的消费购买过程中，企业的第一步是提升潜在消费者的购买兴趣。只要潜在消费者产生兴趣，就会主动收集更多的相关信息进行购买决策。通过渠道成本、渠道效用的综合分析，知晓型站点是完成信息传播最全面、最广泛、最及时而花费最低廉的方式。

在渠道整合中，知晓型站点通常作为企业电子化或营销电子化的第一个阶段，或称初级阶段。例如，通过知晓型站点激发互联网用户对产品和服务的购买兴趣，帮助他们收集决策支持信息，而将用户的购买需求移至离线渠道处理，从而达到缩减渠道整体费用的目的；或者通过E-mail方式接收顾客询问，将企业对顾客问题的反馈移交至其他渠道，如呼叫中心等。这种做法也类似于一种直接渠道方式，可以在整体上减少销售人员的工作量和渠道成本，增加企业利润，最后达到提升企业市场份额的战略目标。

（2）B2C在线销售站点整合

B2C在线销售站点的建立不仅是为了给公司提供各种信息，而且允许客户通过互联网购买各种产品。B2C在线销售站点主要有3种类型。

第一种类型是.com公司，它在网上设有商店主页，主要通过网络为顾客提供直接的产品和服务销售，但在真实的物理世界中不设前台服务点，即零售门面店。发展最早和最有规模的该类型公司应该数网络书商亚马逊公司，现在该公司的销售范围已扩至玩具礼品等其他业务。通过亚马逊公司的网站，消费者可以通过书名、主题、作者和其他信息搜索书籍信息，也可以定期收到公司发来的针对客户需求的相关书籍信息。对客户而言，这意味着快速和便捷，极大地提升了客户的满意度，积攒了人气。同时，为了响应网上客户巨大的产品需求量，亚马逊公司还在美国各地建立了庞大的分销网络和仓库基地，以保证在3天之内能够依照顾客的需求顺利将产品送交至顾客手中。

第二种类型是传统的产品制造商和经销商，他们同时通过网络和现实商店销售产品。由于网络商店和销售门店之间存在较大的成本差异和可能导致的价格差异，以及由此而引起的消费者流失现象，这些传统制造商和经销商采取了谨慎、稳妥的整合措施，即在保持原有销售网点的同时开设网上商店，以适应不可阻挡的网络营销浪潮。但同时保持着与传统零售商及零售商店链之间稳定的长期合作关系和依存关系。例如，李宁公司线下在各大城市设有实体店铺，在网上开设了自己的官方商城，同时在京东、天猫等各大平台上设有网络直营店铺，在渠道协调上，区分线上和线下产品销售的种类和产品价格，在渠道、产品和零售运营3个方面为客户提供良好的消费体验，做好客户服务与支持。

第三种类型是由中国直销商根据中国消费者的消费心理和中国的独特国情创造的。由于中国人均消费能力较低，且产品质量难以保证，中国消费者购买产品时总是希望能够主观地看到、接触到，甚至试用到。中国直销商通过在网上建立销售站点，同时在全国各大城市广泛建立直销店或直销连锁店，来满足中国消费者对方便快捷、质量可靠和维护方便的需要。日本最大的7-11连锁便利店也采取了类似的模式，将送货点分散至各居民区最小的便利店或者零售点，与客户保持良好的相互关系，给制、销、购三方都带来了利润。

（3）企业外联网整合

企业外联网主要是为企业的大客户和服务商建立的，只有那些拥有特殊账号的特定客户才能登录，其前身以EDI（electronic data interchange，电子数据交换）的形式已经存在了20多年。通过企业外联网，企业可以大大加强集团公司内部及合作者之间的核心竞争能力。全美最大的网络计算机销售公司戴尔公司，是另一个企业外联网的大赢家。戴尔公司的外联网叫作"入门主页"（prime homepage），主要是为公司大客户建立的。通过"入门主页"，允许这些特定客户的高层领导下单，以预先商量过的价格或较大的折扣价格购买公司某些特定型号的产品，以此增进客户关系，促进长期合作。同时，外联网销售也减少了公司高级销售代表在简单交易上花费的时间和精力，促使其将节省的时间和精力用来维护与大宗订单客户的关系，解决产品或大的信息系统使用过程中发生的问题。通过戴尔公司的市场反馈，可以证明公司外联网是维持产品竞争力和公司优势的有力武器之一。

（4）商业合作伙伴站点整合

商业合作伙伴站点与前三者不同，前三者都是通过制造企业建立的或与其有直接的上下级管辖关系的网站，而商业合作伙伴站点是由第三方建立、维护和管理的营销网站，聚集多家制造企业产品在一起销售，类似现实生活中的集贸大市场。高科技产业中的计算机数据库和财经界的 Charles Schwab 都属于这种类型，它们主要给其他零售商提供电子分销渠道。例如，CDW 销售由微软公司、IBM 公司、惠普公司、苹果公司和其他高科技产品制造商提供的超过两万种的计算机相关产品和设备。经由第三方商业伙伴渠道站点实现的销售收入不仅占据某些小型公司销售收入近 20% 的比例，对大公司而言也非常重要。另外，一些已有单个营销站点而没有达到预期销售额的公司相互合作建立的网络营销站点也称作商业合作伙伴站点。这种合作和整合具有集聚人气、形成产品集聚地的作用。

企业营销的目的是使企业利益最大化，无论是传统销售渠道还是电子销售渠道，都是提升企业市场成长率、扩大企业市场占有率、增加企业利润额的途径之一。要想跟上时代发展的步伐并保持传统渠道优势，渠道整合有着不可忽视的作用，必须将其提升至企业发展的战略高度来看待。

【课堂练习 8-2】 网络营销渠道的建设

练习目的：

通过本次课堂练习，获得网络营销渠道策略的感官体验，深刻体会网络营销中，建设网络营销渠道的过程和重点。

练习要求：

学生自由组合成小组，分析"李宁公司网络营销渠道建设案例分析"的案例内容，结合理论知识分析案例的实际应用特点；各小组还可以模仿这个案例，把比较有代表性的、实际在企业中应用到的典型应用案例与全班师生一起分享，以便更好地掌握所学理论知识。

练习内容：

李宁公司网络营销渠道建设案例分析

一、网络营销渠道的选择

2008 年 4 月 10 日，李宁公司在淘宝商城开设的第一家直营网店上线。接着相继在新浪商城、逛街网、拍拍和易趣上通过直营与授权的形式开设了网店。可以看出，李宁公司刚开始选择的渠道是网上商城模式。2008 年 6 月，李宁公司推出了自己的官方商城——李宁官方商城。

之后，在京东、天猫等电商平台上陆续开设了李宁官方旗舰店，并推出了李宁商城 APP 和公众号。

在网络营销渠道的选择上，李宁公司首先是通过利用已有的网络渠道资源，对一些网络店铺进行授权、整合，将其纳入自己的渠道范围，同时积极在各大商城开设李宁网络直营店铺，并在此基础上推出了自己的网络直销平台；可见，李宁公司在网络营销渠道模式的选择上，采用的是从网上商城到网络直销的模式。

二、网络营销渠道的实施

1. 网络商城模式的实施

李宁公司于2008年4月开始在淘宝商城上开设自己的直营店铺,接着通过直营和授权的方式开设了多家网络店铺。

(1) 李宁官方直营店铺包括李宁官方商城、李宁淘宝官方网店、李宁淘宝官方折扣店、李宁商城手机版。

(2) 李宁官方授权店包括李宁淘宝五洲商城、李宁淘宝古星专卖店、李宁淘宝古星折扣店、李宁易趣古星专卖店、新浪李宁专卖店等授权店。

2. 网络直销渠道的实施

随着我国服装行业网络直销的兴起,在网络经济环境下,网络消费者对服装的个性化需求也快速提升。据此,李宁公司于2008年6月推出了李宁官方商城(图8-5)。

图8-5 李宁官方商城

(1) 网站建设。网站是服装企业通向互联网的大门,网络消费者通过官方网站能了解企业的相关信息,通过文字、图片和视频等了解产品的相关特性。

(2) 功能系统的实现。①信息系统,主要是用于李宁公司和服装产品的信息发布、活动公告、消费者信息采集等。②购物系统,主要是提供给消费者服装产品、订购方式等信息,记录购物车信息,以及让消费者选择支付和配送方式。③数据库系统,主要是有机记录系统传递的信息,并与外部接口(银行系统、认证机构、物流配送中心)连接,同时将实时数据传送至企业内部各个系统,供企业实施相应的内部管理、客户资源管理等。

三、网络营销渠道的支付方式和配送方式

（1）支付方式：网银在线、微信支付、支付宝和货到付款。

（2）配送方式：申通、中通、宅急送、EMS、优速、汇通、韵达、圆通。

四、网络营销渠道的管理

1. 网络渠道推广

（1）和门户网站的合作。曾在网易首页上投放的旗帜广告，可直接连接到官方网站，和新浪合作开设李宁俱乐部板块。

（2）通过搜索引擎推广。李宁公司购买了百度的相关关键词广告，在百度上搜索"李宁"，李宁公司的官方网站就排在第一位。

（3）通过主题活动推广。在官方网站上，会不定期地举办各种主题活动，如2015年购买奥尼尔的战靴赠送"大鲨鱼"玩偶、2017年李宁路跑联赛——线上联赛等活动。

2. 渠道协调

为了更好地协调网络营销渠道和传统市场营销渠道之间的关系，李宁公司还做了如下工作。

（1）在销售的商品上进行区分。线下各专卖店的销售以正价新品为主，在专门的打折店中以销售库存产品为主。李宁官方商城主要以正价新品的推荐和限量产品为主，包括明星签名的产品，这些产品瞄准的是少数消费者。而淘宝商城的网店则进行一部分库存产品的销售。

（2）网络渠道和传统渠道产品价格一致。李宁公司把各种网店纳入自己的价格体系中，在B2C方面，李宁公司沿用线下渠道和经销商合作的方式，与网上的B2C平台签约授权产品销售；对于C2C中的网店，李宁公司虽没有与之签订正式的授权协议，但通过供货、产品服务及培训等优惠条件，将其纳入自己的价格体系中。

（3）整顿网络营销渠道和传统市场营销渠道。为了协调好网络营销渠道和传统市场营销渠道之间的关系，李宁公司对很多网店及传统市场营销渠道进行了一次整顿，目的是拒绝线下经销商和制造商违规出货。

思考与互动：

学生思考并回答以下几个问题，教师点评、归纳。

① 根据上述案例，分析企业是如何建设网络渠道的。

② 根据上述案例，分析网络营销渠道策略的重要性。

③ 根据上述案例，具体谈谈建设网络营销渠道策略有哪些注意事项。

④ 根据你对渠道策略的了解，你还有哪些渠道建设方面的建议或对策？

8.4 上机练习与实践——网络营销渠道建设实训

1. 实训目的

某自行车销售商是一个销售各种品牌自行车及其零部件的国内大型连锁公司,公司业务遍及全国各地。随着网络全面渗透至企业运营和个人生活中,为了更好地吸引众多的网络客户、开拓网上销售渠道、提高公司管理各类客户的能力和综合竞争力等,该公司决定开展网络营销。

公司在了解、熟悉网络和网络营销的现状、发展、演变及未来发展趋势,分析了我国制造行业的网络营销现状,进行了网络环境分析、网络市场调研、目标市场分析后,明确了网上产品定位和网上定价策略;目前,打算熟悉、了解网上同类产品的营销渠道,掌握同类产品选择营销渠道的主要方法,通过网上营销渠道的比较,了解网络营销渠道的流程和特点。根据本公司网上产品的特点和定位,为其设计网络营销渠道,为企业进一步开展网络营销活动打好基础。

2. 实训内容

① 比较网络直接销售相对于传统间接销售的优势。
② 网络营销渠道分析训练。
③ 网络营销渠道设计。

3. 实训步骤

① 访问戴尔中国公司的网站,并在其他网站上搜索相关信息,比较一下网络直接营销渠道和传统分销渠道相比所具有的竞争优势。参考表 8-1 填写你的看法。

表 8-1 网络直接营销渠道和传统分销渠道比较

项目	渠道	消费者	服务	库存	营销
网络直接销售					
传统分销					

② 网络营销渠道决策分析训练。请按照以下步骤试着进行营销渠道的决策。假定你是某企业的营销策划人员,选择一种要开展营销的产品,回答以下问题。

• 渠道分析
企业倾向选择的营销渠道是:
A. 直销　　　　B. 中间商

- 成本分析

可变动的销售渠道成本是否会影响最终产品到消费者手中的价格？

A. 是　　　　B. 否

描述成本对销售渠道的影响：
_____

- 激励

选择一个影响销售渠道的激励标准：

A. 折扣　　　B. 可选性　　C. 专一性

选择的原因：
_____

- 分销分析

是否需要全球分销？

A. 是　　　　B. 否

是否需要仓库？

A. 是　　　　B. 否

假如需要，那么需要几个：_____

列出仓库位置：

A. _____ B. _____ C. _____ D. _____ E. _____

是否满足服务要求？

A. 是　　　　B. 否

是否需要包装公司？

A. 是　　　　B. 否

是否需要运输公司？

A. 是　　　　B. 否

是否需要支付服务？

A. 是　　　　B. 否

列举企业期望的其他营销渠道：

A. _____ B. _____ C. _____ D. _____ E. _____

- 网站问题分析

如果已有零售店，你将怎样在虚拟商场建立商场氛围？
_____
_____
_____

你会在自己的网站上推销其他网站或其他企业吗？
A. 是　　　　　B. 否
列出你要推销的网站或企业：
A. _____ B. _____ C. _____ D. _____ E. _____
描述与这些联盟伙伴的策略目标：
_____
_____

- 特殊服务的分析

你是否会将服务延伸至其他网站？
A. 是　　　　　B. 否
通过互联网你会提供什么服务？
A. 全部　　　　B. 部分
列出你在互联网上提供的服务：
A. _____
B. _____
C. _____

③ 某产品的网络营销渠道设计。

- 每3～4人组成一个小组，每个小组选一个组长，负责组织讨论和分工，撰写设计方案。
- 讨论选择一种产品，描述产品的特点。
- 讨论设计该产品可能的渠道形式，说明渠道的网络建设工作内容，如组织结构设计、组织建立、渠道的层级、网络及宽度等的设计理由。由记录员记录，确定其渠道及网络。
- 每小组提交一份设计方案。

4. 实训要求

① 根据各自的练习情况，以"网络营销渠道建设实训"为题目，按照实训步骤进行网上实际调研和分析，以小组为单位完成以上3项任务，并撰写一份实训报告。

② 实训报告内容要求：

- 以小组为单位完成报告，字数在2 000字以上。
- 对相关信息进行收集和整理，并有图表等数据分析和结论。
- 报告应做到主题突出、收集的信息及数据表达清晰、分析和结论合理、叙述流畅、无错别字。
- 列出所查询的网站网址、参考文献的标题和作者。

8.5 本章小结

网络营销渠道策略是企业整体经营战略的一个重要组成部分。本章从传统营销渠道的结构和类型出发，分析目前网络营销渠道的功能与类型，并结合案例，探讨网络营销渠道建设的一般方法。希望学生通过课后实训练习，能够更好地掌握网络营销的渠道策略。

案例分析与提高

案例讨论：每日优鲜——围绕着老百姓餐桌的生鲜O2O电商平台

每日优鲜是一个围绕着老百姓餐桌的生鲜O2O（online to offline，在线到离线/线上到线下）电商平台。它覆盖了水果蔬菜、海鲜肉禽、牛奶零食等全品类，在主要城市建立起了"城市分选中心＋社区配送中心"的"极速达"冷链物流体系，为用户提供全球生鲜产品"2小时送货上门"的"极速达"冷链配送服务。

在生鲜电子商务领域有一个关键的痛点需要解决，就是产品和物流配送，这决定了用户的体验满意度。为此，每日优鲜建立了一支专业化的采买团队，他们都是农业生产一线有着十多年经验的买手；在物流方面，每日优鲜自建了物流体系，开创了"城市分选大仓＋社区配送小仓"的布局，并在社区、写字楼附近建立微仓，微仓里面有冷库系统（包括冷藏仓、冷冻仓和常温仓），每个微仓覆盖半径为3公里，保证客户下单后，能快速地送达。此外，为了给客户更好的用户体验，用户可以通过手机在每日优鲜的微信客户端、App客户端完成购买，从挑选商品到购物结算可在一个页面完成，方便又高效。

目前，每日优鲜做出"互联网＋"的改良，在网络分销手段上做了创新，但还没有从本质上改变传统产业链。未来，每日生鲜欲打造生鲜2.0系统，让互联网成为用户生鲜消费的主要购买渠道，改善农产品的生产方式，提升行业效率，促进产业升级。

> **分析与提高**
>
> ① 根据上述案例，分析每日优鲜的网络渠道策略。
> ② 根据上述案例，分析制定网络渠道策略过程中应该注意的问题。
> ③ 根据上述案例，结合当下的网络潮流和热点，尝试为该电子商务平台设计其他的网络渠道策略。

1. 试论述传统营销渠道的结构与类型。
2. 试论述网络营销渠道的功能与类型。
3. 网络营销渠道设计的步骤是什么?
4. 网络渠道相对于传统间接分销渠道有什么优势?

第 9 章 促销策略

引言

促销就是营销人员将有关产品或服务的相关信息传达给目标客户，并通过联系、报道、展示、提供服务等方式说服、鼓励客户去购买产品或服务的一系列活动。

网络促销是指利用 Internet 等电子手段启发需求，引起消费者的购买欲望和购买行为的各种活动。网络促销策略是在互联网上开展促销活动的方法和技巧的总称。本章从传统市场营销中的促销概念出发，介绍网络促销的相关概念、组合方式和实施方法等内容，通过案例说明网络促销的重要性，分析网络广告的特点、类型，并通过示例重点讲解企业实施网络促销的步骤和方法。

本章的主要知识和技能点：
- 促销的概念、方法
- 网络营销中促销的相关概念和组合方式
- 网站推广的类型、方法和发布步骤
- 网络广告的特点、类型和评价方法
- 企业实施网络广告的步骤和方法
- 企业实施网络促销的基本方法和策略
- 企业营造网络公共关系的方式和策略

教学要求：
- 了解传统的促销概念、促销方法和促销策略
- 了解网络营销公共关系的作用、优势及策略
- 掌握网络营销的促销组合方式
- 掌握网站推广、销售促进、关系营销的概念和方法
- 掌握网络广告的类型、发布渠道和发布步骤
- 掌握网络促销的实际运用

【引导案例】海尔集团的网站促销

海尔集团早在 1996 年年底就率先在互联网上申请了域名，建立了企业网站，开始利用海尔网站向国内外进行宣传。为了配合集团的国际化战略，海尔建站之初就策划采用中英文双语网站的形式；在内容上，海尔网站设立"网上商城""会员中心""服务专区""海尔活动""人力资源""关于海尔"等栏目。

为了方便网站的浏览者能快速寻找相关的内容，海尔集团在网站上为每个栏目设计了详细的下拉式菜单，还提供了"新闻搜索"和"新闻订阅"等功能；为了方便顾客了解、使用和订购产品，提供"产品搜索"功能，使顾客能在第一时间找到自己所需的产品，并在相关的网页上专门提供了有关产品性能和使用方法的详细介绍，还开辟了"产品小知识"等栏目。此外，网站的网上订购功能在为顾客提供方便、快捷的购买途径的同时，也为企业了解顾客的需求提供了直接和顾客沟通的渠道。为了充分发挥海尔的服务特色和竞争优势，在网站上设立了售后服务栏目，构建了网络上下的售后服务体系；通过网上售后服务渠道，用户可以直接通过网站登记售后服务的时间，也可以在网上寻找距离最近的客户服务中心，同时还可以对产品的销售和服务情况进行评价，更好地拉近了用户和海尔的关系。为了保持网站的活力，海尔网站推出了"海尔活动"等栏目，定期报道公司动态、经营状况等，并通过建立海尔俱乐部、定期举办娱乐活动、发送海尔网上杂志等来保持与消费者的沟通和联系。为吸引用户访问网站和增加网站的吸引力，海尔网站开辟了"娱乐天地"栏目，用户可以通过该网站发送贺卡、玩网上游戏和观看动画片"海尔兄弟"，还提供了桌面美图、屏幕保护程序和精美广告等下载服务，不但为网上用户提供了娱乐，还宣传了海尔品牌。

作为国际性的集团公司，海尔集团非常注重企业文化的建设和传播。海尔集团不仅设立了"海尔简介"和"企业文化"等栏目来宣传公司的经营理念，传播企业文化，还设立了"海尔在全球"和"全球网站"等栏目展示公司的国际化发展策略和公司在全球的发展。此外，为了加强企业之间的合作，网站在其"子公司网站"中设立了"供应商合作""B2B 采购"和"招投标网"等栏目，通过构建良好的公共关系促进企业的发展。同时，为保持网站的吸引力，海尔网站没有一成不变，而是定期对网站布局和栏目进行调整，既保持原有的风格，又不断增加新的元素。

为做好网站推广工作，树立海尔的网上品牌形象，海尔集团为自己的网站申请了域名，将公司的域名与公司的标志整合在一起，来强化自己的品牌形象。同时，海尔还利用传统的包装和媒体宣传自己的网站，并在 1999 年就开始在全国一些著名的网络内容服务商网站发布网络广告，在网络中更好地宣传了自己，树立了网上品牌形象。此外，海尔还积极加入一些中介型的电子商务站点，如加入中国政府主办的"中国产品交易市场"，借助这些新兴网上中介机构的市场聚集效应宣传海尔，并寻求更多的商业机会和合作机会。海尔集团已逐步成为世界第四大白色家电制造商、中国最具价值品牌。

案例点评：

海尔网站的建设和一系列的促销，不但为海尔建立了一个与各国企业和消费者直接沟通的渠道，而且为海尔建立国际化的品牌树立了良好的形象，对海尔品牌本身的推广是一个非常有效的手段。海尔网站本身的建设、运营、推广，推动了海尔品牌在网上知名度的提高，为海尔进入网络市场——21世纪最大的虚拟市场打下了坚实的基础。可见，海尔集团的网站促销是海尔集团成为一个国际化知名企业的关键环节。

网络促销是通过网络技术传递产品和服务等信息的，是建立在现代计算机与通信技术之上的，并且随着计算机和网络技术的不断进步而改进。网络促销需要营销者不仅熟悉传统的营销技巧，而且要掌握相应的计算机和网络技术知识，包括各种软件的操作和硬件的使用。信息技术的发展和普及，降低了企业进入网络市场的壁垒，所有企业——无论是大型企业还是小企业——都可以进入网络市场，并被引向一个全球化的虚拟市场，为企业提供更多的机遇和挑战；但是，目前，网上的各种网站和企业众多，没有很好的网站促销策划，就很有可能被淹没在互联网的海洋中，不能发挥企业网站应有的作用，不能树立网上的竞争优势。

9.1 网络营销促销概述

网络促销的目的与传统市场营销中的促销目的是一致的，都是利用相关手段向目标市场传递有关的产品和服务信息，达到引导消费者认识产品、激发消费者的购买欲望、影响消费者购买行为的目的。

9.1.1 网络营销促销的内涵

促销是指营销人员通过各种方式将有关企业和产品的信息传递给目标客户，以促进客户的了解、信任，并达到刺激需求、促成购买、扩大销售的一系列活动。促销的实质是企业和客户之间针对企业、企业产品、客户需求的一个信息沟通过程。现代企业经营过程中，不仅需要企业开发出优秀的产品，赋予其具有吸引力的价格，同时还要求企业能够及时与其现有的和潜在的客户进行有效的沟通。

网络促销是指利用现代化的网络技术和方法向虚拟市场传递企业产品和服务的信息，以启发需求、影响客户购买行为的各种活动。与传统的市场营销相比，网络促销与传统促销的目的都是推销产品和服务；但是，由于网络促销所利用的信息传递工具是互联网，所以，依附于网络技术的强大功能，网络促销在促销观念和手段等方面也具有一些有别于传统促销的特点。

1. 网络营销环境对企业的促销策略和实施方案有了更新的要求

网络营销促销是在虚拟的网络市场中进行的，由于网络市场空间的无限性使得这个市场融合了不同国家的多种文化，聚集了具有不同法律背景、不同信仰的消费群体，没有了传统促销所受到的物理距离和时间上的限制。这种环境的变化，要求企业在进行网络促销时要用适合网络营销环境的思维方式指导网络营销促销策略的策划和策略的实施，不要受到传统营销思想的束缚。

2. 营销环境的变化带来了消费者认知和消费行为的变化

在信息技术和网络环境的熏陶下，消费者的消费思想和行为都发生了很大的变化，这种变化主要表现在需求的个性化和购买行为的理性化方面。因此，网络促销策略和方法应适应网上消费者特有的消费行为。

3. 信息沟通渠道的变化带来了促销方法和效果的改变

网络技术的实时、互动、快捷等特点，使网络促销能够与消费者进行任何时间的、一对一的、具有针对性的沟通，这无疑使网络促销的策略、方法和效果与传统的促销有所不同。

9.1.2 网络营销促销组合及作用

促销策略主要有推动策略和拉引策略两种。推动策略是指利用人员推销和商业促销手段为主的促销组合，通过影响中间商使其产生积极性来推动产品销售，由中间商将产品送达顾客手中。拉引策略是指通过广告和以对消费者促销活动为主的促销组合，来直接影响、吸引消费者，激发其购买欲望，再通过消费者的需求刺激中间商的需求，使其增加对企业的订货。

从以上两种策略出发，传统的促销组合是指企业根据促销的需要，对广告、销售促进、宣传推广和人员推销等主要促销方式进行的适当选择和综合运用。网络营销中企业也应根据网上促销的需要综合利用网络营销的各种促销方式。

与传统的促销方式相对应，网络促销组合主要有以下 4 种：站点推广、网络广告、销售促进和关系营销。其中，站点推广和网络广告是企业网络营销中必不可少的促销方式和手段。网络广告促销主要实施"推动战略"，其主要功能是将企业的产品推向市场，获得广大消费者的认可。网络站点促销主要实施"拉引战略"，其主要功能是将顾客牢牢地吸引过来，保持稳定的市场份额。

1. 网络促销组合

①站点推广。站点推广是指利用各种营销策略提高企业站点的知名度，吸引网上用户访问站点，以达到宣传和推广企业和企业产品的效果。站点推广的方法主要有搜索引擎注册、互换链接等。

②网络广告。网络广告是网络营销的主要促销方法之一。网络广告是指通过在网上知名站点、自己的网站，或利用电子邮件、新闻组、BBS（bulletin board system，电子公告板）

等公开的交互站点发布有关企业的信息,达到宣传推广企业或企业产品的目的。随着网络技术的发展,网络广告的形式越来越多,一般常用的有旗帜广告、巨型广告、电子邮件广告等。

③销售促进。销售促进是指企业利用可以直接销售的网络营销站点,采用一些销售促进方法,如价格折扣、有奖销售、拍卖销售等方式吸引网上用户,销售企业产品的促销方式。

④关系营销。关系营销是指借助互联网作为媒体和沟通渠道,通过与企业利益相关者,包括供应商、顾客、经销商、社会团体等建立良好的合作关系,为企业的经营管理营造良好的环境。

2. 网络促销的作用

①信息传播的作用。网络促销能够把企业的产品、服务、价格等信息传递给目标公众,引起他们的注意。

②顾客沟通的作用。网络促销的目的在于通过各种有效的方式,解除目标公众对产品或服务的疑虑,说服目标公众坚定购买决心。例如,在同类产品中,许多产品往往只有细微的差别,用户难以察觉;企业通过网络促销活动,宣传自己产品的特点,使用户认识到本企业的产品可能给他们带来的特殊效用和利益,进而乐于购买本企业的产品。此外,网络促销还能够通过电子邮件及时地收集和汇总顾客的需求和意见,迅速反馈给企业管理层。由于网络促销所获得的信息基本上都是文字资料,信息准确,可靠性强,对企业经营决策具有较大的参考价值。

③挖掘潜在需求的作用。运作良好的网络促销活动,不仅可以诱导需求,而且可以创造需求,发掘潜在的顾客,扩大销售量。

④促进销售的作用。由于某种原因,一个企业的产品销售量可能时高时低,波动很大。这是产品市场地位不稳的反映。企业通过适当的网络促销活动,树立良好的产品形象和企业形象,往往有可能改变用户对本企业产品的认识,使更多的用户形成对本企业产品的偏爱,达到稳定销售的目的。

9.1.3 网络营销促销的实施过程

实施网络营销促销策略是企业关注的一个重要问题,也是企业营销人员在网络营销工作中需要认真策划和完成的工作。网络营销促销的实施过程可以通过以下步骤来逐步完成。

1. 确定网络促销对象

网络促销对象是那些在网络市场上现有的和潜在的消费群体。企业网络促销的对象一般应锁定以下三部分人员。

①产品的使用者,指实际使用或消费产品的人。对产品的实际需求是他们关注和购买产品的直接原因。因此,企业如能利用合理的促销方式抓住这一消费群体,将会为自己创造一

个稳定的市场。

②产品购买的决策者，指实际决策购买产品的人。由于网络市场上的消费者大多都具有独立的决策和经济支付能力，所以，一般情况下，产品的使用者和决策者是一致的。但随着网络产品的日益丰富和上网人群的不断扩大，有些产品市场上的产品使用者和购买决策者是分离的。例如，低龄上网者想要购买产品，最后决定购买的大多是他们的父母。因此，网络促销人员应该认清促销对象在购买过程中所充当的角色。

③产品购买的影响者，指对购买决策有一定影响的人。这个群体通过发表对产品的看法、建议或亲身的体会影响消费者的购买决策。由于网络信息的传播能力巨大，因此，营销人员应该对这个群体加以关注。

2. 设计网络促销内容

网络促销的最终目标是希望引起购买行为，这是要通过设计具体的促销信息内容来实现的。消费者实施购买是一个复杂的、多阶段的过程，所以，在决定促销内容和方式时，营销人员可以根据消费者所处购买过程的特点和产品所处的生命周期来进行策划。

3. 决定促销组合方式

由于企业网上产品类型多样、销售对象不同，因此，促销方式与产品类型、销售对象之间就会产生多种不同的网络促销组合方式。究竟采用何种促销组合，企业营销人员应该根据产品特点、消费对象、促销方式自身的优势及企业促销的费用灵活策划，并保证整体促销组合的相互协调，扬长避短，合理组合，以达到最佳的促销效果。

4. 制定网络促销预算

网络促销实施过程中，使企业感到最困难的是预算方案的制定。对企业网络促销进行预算必须建立在以下3个方面的基础上。

①已经明确了网络促销的对象，是哪个群体或哪个阶层，是国内的还是国外的。不同网站的服务对象有较大的差别。

②已经确定了网络促销的目标，是树立企业形象、宣传产品，还是宣传服务。围绕这些目标来策划投放内容的多少，包括文案的数量，图形的多少，色彩的复杂程度，投放时间的长短、频率和密度，以及广告宣传的位置、内容更换的周期及效果检测的方法等。

③已经明确了网络促销的方式和促销组合的方法。网络促销活动的开展可以在企业自己的网站上进行，其费用最低，但因知名度的原因，其覆盖范围可能有限，因此可以借助信息服务商进行，但不同信息服务商的价格可能相差悬殊。所以，企业应当认真比较投放站点的服务质量和价格，从中筛选适合于本企业促销活动开展、价格匹配的服务站点。

在明确了以上问题之后，企业才能够根据具体的实施方式预计所用的费用，才可能用有限的精力和有限的资金收到尽可能好的效果，做到事半功倍，并在实践中不断学习、比较和体会，不断地总结经验。

5. 衡量网络促销效果

企业对自己的网络促销活动进行效果评价，一方面是为了衡量促销是否达到了预期的目标要求，另一方面也是为了根据评价指标判断促销决策正确与否，及时总结经验，修正错误。

进行促销效果的评价可以通过两个方面进行。①可以利用互联网的专业统计软件对主页访问人数、点击次数等直接手段进行评价。通过这些数据，促销者可以看出自己的优势与不足，以及与其他促销者的差距，从而及时对促销活动的好坏做出基本的判断。②可以通过统计产品销售量、利润变化等间接手段进行促销效果的评价。同时还应注意促销对象、促销内容、促销组合等方面与促销目标的因果关系分析，从中对整个促销工作做出正确的判断。

6. 网络促销过程的综合管理和协调

网络促销是一项崭新的事业，要在这个领域中取得成功，科学的管理起着极为重要的作用。在对网络促销效果正确评价的基础上，对偏离预期促销目标的活动进行调整是保证促销取得最佳效果的必不可少的一环。同时，在促销实施过程中，加强各方面的信息沟通、协调与综合管理，也是提高企业促销效果所必需的。

9.2 网络营销站点推广

网站是企业开展网络营销的阵地。企业网站是否能够吸引广大消费者的注意、被广大消费者认可，是企业建立网上品牌、获得网上经营成功的关键，也是网络营销的基础。

9.2.1 站点推广方法概述

简单地说，网站推广就是如何让更多人知道你的网站。常用的网站推广方法有以下几种。

1. 搜索引擎注册

对于大部分的网络用户来说，门户网站的搜索引擎通常是大家找寻网上信息时考虑的第一个方法。因此，在著名的搜索引擎上注册，主动到这些搜寻引擎登录公司网站的资料，让使用者可以很快地搜寻到所要的网站，为目标用户提供方便的找寻和进入网站的途径，是一种便宜又很有效率的方法。

2. 互换链接

与其他网站建立互换链接是一种重要的、常见的网站推广方法。通过与其他网站交换链接，可以缩短网页之间的距离，达到网站之间相互合作、内容共享、资源互换、互为推荐的目的，提高站点被访问的概率。互换链接的作用主要表现在以下几个方面：

① 通过与合作网站的链接增加访问量。
② 提高访问者对网站的可信度。
③ 增加网站在搜索引擎上排名的优势。
④ 增强与同行业企业的联系，提高企业在行业内的知名度。

为了达到以上效果，在建立互换链接时应该注意以下问题：

① 具有相关性或互补性的合作网站更容易吸引访问者的注意。
② 注意链接网站的质量。
③ 注意检查互换链接的质量。
④ 运用打开新窗口的功能。

3. 发布网络广告

与传统的广告形式和效果相比，网络广告的制作更加方便，形式更加多样，效果更加生动。因此，网络广告已经成为企业在网上树立企业形象、建设产品品牌、推广企业网站的有效方式。比较廉价的做法是加入广告交换组织，广告交换组织通过不同站点的加盟，在不同站点交换显示广告，起到相互促进的作用。另外一种方式是在适当的站点购买广告栏，发布网络广告。无论采用哪种方式都要保证整体推广策略的一致，注意线上线下的配合。

4. 病毒式推广——口碑营销

病毒式推广并非传播病毒，而是利用用户口碑传播的原理，借助网络社区、聊天室和BBS等人和人之间的信息交流，让信息像病毒那样扩散，从而达到推广的目的。

互联网给企业提供了企业与用户、用户与用户之间沟通的各种方式，网络社区、聊天室和BBS就是其中最常见的形式。在网络社区、聊天室和BBS中，用户可以使用不同的身份参与各种问题的讨论，发表自己的见解。一方面，企业可以在自己的网站上建立有吸引力的网络社区、聊天室和BBS，吸引广大用户参与相关的活动；另一方面，企业还可以以个人身份登录和参与其他网站相关主题的网络社区、聊天室和BBS，通过参与讨论达到宣传、推广自己网站的目的。

5. 电子邮件和邮件列表营销

电子邮件是最常用的网络服务之一，通过电子邮件向用户发送产品或服务等有价值的促销信息，企业可以达到宣传自己站点的目的。

邮件列表是一种适合一对多方式发送电子邮件的有效工具。邮件列表的管理者只需把所有收件人的邮件地址一次性存入邮件列表的地址栏中，则以后发送的信件都会被所有加入邮件列表的用户收到——这是电子邮件列表系统的基本模式。更为先进的邮件列表系统已经将用户加入、退出、发送邮件、处理退信、控制发送日期和频率等都转为自动完成。例如,亚马逊网上书店就有这项服务,用户只要告诉该网站对哪个作者的新书感兴趣,当该作者有新书到货时,用户就会收到亚马逊网上书店发来的通知。这种服务对增加顾客忠诚度和增加公司长期利益无疑起到良好作用。

在利用电子邮件宣传站点的时候,网站应该从用户的角度出发,避免因发送电子邮件而引起用户对站点的反感。应注意以下细节:

① 不要向用户发送未经许可的电子邮件。
② 发送的电子邮件应有明确的主题。
③ 表明邮件发件人的姓名和地址。
④ 尽量在邮件的正文部分表现内容,减少使用附件的形式。
⑤ 发送邮件的内容应有的放矢、内容简洁、制作严谨。

6. 提供免费服务

提供与企业或企业产品密切相关的免费信息通常会得到消费者的认可,也可以在网上开展有奖竞赛或者抽奖活动,吸引消费者访问企业的网站。

7. 发布新闻与排行榜

在著名的门户网站发布新闻或信息,确保新闻或信息的权威性、传播性、吸引性;或者参加网站评比发布网上排行榜或网上的公益活动,确保活动的权威性、传播性,从而树立良好的企业形象。

8. 使用传统的促销媒介

使用传统的宣传媒介吸引用户访问站点也是常见的网站推广方法,运用得当也会带来很好的效果。

9. 其他推广方式

目前,随着网络的快速发展和深入应用,还有许多网络推广工具和方法被广泛应用,如博客营销、微博营销、微信营销、社群营销、移动营销和APP营销等。

9.2.2 搜索引擎注册

搜索引擎注册是最常用的网站推广方法之一。根据中国互联网络信息中心发布的统计报告,中国7.72亿网民中使用搜索引擎的比例是82.8%。这表明,搜索引擎已成为互联网用户得知新网站的主要途径。与其他的网站推广方法相比,搜索引擎注册具有经济、便捷、相对稳定的特点。因此,在著名的搜索引擎上注册并获得理想的排名是网络营销人员在网站设计过程中要考虑的问题之一。也可以说，注册搜索引擎是企业网站推广重要的第一步。

企业在注册和使用搜索引擎时需要注意：同时注册多个搜索引擎，到各大门户网站登录的越多，就表示从这些门户网站导入的流量会越多，被查到的概率也就越大；选择搜索引擎时要分析对比搜索引擎的付费水平、注册方式和提供的服务，尽量避免不必要的浪费；要合理利用付费的搜索引擎推广，如百度、新浪、搜狐、网易等的竞价排名服务等。此外，有些网站在提供登录的服务之外，通过一些技巧（关键词选择、URL优化等），让网站资料更容易被查到，以及查询时排名会排在较前面的位置，这也是一种良好的网络营销方法。

9.2.3 邮件列表营销——利用电子杂志创建邮件列表

邮件列表是一种适合一对多方式发送电子邮件的有效工具。电子杂志是邮件列表的孪生兄弟，它依赖于邮件列表维持和扩大发行量，进而保持和提高影响力。发行电子杂志是一项长期的工作，企业可以根据自身实力选择是否持续地提供人力、物力来支持电子杂志的运营。

1. 电子杂志的优势

①有利于逐步建立与客户的信任关系。
②内容翔实、生动的电子杂志能吸引大批潜在客户订阅，并促进电子杂志的读者向企业产品的用户转化。
③及时通知读者包括企业产品改进、新产品发布、促销等在内的企业动向，有利于企业开展各种公关活动。
④为网络客户调研提供便利条件。
⑤拥有大量订阅者的电子杂志本身将体现出商业价值。

2. 开办电子杂志的要求

①开办电子杂志是一项长期的工作，需要设置专门的人员或部门负责电子杂志的采稿、编辑、美工、发行等工作。
②人员需具备开办电子杂志的专业知识，这种专业知识既包括企业产品相关的知识，又包括新闻媒体行业的知识，最好还具备电子杂志技术处理方面的知识。
③保证电子杂志具有同传统杂志一致的重要特征，比如发行的规律性、时效性、真实性等。
④企业的电子杂志必须拥有足够多的用户，订阅者的数量或者电子杂志的影响面不能和运营杂志所需付出的成本相差过于悬殊。

3. 慎用电子杂志中的广告

企业应该慎重决定是否在电子杂志中添加广告，以及添加多少广告。须知开办电子杂志的初衷并不是依靠广告获利，而是在于获得一个和客户及潜在客户沟通的机会，并借此开展各种营销活动。传统媒体中人们对广告的厌烦在网络世界中同样存在，因此，企业需要整体考虑添加广告的利弊，避免在电子杂志的广告问题上得不偿失。

4. 吸引用户订阅电子杂志

邮件列表的用户数量是衡量其价值的重要指标之一，在作为企业的营销工具之前，首先要为邮件列表做营销，让尽可能多的人了解并加入你的邮件列表。前面讲到，建立邮件列表的主要方法是让用户（网站访问者）通过网页上的"订阅"框自愿加入，但是，这并不意味着只能被动地等待用户加入，而是可以采取一些推广措施吸引用户的注意和加入，正如网站推广一样。吸引用户加入邮件列表的思路如下。

1）将邮件列表订阅页面注册到搜索引擎

将专用的邮件列表订阅页面的标签进行优化，并将该网页提交给主要的搜索引擎。

2）为邮件列表提供多条订阅渠道

如果采用第三方提供的电子发行平台，且该平台有各种电子刊物的分类目录，别忘记将自己的邮件列表加入合适的分类中。这样，除了在自己网站为用户提供订阅机会之外，还可以在电子发行服务商网站上发现此邮件列表，增加订阅机会。

3）邮件列表的推荐

一份新的电子杂志如果能够得到相关内容的网站或者电子杂志的推荐，对增加新用户十分有效。

4）提供真正有价值的内容

一份邮件列表真正能够取得读者的认可，靠的是拥有自己独特的价值，为用户提供有价值的内容是最根本的要素，是邮件列表取得成功的基础。

【课堂练习9-1】搜索引擎的注册方法

练习目的：

通过本次课堂练习，获得搜索引擎注册的感官体验，深刻体会企业网站推广中，搜索引擎注册的步骤、注意事项和特点，进而更加深入地了解网站推广中搜索引擎注册的具体内容及其对企业的重要性。

练习要求：

学生自由组合成小组，分析"关键词检索和分类目录检索"的案例内容，结合理论知识分析案例的具体特点；各小组还可以模仿这个案例，把比较有代表性的、实际在企业中应用到的搜索引擎注册的典型案例与全班师生一起分享，以便更好地掌握所学理论知识。

练习内容：

关键词检索和分类目录检索

如前所述，搜索引擎有两种基本类型：一类是关键词检索（机器人搜索引擎），另一类是分类目录检索（目录式搜索引擎）。对于这两种不同性质的搜索引擎，注册网站的方式也有很大差别。

1. 关键词检索的注册方法

对于这类搜索引擎，如百度、谷歌等，通常不需要自己注册，只要网站被其他已经被搜索引擎收录的网站链接，搜索引擎可以自己发现并收录你的网站。但是，如果网站没有被链接，或者希望自己的网站尽快被搜索引擎收录，那就需要自己提交网站信息。这类搜索引擎通常只需要提交网站的上层目录即可，而不需要提交各个栏目、网页的网址，也不需要网站介绍、关键词之类的附件信息。另外，当网站被搜索引擎收录之后，网站内容更新时，搜索引擎也会自行更新有关内容，这与分类目录是完全不同的。

把网站提交给百度搜索引擎，即可看到免费登录网站的界面，如图9-1所示。

图9-1　将网站登录到百度搜索引擎

2. 分类目录检索的注册方法

对于这类搜索引擎，只有自己将网站信息提交，才有可能获得被收录的机会（如果分类目录经过审核认为符合收录标准的话），并且，分类目录注册有一定的要求，需要事先准备好相关资料，如网站名称、网站简介、关键词等。由于对网站的收录原则不同，需要对每个不同的分类目录进行详细的了解，并准备相应的资料。另外，有些分类目录检索是需要付费才能收录的，在提交网站注册资料后，还需要支付相应的费用才能实现分类目录型搜索引擎的注册。

（1）将企业网站提交给搜狐，可以在浏览器栏输入 http://fuwu.sogou.com/，即可进入网站登录界面（图9-2）。在这个页面上可以看到，搜狗推广服务包括搜索推广、品牌推广、行业定制推广、搜狗大数据和增值产品5项。企业需要根据自己网站的类型和对网站推广的要求等选择登录。

图9-2 搜狗推广服务网页

（2）将企业网站提交给奇虎360网站，即可根据企业需求选择360所提供的产品服务，如图9-3所示。

图 9-3　将企业网站提交给奇虎 360 搜索引擎

思考与互动：
学生思考并回答以下几个问题，教师点评、归纳。
① 根据上述案例，分析进行搜索引擎注册需要做好哪些准备工作。
② 根据上述案例，分析进行搜索引擎注册的基础。
③ 为企业网站进行搜索引擎注册，能给企业带来什么好处？
④ 通过上述案例，具体谈谈进行企业网站搜索引擎注册有哪些注意事项。
⑤ 根据上述案例，在进行搜索引擎注册时，你还有哪些建议或方法？

9.3　网络广告策略

网络广告策略是网络营销策略之一，也是企业最常用的促销产品、宣传企业、推广站点的手段。自从 1994 年 10 月第一个网络广告发布以来，网络广告因网络媒体的迅速发展而变得家喻户晓，网络广告的市场也因上网人数的不断增多而迅速扩大，网络广告的形式更是由于计算机技术的发展而不断推陈出新。

9.3.1　网络广告概述

广告是指确定的广告主以付费方式运用大众传媒劝说公众的一种信息传播活动。与传统广告相对应，网络广告就是确定的广告主以付费的方式运用网络媒体劝说公众的一种信息传播活动。

与传统的广告相同，网络广告也包括 5 个基本要素，即广告主、广告费用、广告媒体、广告受众和广告信息。

9.3.2 网络广告的特点与类型

广告是促销方式的一个重要手段，它所追求的实质就是与目标受众的良好沟通，通过有效的沟通最终达到使顾客做出消费决策的目的。调查显示，随着社会进步和技术经济水平的提高，消费者的消费需求个性化程度日益提高，因此，具有实时性、互动性特点的网络给广告带来了根本性的变化。

1. 网络广告的特点

凭借着互联网和计算机技术所具有的交互性等独有特性，网络广告除了具有一般传统广告的特点之外，还具有以下特点。

1) 交互性强

在互联网环境下，网络媒体可以使信息时时更新，信息发送和接受的双方可以实现不受时间和地域限制的双向沟通。网络媒体的交互性特点也赋予了网络广告区别于传统广告的一个最突出的特点。

利用这个特点，广告受众可以在访问网络广告时，即时通过自己的相关操作，如点击提交表单，或发送电子邮件等方式向广告主传达自己的感受和意见，广告主则根据目标受众的要求及时更新和调整广告的信息，满足广告目标受众的要求。

2) 信息量大

网络广告由于其所运用的媒体的特点而拥有信息涵盖广大、形式丰富多变、画面绚丽多彩等特点。与传统广告相比，网络广告主可以通过网络技术把自己的产品、服务等多方面详细的信息制成网页融入网络广告之中，等待广告的受众来点击观看，而具有不同需求层次的广告受众可以根据自己的需要来查看不同的广告页面。

3) 传播广泛

网络广告传播的广泛性体现在两个方面。一方面，广告传播的范围广泛。通过互联网这个信息传播的平台，网络广告可以不受时间和地域的限制发送到世界上所有互联网覆盖的角落，这突破了传统广告在时间和地域上的局限性。另一方面，网络广告信息受众广泛，网络广告的受众可以是世界上不同地区、不同职业、不同年龄的任何浏览者。

4) 灵活便捷

由于网络和计算机的强大技术支持，网络广告的灵活性首先体现在广告类型和表现形式的多样性上。首先，从文字广告到动画、三维、多媒体广告，广告设计者可以根据广告的目的和目标受众的喜好，利用不同技术表现手段实现满意的视听效果。其次，网络广告可以进行内容和形式上的更改，适应市场和受众的需求。最后，网络广告可以及时地得到广告信息反馈，受众可以根据自己的感受直接与广告主进行沟通，广告主也可以从广告的统计中及时地了解网络广告的效果。

5）易统计性

这是网络广告有别于传统广告的重要特点。传统广告利用传统媒体发布广告，无法准确地统计接收广告信息的人数及接收人群的分布状况，只能通过调查、分析和推测来判定消费者对广告的感受。网络广告借助网络的即时检测功能可以对广告浏览者的有关情况进行精确的统计，如广告的浏览量、点击率、浏览者的情况等，为广告主和广告商进一步分析广告的效果提供了准确的依据。

6）经济实惠

对于广告主而言，网络广告比传统广告更为经济。首先，网络广告的制作和发布费用比传统广告低廉和简便；其次，网络广告运用了自动化的软件工具进行创作设计和统计管理，能够及时、方便地调整广告内容和形式，以适应广告受众的需求，容易获得更好的广告效果；最后，利用统计工具对网络广告进行有目的和有针对性的统计，使得收集和分析广告效果所用的时间和费用都有所降低。

2. 网络广告的形式

借助于网络和计算机技术，网络广告的形式丰富多彩。目前，网络广告最常用的表现形式有以下几种。

1）旗帜广告

旗帜广告也叫横幅广告、条幅广告，如图9-4所示。它是以图像的形式来表现广告的内容，并在图像中用极简练的文字表现广告的主题。为了吸引浏览者注意并点击页面上的广告，广告主通常会利用各种表现手法来设计旗帜广告，如动画、闪现等；一般发布在网站主页面上的显著位置，目的在于树立形象，扩大知名度。

图9-4 旗帜广告示意图

2) 按钮广告

按钮广告是网络广告中运用最早、最常见的形式之一。通常，这种广告是出现在 Web 页面上的一个图标，这个图标可以是一个企业的标志，也可以是一个象形图标，有的就是一个按钮的形状，故称按钮广告，如图 9-5 所示。它们都采取与有关信息实现超链接的互动方式，用鼠标单击它时，可链接到广告主的站点或相关信息页面上。按钮广告要求浏览者自己点选才能看到有关的广告内容，因此，它缺乏主动性。

图 9-5 按钮广告示意图

3) 文字链接广告

文字链接广告采用文字标识的方式，单击后可以链接到相关网页，如图 9-6 所示。这种广告形式简单、价格低、效果较好，通常运用于分类栏目中。为了追求良好的广告效果，文字广告一般放置在热门站点首页的关键位置，借助浏览者对热门网站的访问，吸引他们关注和点击广告。

图 9-6 文字链接广告示意图

4) 巨型广告

与旗帜广告相比，巨型广告的版面比较大，一般占屏幕显示的 1/3。较大的版面蕴含了更加丰富的信息。同时，运用 Flash 的手段制作的广告更加吸引浏览者的注意力，如图 9-7 所示。

图 9-7 巨型广告示意图

5) 移动广告

移动广告是一种可以在屏幕上移动的小型图片广告,如图 9-8 所示。它的设计出发点是为了避免旗帜广告、按钮广告等比较呆板的缺点,更主动和有效地吸引浏览者的注意。但由于移动广告随着页面的移动会影响浏览者的视觉,所以设计不当的移动广告会引起浏览者的反感。为避免上述问题,可以改进移动广告的播放位置。

图 9-8 移动广告示意图

6) 弹出式广告

弹出式广告是指随着网页页面的打开会自动弹出一个新窗口来展示内容的网络广告,如图 9-9 所示。弹出式广告有两种表现形式,一种是当用户打开网页时马上弹出广告窗口,另一种是当用户离开网站时才弹出广告窗口。弹出式广告虽然能带来访问量的上升,但同时浏览者也会对过量的弹出式广告产生反感情绪。因此,广告主应该注意,到底有多少用户真正观看了打开的弹出式广告。

7) 分类广告

网上的分类广告与报纸、杂志中的分类广告类似,是由专门提供广告信息服务的站点提供的一种发布广告的形式,如图 9-10 所示。在这种站点中,按照产品类别或企业类别等分

图 9-9 弹出式广告示意图

类检索方法，可以检索到相应的广告信息。

图 9-10 分类广告示意图

8）主页型广告

将企业要发布的信息分门别类的制作成主页，放置在企业自己或网络信息服务商的站点上，如图 9-11 所示。主页型广告可以详细地介绍企业的有关信息，让浏览者全面地了解企业和企业的产品。

9）电子邮件广告

电子邮件广告是指利用电子邮件或电子杂志发布广告。广告的形式可以是图片或文字，如图 9-12 所示。

图9-11 主页型广告示意图

图9-12 电子邮件广告示意图

9.3.3 网络广告与传统广告的比较

网络广告由于运用了网络和计算机技术，在互联网这个媒体中发布，因此与传统广告有比较大的不同。

1. 不同的沟通模式

有效的广告沟通必须要处理好 3 个沟通要素：沟通的对象、沟通的方式和沟通的目标。在这一点上，传统广告和网络广告有所不同。在传统的广告沟通中，发送者和接收者之间的信息传送和反馈是单向的、隔离的，同时存在时差。而在网络广告中，发送者和接收者之间的信息传送和反馈却可以实现双向、互动和即时。

2. 特点比较

网络广告除了强调有效沟通的 3 个要素外，还弥补了传统广告的一些缺憾，形成了自身的特点。

网络广告与传统广告的比较如表 9-1 所示。

表 9-1 网络广告与传统广告的比较

项 目	传 统 广 告	网 络 广 告
时空传播性	空间有限、有时差	空间无限、即时
传播方式	单向、相互隔离	双向互动、可交流
沟通目标	大面积、目标群体多	有针对性、可提供定制服务
信息诉求方式	强势灌输、创造印象、潜移默化	理性诉求、逻辑说服、动态信息

应该意识到，传统广告与网络广告是互补的，企业不应该为了追求时髦，而一味地摒弃传统广告；应根据不同的顾客、不同的商品和不同的销售时机，把网络广告和传统广告有机地结合在一起，以达到最佳的广告效果。

9.3.4 网络广告的发布途径

企业制作和发布网络广告是为了更好地宣传企业和企业产品，吸引广告目标受众的注意和浏览，达到树立企业形象、增进产品销售的目的。因此，企业应该根据不同广告受众的需求特点和网上行为特点，根据企业的产品特性、企业实力及广告目标选用不同的发布途径，以达到预期的广告效果。

企业常用的网络广告发布途径有以下几种。

1. 创建自己的网站或主页

建立自己的网站或主页并在上面发布广告，这是企业发布网络广告最简单、最常用的方式，也是企业网络营销发展的必然趋势。

对于企业网络营销的整体策略来说，企业网站或企业主页本身就是树立企业形象和信誉、增进产品宣传的一种最直接和有效的广告。有了自己的网站和主页，企业可以方便地利用其他的广告发布形式如企业名录、新闻组等进行与公司主页的链接,加强广告宣传的力度;此外,在自己的网站上发布广告可以在广告创意、广告形式和广告内容上充分发挥自己的想象,较少受到他人的限制。

2. 通过网络内容服务商

由于提供了大量网上浏览者感兴趣的免费信息服务,因而网络内容服务商(ICP)网站成为访问量大、引人关注的站点,如新浪、搜狐等。在这些网站上发布广告,可以借助网站流量大的优势,提高浏览者关注和点击广告的概率。

3. 利用专类销售网站

这是一种专类产品直接在 Internet 上进行销售的方式,如国内的太平洋电脑网等。在太平洋电脑网站上,消费者只要根据自己的需求输入相关的计算机产品需求条件,按下搜索按钮,网站就会马上提供符合条件的各种产品和服务的信息。由于这类网站给消费者提供了有针对性的、详尽方便的信息服务,因此消费者在考虑购买相关产品时会首先登录这类网站进行产品信息的查询。对于相关产品的生产企业、代理商和销售商来说,选择这类网站做产品广告会取得事半功倍的效果。

4. 采用黄页形式

在 360 导航等专门提供检索服务的网络服务商网站上,查询是按照类别划分站点的,站点的排布形式如同电话黄页一般。这些网站会在网页上为企业留有发布广告的位置,企业可以在此发布相关的广告。由于查询结果是按照关键字出现的,因此在这些位置上发布广告,具有很强的针对性。

5. 加入企业名录

一些政府机构或行业协会网站会将一些企业的信息吸收进他们的网站主页中。例如:中国粮食网网站主页中就有"友情链接"栏目,点击企业名称后可以直接链接到企业的网站主页上。

6. 利用网络社区

任何用户只要遵循一定的礼仪都可以成为网上虚拟社区的成员,并可以在上面发表自己的观点和见解,因此,可以在网络社区发表与公司产品相关的评论和建议,起到良好的免费宣传作用。但要注意,应该严格遵守相关的网络礼仪。

7. 利用电子邮件或邮件列表

企业可以像传统营销中发送邮寄广告一样以 E-mail 的方式向网上用户发送产品或服务

的信息。邮件列表是在向用户提供有价值信息的同时附带一定的产品或服务的信息。虽然两者在操作策略上略有不同，但是没有本质的区别。

在利用电子邮件发送广告时应注意：要事先得到用户的许可，如利用注册会员的方式；在发送 E-mail 邮件广告时应明确发件人的地址，允许用户拒绝接收邮件。

9.3.5 网络广告的运作管理

网络广告是企业网络促销策略之一，网络广告的运作是指贯穿于广告策划和实施全过程的一系列活动。企业对网络广告管理的目的在于提高企业广告活动的整体效益，达到广告投入的最佳效果。

1. 明确企业的整体广告目标

广告设计运作是企业整体营销战略的一个重要部分，网络广告是企业整体广告策略的重要组成部分。因此，在进行网络广告策划和运作之前，企业应该首先明确企业整体广告策略的目标定位，使网络广告与传统广告有机地结合起来，共同实现广告目标。

2. 定位网络广告的目标

网络广告目标定位包括：明确网络广告所要达到的目的和对网络广告目标受众进行需求特点分析。明确网络广告目标是为了指导网络广告的方向和进程，为广告评估提供标准和依据。进行网络广告目标受众分析是通过对网络广告目标受众的确定和分析，了解他们对网络广告的需求特点，为设计广告内容、选择广告形式提供依据。

3. 制定网络广告的预算

正确编制网络广告的预算是网络广告正常运作的保证。在制定网络广告预算时应根据网络广告要达到的目标、企业的产品市场、竞争者的情况及网络广告收费标准等来综合考虑。

4. 选择网络广告服务商

网络广告的策划、制作和投放都需要专业的技术人员来进行操作，当企业不具备这方面的条件时可以委托网络广告中介服务组织来帮助实现，如网络服务商（ISP、ICP）、网络广告公司等。但是，在选择网络服务组织时，应注意认真评估该服务组织的企业资质、技术水平、服务水平和收费标准等，以保证获得满意的网络广告服务。

5. 网络广告信息设计

网络广告的突出特点就是能够传送大量的、个性化的信息，能与目标受众进行有针对性的双向沟通。因此，在设计广告信息时，应该注意以下几个方面。

①信息内容。广告信息内容应真实可信，符合目标受众的信息量需求，不断更新。

②信息结构。信息展示时要做到层次清晰，找寻方便。

③信息表现形式（广告形式）。根据广告信息设计和目标受众的特点确定运用不同的表现形式，网页界面友好，易于导航。

④信息储存。信息设计充分考虑目标受众查询和保存的方便性。

6. 网络广告制作与发布

网络广告的制作是运用技术手段实现网络广告的设计。在制作完成后，需要选择合适的网络广告途径进行发布和传播。为了获得良好的广告效果，在选择广告发布途径时可以从以下方面进行考核：下载速度、对浏览器的要求、安全性、访问量、定向功能和费用。

7. 网络广告效果评估

评估网络广告效果可以从网络广告的传播效果和实际产生的经济效果两个方面来进行。

网络广告的传播效果是指网络广告宣传对消费者消费心理和行为的影响程度。网络广告的传播效果可以用广告的被动浏览时间和次数、主动点击次数、与浏览者的交互行为等衡量。通过对浏览者流量的统计，不仅可以精确地统计出每个网络广告被多少个浏览者看过，还可以知道这些浏览者查阅的时间分布和地域分布。这些给企业正确评估广告效果、调整广告的投放策略提供了准确的依据。

网络广告的经济效果是指网络广告宣传对企业经济利益产生的影响。由于经济利益和销售情况的变化还受其他因素的影响，因此，很难对实际经济效果进行定量的评估。

在实际操作中，企业对网络广告进行效果评估时可以根据自己的能力和需要，选择采用以下3种方式来进行：通过第三方评估机构进行评估，通过访问统计软件进行统计评估，或者通过客户反馈情况进行统计评估。

如果企业选择了网络广告服务商提供的网络广告服务，则其一般都会为企业提供以下的数据，供分析使用。

①每日广告记录，包括当日的广告播放情况和广告的切屏报告。

②媒体效果分析，包括投放媒体性价比、单个点击价格对比等。

③每日媒体分析，包括每日印象数、点击数据、总体走势的分析。

通过对每日统计数据的分析，企业可以及时了解网络广告的效果，调整广告的投放方向，配合网络营销的整体运作。

9.3.6　网络广告的推广策略和技巧

1. 网络广告的推广策略

一个成功的广告不仅需要好的广告策划和高超的技术，如广告的形式、创意、动画效果等，还需要广告推广策略的配合。企业可以根据广告总体目标的要求，选择运用如下的推广策略。

① 注册有礼。运用这个策略可以达到增加注册用户的目的，扩大广告宣传对象在目标浏览者中的知名度。

② 有奖活动。有奖投票、有奖征文等策略通过设立一定的奖励，鼓励和吸引网络用户参与活动，能够增加用户的参与和互动。

③ 低消费策略。用低价格引起网络用户的购买欲望，推动会员跨出网上购物的第一步。

④ 在线游戏。在线游戏能够迎合网络用户追求新奇、敢于冒险的心理，因此可以增加广告活动的参与性，特别适用于年轻一族。

⑤ 在线沙龙。以专题论坛的形式吸引目标受众的关注和参与，如北京天文馆网站的天文爱好者论坛。

2. 网络广告技巧

网络广告以其独特的优势给商家、企业和消费者带来了新的机遇，但是应该看到，与传统广告相同，使用网络广告也要遵循一定的原则，注意运用技巧，否则网络广告同样会遭遇失败。

网络广告应该重点把握的三要素是：锁定目标受众、广告设计、实时效果监控。

1）锁定目标受众

企业可以按照适宜的标准持续做好目标受众的需求调查和细分，如性别、年龄、文化程度、收入、职业、地域特点等。通过调查和细分，了解目标受众的需求和偏好，选择适合的网站做宣传，并为网上用户提供购买和试用的机会。

2）广告设计

营销人员应与技术人员共同完成广告设计；针对信息特点，综合运用营销技巧和技术手法；在提供丰富的信息资源的同时，形成强大的吸引力。

3）实时效果监控

利用访问统计软件或广告评估机构进行实时的技术和内容监测；利用网络广告的测评指标（点击数、页面印象、回应单击）显示监测结果，根据结果分析、判断广告效果，把握今后的改进方向。

3. 网络广告的实用小技巧

① 在网页上方做广告的效果比下方好。

② 让广告与网站最主要的内容相伴。

③ 经常更新，保持新鲜感。

④ 直接链接到目标页面。

⑤ 适当采用动画图片、声音，不要忽视文字的作用。

⑥ 网上、网下相互呼应，共同努力。

9.4 网上销售促进

销售促进主要是用来进行短期性的刺激销售。网上销售促进是指利用网上促销工具刺激顾客购买产品或者使用服务的活动。网上销售促进的主要方式包括以下几种。

1. 网上折价促销

折价亦称打折、折扣，是目前网上最常用的一种促销方式。由于网上销售商品不能给人全面、直观的印象，也不可试用、触摸，再加上配送成本和付款方式的复杂性，造成消费者网上购物和订货的积极性下降。而幅度比较大的折扣可以促使消费者进行网上购物的尝试，并做出购买决定。

目前，大部分网上销售商品都有不同程度的价格折扣。折价券是直接打折的一种变化形式，有些商品因在网上直接销售有一定的困难，便结合传统营销方式进行：在网页上提供可下载打印的优惠券，潜在顾客可通过访问网页获得此优惠券，凭此优惠券到当地商店购买商品时可获得优惠。此法一举两得，第一可增加网站访问量，让更多的消费者了解企业；第二可促进销售。

2. 网上变相折价促销

变相折价促销是指在不提高或稍微增加价格的前提下，提高产品或服务的质量，较大幅度地增加产品或服务的附加值，让消费者感到物有所值。由于网上直接价格折扣容易给消费者造成降低品质的印象，利用增加商品附加值的促销方法会更容易获得消费者的信任。

3. 网上赠品促销

赠品促销目前在网上的应用不算太多，一般在新产品推出试用、产品更新、对抗竞争品牌、开辟新市场情况下，利用赠品促销可以达到比较好的促销效果。

赠品促销的优点一是可以提升品牌和网站的知名度，二是鼓励人们经常访问网站以获得更多的优惠信息，三是能根据消费者索取赠品的热情程度来分析营销效果。

4. 网上拍卖促销

网上拍卖促销就是将产品不限制价格在网上拍卖。网上拍卖这一新兴的促销方式，由于快捷方便，吸引了大量用户参与，如淘宝网上商品的拍卖活动，就获得了很好的效果。

5. 网上有奖促销

有奖促销是网上应用较广泛的促销形式之一，是大部分网站乐意采用的促销方式。有奖促销是以一个人或数人获得超出参加活动成本的奖品为手段进行商品或服务的促销。网上抽奖活动主要穿插在网上调查、产品销售、扩大用户群、企业庆典等活动中。消费者或访问者通过填写问卷、注册、购买产品或参加网上活动等方式获得抽奖机会。

6. 网上积分促销

积分促销在网络上的应用比起传统营销方式要简单和易操作。网上积分活动很容易通过编程和数据库等来实现，并且结果可信度很高，操作起来相对较为简便。积分促销一般设置价值较高的奖品，消费者通过多次购买或多次参加某项活动来增加积分以获得奖品。积分促销可以增加上网者访问网站和参加某项活动的次数，可以增加上网者对网站的忠诚度，可以提高活动的知名度等。

7. 网上联合促销

由不同商家联合进行的促销活动称为联合促销。联合促销可以使促销的产品或服务形成一定的优势互补，互相提升价值。如果应用得当，联合促销可起到相当好的促销效果。如网络公司可以和传统商家联合，以提供在网络上无法实现的服务；网上销售汽车的公司和销售润滑油的公司联合促销等。

8. 网上免费促销

免费促销的主要目的是推广网站。所谓免费资源促销就是通过为访问者无偿提供其感兴趣的各类资源，吸引其访问，提高站点流量，并从中获取收益。目前，利用提供免费资源获取收益比较成功的站点很多，有提供某一类信息服务的，如提供搜索引擎服务的雅虎和搜狐等。

以上几种是网上促销活动比较常见的方式，节假日促销、事件促销等都可以与以上几种促销方式综合应用。但要想使促销活动达到良好的效果，必须事先进行市场分析和网上活动的可行性分析，并与整体营销计划结合，以实现预期的促销效果。

9.5 网络公共关系策略

公共关系是指利用各种传播手段唤起人们对企业及企业产品的好感、兴趣和信赖，争取人们对企业经营理念的理解，树立企业形象的一种营销工具。通过实施公共关系策略，企业可以培养消费者对企业产品和服务的信任和忠诚，提升企业在社会公众和消费者心目中的形象，为企业营造出良好的经营环境。

9.5.1 公共关系的作用和构成要素

公共关系并不是直接销售产品，而是一种以长期目标为主的间接促销手段，是从社会角度出发，通过各种传播媒介达到与社会的相互沟通和了解，满足社会公众的需求，促进企业产品销售的活动。与其他促销策略相比，公共关系在企业经营活动中能够起到以下作用。

① 建立良好的企业形象，争取社会对企业广泛和长期的支持与合作。

② 通过公共关系活动中双向的信息沟通，建立与社会公众的良好关系，获得消费者和社会各界的信任与好感。

③ 利用各种传播形式把企业产品、服务等大量信息传递给消费者，激发其兴趣，引导公众的消费行为。

④ 通过相关活动，培养消费者对企业及企业产品的忠诚度。

⑤ 通过信息反馈，不断修正企业自身的缺陷，维护企业的形象，提升企业在社会上的地位。

公共关系强调的是信息的传递和双向的沟通。在企业的公共关系活动中，不可缺少的3个构成要素是：企业、公众、传播媒介。只有3个要素相互结合，充分发挥每个要素的作用，才能获得良好的沟通效果。

1. 企业——公共关系的主体

企业在公共关系构成中处于主体的地位，它是有关信息的主要发布者和接收者。一方面，企业作为社会中的一个组织要与其他公众不可避免地发生各种关系，产生各种交流活动，为了保证企业的生存和发展，环境要求企业必须有意识、有目的地主动开展公共关系活动，以增进企业与公众的相互了解、沟通和合作；另一方面，企业作为营利性的组织，为了获得良好的经济效益，也必须以公共关系主体的身份积极开展各种公关活动，为企业营造良好的内、外部环境。

2. 公众——公共关系的客体

公众是指与企业相互联系、具有相关目的和利益的社会群体。企业所面对的公众主要由以下两个方面构成。

① 内部公众：企业内部的员工和股东。

② 外部公众：与企业经营活动有密切联系的消费者、中间商、供应商、传播媒介、社区、政府等。

企业在经营中应注意处理好与上述公众的关系。

3. 传播媒介——公共关系的载体

信息传播的过程是一个双向交流的过程。传播媒介指的是在企业和公众之间传递信息的介质和途径。在公共关系中，信息传播的过程既是一个企业有计划的行动过程，也是一种信息分享的过程。一方面，企业利用传播媒介向公众及时有效地传递企业的信息，收集公众对企业的各种意见和建议，了解公众的态度；另一方面，公众从企业发布的信息中获取有用的信息，并做出反馈。

9.5.2 公共关系的形式

企业在进行公共关系活动时，可以根据活动的目的和对象的不同，利用不同的沟通媒介，选用不同的活动方式。常见的公共关系形式有以下几种。

1. 利用新闻媒介

由于新闻媒介在社会上具有较高的权威性和传播的广泛性，因此企业利用这种方式向社会介绍企业和企业产品，能够达到事半功倍的效果。这些活动包括新闻稿件、电视专题采访、记者招待会等。

2. 出版物

出版物是宣传企业、联系公众的有力沟通手段。它包括企业的年度报表、企业的宣传手册、企业的内部期刊、企业的业务通讯等。

3. 专题活动

通过举办各种有影响的专题活动来吸引公众对企业和企业产品的关注，包括各类庆典活动、竞赛、对体育竞赛或文化活动的赞助等。

4. 公益活动

企业通过参加社会的各种公益福利活动来树立在公众心目中的良好形象，包括赞助社会公益活动、资助失学儿童、募捐、扶贫救灾等。

5. 建立企业文化

通过对企业的经营理念、行为方式和视觉识别进行系统的革新和统一的传播，使公众对企业产生一致的认同感和价值观，赢得社会和消费者的信赖和肯定，从而实现产品的销售目标，为企业带来更好的经营绩效。

9.5.3 公共关系决策

企业在实施公共关系策略时应从以下4个方面进行策划。
① 确定公共关系的目标。
② 选择公共关系的内容和方式。
③ 实施公共关系计划。
④ 评估公共关系效果。

9.5.4 网络公共关系

公共关系强调通过使用有效的信息传递和沟通方式，与各类社会公众之间建立相互信任、支持的良好关系。由于互联网技术给企业营销工作提供了新的信息交流平台和交流手段，因此，也给公共关系策略带来了新的方式和特有的优势。网络公共关系是指借助互联网作为媒体和沟通渠道，通过与企业利益相关者包括供应商、顾客、经销商、雇员、社会团体等建立良好的合作关系，为企业的经营管理营造良好的环境。

1. 网络公共关系中信息传递的优势

网络公共关系与传统的公共关系相比，具有以下几方面的优势。
① 信息发布可以不需要经过媒体中介，主体主动性增强。
② 突破了时间和地域上的限制。
③ 增强了信息传播的互动性和针对性，提高了公共关系活动的效能。

2. 网络公共关系的新形式

1) 传统印刷媒体的电子版刊物

为了扩大刊物的知名度和影响力，许多传统的印刷媒体都在网上建立了网站，并开办了相应的电子版刊物。利用网络，这些刊物不仅可以刊登与实体刊物相同的信息内容，还可以提供相关的即时信息和有针对性的信息反馈。同时，发布信息的形式也多种多样，如网上专家论坛、公共论坛、读者俱乐部等。有许多传统的期刊在这方面做得非常出色。

2) 网络媒体出版物

网络媒体出版物通常是企业为了在网上发布有关产品信息、行业信息或技术支持培训信息所创办的定期或不定期的电子刊物。通过电子刊物，企业可以宣传和推广企业的产品和技术服务，有计划地开展相关知识的传播，增强消费者对企业产品的了解和信任。

3) 网络广播节目

网络广播节目是指在网上建立广播台，根据不同的专题制作节目，通过对公众关心的热点问题的讨论，对政府及不同领域专家的网上采访和网上即时讨论等方式，向目标受众传播有价值的信息并进行有效的信息交流。一般采用的形式有：广播台、电视台、网络会议等。

4) 网络社区

网络社区是指由组织或个人在互联网上组成的群体，这个群体的成员具有共同的兴趣和爱好，并乐于在社区中提供和传递有价值的信息。企业可以利用网络社区的信息传递能力，增强目标受众对企业及企业产品的了解和认识，树立企业的形象。

3. 网络公共关系的作用

随着消费者对网络的日益依赖和熟悉，互联网技术已经越来越多地运用在企业公共关系的建设中，同时，网络公共关系也给企业带来了事半功倍的经营效果。企业网络公共关系活动的作用主要体现在以下几个方面。

1) 宣传企业站点，树立企业形象

企业网站是企业进行网络营销的大本营，宣传企业网站、提高企业网站的知名度是网络公共关系的重要任务。宣传企业站点除了可以在有影响的新闻媒体上发布消息、通过网络社区等进行宣传之外，更重要的是要注意加强企业站点的自身建设，即提供适合网上目标消费者需求的产品和服务，不断更新站点的内容，采用有效吸引访问者的策略。

2) 宣传企业产品和服务

在企业产品开发和推广中，可以通过网上慈善拍卖、网上公益活动等网络公关活动宣传，推广自己的产品，树立企业的形象。

3) 进行有效的消费者教育

通过网络社区、新闻宣传等网络公关方式在消费者中间进行潜移默化的产品知识和消费理念的教育影响活动，引导消费者树立正确的消费观念，加深对企业产品的认识。例如：亨氏联合有限公司的网站上除了有公司的产品介绍外，更多的是有关育婴和喂养知识的介绍。公司把网络经销的侧重点放在了育婴理念的宣传和为适龄女性提供婴儿喂养知识上。虽然没有直接的利润，但一批与公司具有相同理念的顾客将是亨氏婴儿食品的下一批购买者和宣传者。

4) 建立快速反应渠道，维护企业形象

利用网络快速传递信息的功能，企业可以在第一时间发现环境中出现的负面影响，并通过网络公关活动做出快速的反应，消除企业因经营过程中的失误带来的影响。

5) 建立战略联盟，沟通与合作伙伴的关系

通过网络公关活动，企业不仅能够与顾客建立良好的关系，也可以加深与自己经营合作伙伴之间的联系和合作关系。例如，思科公司在自己网站"合作伙伴与代理商"板块中开辟了加入生态系统栏目，以便客户查找合适的解决方案及相应的合作伙伴。由于有了共同的发展目标和良好的合作关系，思科公司产品的优势得到了极大的发挥。

【课堂练习9-2】网络公共关系的建立

练习目的：

通过本次课堂练习，获得网络公共关系建立的感官体验，深刻体会网络营销中，建立网络公共关系的过程和重点。

练习要求：

学生自由组合成小组，分析"百合佳缘的顾客关系"的案例内容，结合理论知识分析案例的实际应用特点；各小组还可以模仿这个案例，把比较有代表性的、实际在企业中应用到的典型应用案例与全班师生一起分享，以便更好地掌握所学理论知识。

练习内容：

百合佳缘的顾客关系

2017年9月，百合网和世纪佳缘两家婚恋网站正式完成合并，并于2018年1月2日更名为"百合佳缘集团"，成为无可撼动的婚恋龙头老大。由于深知网络婚恋领域的"痛点"问题，即婚恋社交活动对于大多数人属于一次性的需求，用户的生命周期极短，一次成功配对的同时也意味着一次用户的流失，并且用户连接得越好、配对速度越快，用户的生命周期也就越短。尤其是百合佳缘这样的龙头企业，对痛点问题的体会也会更加明显，如何拉长用户的生命周期、如何建立持续的顾客关系自然成为亟须解决的问题。

因此，百合佳缘集团发布了五大业务线：婚恋、情感、金融、婚礼与房产，旨在建立婚恋产业链，拉长用户的生命周期。在房产业务中，以合租业务为主要切入点。由于它的主要客户都是单身群体，这部分人群也会有更多的租房或者买房的置业需求，据此开展一系列活动，势必会建立持久的顾客关系。比如以"合租生活方式"等为基础打造社区活动，满足租客社交需求，拉长用户生命周期；进行交易追踪，在入住后调查满意度，租约快到期时进行回访和双方的再推荐等。

思考与互动：

学生思考并回答以下几个问题，教师点评、归纳。

① 根据上述案例，分析企业是如何建立网络公共关系的。
② 根据上述案例，分析建立网络公共关系的重要性。
③ 根据上述案例，具体谈谈建立网络公共关系有哪些注意事项。
④ 根据你对网络公共关系新形式的了解，你还有哪些建立网络公共关系方面的建议或对策？

9.6 上机练习与实践——网站促销实训

1. 实训目的

某自行车销售商是一个销售各种品牌自行车及其零部件的国内大型连锁公司，公司业务遍及全国各地。随着网络全面渗透至企业运营和个人生活中，为了更好地吸引众多的网络客户、开拓网上销售渠道、提高公司管理各类客户的能力和综合竞争力等，该公司决定开展网络营销。

公司在了解、熟悉网络和网络营销的现状、发展、演变及未来发展趋势，分析了我国制造行业的网络营销现状，进行了网络环境分析、网络市场调研、目标市场分析后，明确了网上产品定位、网上定价策略和网络营销渠道;目前,打算熟悉、了解和应用搜索引擎注册、与其他网站的互换链接操作和在网上发布广告的流程,根据本公司网上产品的特点和定位,做好公司网站的推广工作,为企业进一步开展网络营销活动打好基础。

2. 实训内容

① 将指定网站分别注册到百度、谷歌、搜狐和奇虎 360 等网站上,进行搜索引擎注册操作练习。
② 进行指定网站与其他网站的互换链接操作练习。
③ 进入新浪营销中心网站,熟悉并了解在新浪网站上做网络广告的条件、要求、规范和步骤。
④ 进入阿里妈妈网站,熟悉并了解其营销平台上的产品。
⑤ 进入 360email 网站,熟悉并了解进行许可式电子邮件营销的操作流程。

3. 实训方法

① 连接互联网。
② 在浏览器地址栏输入相应网址,按照实训示例中的提示,分步骤完成。

4. 实训示例

① 搜索引擎注册操作步骤和方法,见本章"9.2.2 搜索引擎注册"。
② 在中华企业录上,单击友情链接按钮,练习和熟悉互换链接操作。
③ 在新浪营销中心网页上,点击相应链接,了解在新浪网站上推出富媒体广告方案。
④ 在阿里妈妈网站上,点击淘宝客按钮,了解淘宝联盟推广的操作流程。
⑤ 在 360email 网站上,熟悉并了解进行许可式电子邮件营销的操作流程。

5. 实训要求

① 根据各自的练习情况,以"网络促销练习"为题目,进行上网实际操作和练习,并撰写一份实训报告,要有关键步骤的抓图。
② 以小组为单位对教师指定的某网站或产品进行网络广告促销策划,写出简单的策划报告,能够使用一种技术工具实现一种广告形式的广告制作。

策划报告内容要求:

- 确定网络广告所要达到的目的。
- 对网络广告目标受众进行需求特点分析。
- 进行网络广告信息设计制作说明。
- 运用所学的工具进行网络广告的简单制作。
- 选择和确定合适的网络广告发布途径。

9.7 本章小结

网络营销促销策略是企业整体经营战略的一个重要的组成部分。本章从网站推广、网络广告、网上销售促进和公共关系4个方面分析介绍了企业进行网络营销促销的方法和策略。

 案例分析与提高

案例讨论："VIPKID——美国小学在家上"的网络推广计划

米雯娟是VIPKID的创始人,她经过大量的市场调研发现:多数人对于英语培训机构的了解只停留在新东方、环球雅思、华尔街等少数几家培训机构,更多人关注的是成人英语教育,如托福、雅思培训。在线英语教育,特别是儿童在线英语教育极度匮乏。因此,2013年10月创始之初,VIPKID将学员锁定为4~12岁的、来自中高端收入家庭的儿童,致力于整合全世界最优秀的北美外教,通过一对一实时在线视频学习平台,给中国小朋友提供个性化的学习体验。

通过上述分析,该公司确定了网络推广计划:通过搜索引擎推广、网络广告推广、电子邮件营销、论坛推广、微博推广和微信推广等多种网络推广方式,加强该品牌美誉度、亲和度,搭建全新互动体验的学习平台,促进了产品销量的增长和利润指标的提升。

分析与提高

① 根据上述案例,分析该公司的网络营销推广计划。
② 根据上述案例,分析在制订网络营销推广计划过程中应该注意的问题。
③ 根据上述案例,结合当下的网络潮流和热点,尝试为该网站设计具体的网络营销推广计划。

思考题

1. 什么是网络营销促销?它的组合方式是什么?
2. 常用的网站推广方法有哪几种?
3. 目前,网络广告最常用的表现形式有哪几种?
4. 网上销售促进主要有哪几种?(列举5种即可)
5. 网络公共关系活动能起到哪些积极的作用?

第10章

网络营销推广工具与方法

引言

随着网络技术的不断普及与发展,企业网络营销行为日益广泛,网络营销推广方法也日新月异。本章从理论出发,分别讲解了搜索引擎营销、许可电子邮件营销、博客营销和微博营销的相关知识与营销策略,并简要介绍了口碑营销与微博营销的发展和应用情况。

本章的主要知识和技能点:
- 搜索引擎营销的概念及策略
- 搜索引擎优化的概念及策略
- 许可电子邮件营销的概念及策略
- 博客营销和微博营销的概念及策略

教学要求:
- 了解口碑营销
- 掌握搜索引擎营销的策略
- 掌握搜索引擎优化策略
- 掌握许可电子邮件营销策略
- 掌握博客营销和微博营销策略

【引导案例】小米公司的口碑营销

小米公司是一家专注于高端智能手机、互联网电视及智能家居生态链建设的创新型科技企业。得益于数目庞大的粉丝数量,小米公司利用口碑营销创造了一个又一个小米神话。从创业之初到2014年,小米公司的估值就高达460亿美元;2017年仅第二季度小米手机销量就达到2 316万台,居世界第五。

口碑营销又称病毒式营销，其核心内容就是能"感染"目标受众的病毒体（口碑），让消费者自动传播公司的产品和服务的良好评价，让人们通过口碑了解产品、树立品牌，最终达到企业销售产品和提供服务的目的。在今天这个信息爆炸、媒体泛滥的时代里，消费者对广告，甚至新闻，都具有极强的免疫能力，只有制造新颖的口碑传播内容才能吸引大众的关注与议论。

小米科技创始人雷军在接受新闻媒体采访时曾说过，口碑营销是小米最好的推广渠道，要让消费者和小米官方团队一起，成为产品设计、产品改进、品牌传播的"大明星"。公司在开发手机功能之际就积极邀请用户提供意见和建议，而当用户提出的功能被采纳并得以实现时，他们就乐于在网络上分享，从而帮助更多的消费者认识小米这一品牌；一个用户开始使用了小米手机，那他的家人或朋友也极有可能开始关注并使用小米手机。如此一来，小米就通过这种"用户带动用户"的模式有效地展开了口碑营销。

通过以上良好的口碑效应，当小米开发产品时，数十万消费者热情地出谋划策；当小米新品上线时，几分钟内数百万消费者涌入网站参与抢购，数亿销售额瞬间完成；当小米要推广产品时，上千万消费者兴奋地奔走相告；当小米产品售出后，几千万消费者又积极地参与产品的口碑传播和每周的更新完善之中……

消费者和品牌从未如此相互贴近，互动从未如此广泛深入。通过互联网，消费者扮演着小米的产品经理、测试工程师、口碑推荐人、梦想赞助商等各种角色，他们热情饱满地投入品牌发展的各个细节中。小米现象的背后，是互联网时代人类组织结构的深层巨变，是小米公司对这一巨变的敏感觉察和精确把握，可以说小米公司将口碑营销做到了极致。

案例点评：

根据调查，2/3的消费者表示体验过良好的消费体验后会告诉朋友和家人；60%的消费者表示会分享到社交媒体上。这意味着品牌给消费者提供良好的消费体验后会获得口碑传播。

在现代营销学之父菲利普·科特勒看来，口碑是指由生产者以外的个人将关于产品、品牌等信息传递给受众并导致其改变态度，甚至影响购买行为的一种双向互动传播行为。简单说，口碑就是"口口相传"，其作用原理在于人们总是认为朋友、熟人的推荐肯定要比广告更具可信度，因而对企业品牌树立和产品推广十分重要。口碑营销是企业在调查市场需求的情况下，为消费者提供他们所需要的产品和服务，同时制定一定口碑推广计划，让消费者自动传播公司产品和服务的良好评价，让人们通过口碑了解产品、树立品牌，最终达到企业销售产品和提供服务的目的。

随着市场竞争日益激烈和互联网时代的到来，口碑将在现代企业营销活动中发挥越来越重要的作用，小米公司的成功就是最好的例证。

10.1 搜索引擎营销

10.1.1 搜索引擎营销的基本原理

随着信息技术和互联网技术的不断发展,互联网网页数量已经达到千亿级别。根据中国互联网信息中心发布的统计信息显示,截至 2017 年 12 月,中国网页数为 2 360 亿个,年增长达 11.2%。对于广大网民来说,不是信息量不够,而是信息太多。如何让企业的商品和服务信息从众多的信息中脱颖而出,呈现在用户面前,并引起用户的关注,成为广告商非常重视的问题。搜索引擎在某种程度上解决了信息获取和信息筛选的问题。

1. 搜索引擎营销概述

1) 搜索引擎营销的定义

搜索引擎营销 (search engine marketing, SEM) 是指在用户使用搜索引擎进行信息检索时,利用用户检索信息的机会尽可能将营销信息传递给目标用户。简单来说,搜索引擎营销就是基于搜索引擎平台的网络营销,利用人们对搜索引擎的使用习惯,在人们检索信息的时候将营销信息传递给目标客户。搜索引擎营销的目的是追求高性价比,以最小的投入获得最大的访问量,并产生商业价值。百度推广就是一个被大家所熟知的搜索引擎营销平台(图 10-1)。

图 10-1 百度推广首页

2)搜索引擎营销的目标

① 被搜索引擎收录。

② 在搜索结果中排名靠前。

③ 增加用户的点击(点进)率。

④ 将浏览者转化为顾客。

在这4个目标中,前3个目标可以理解为搜索引擎营销的过程,而只有将浏览者转化为顾客才是最终目标。在一般的搜索引擎优化中,通过付费登录或者设计网页标题、关键词等相关标签,可以实现前两个初级目标。想要实现高层次的目标,还需要进一步对搜索引擎进行优化设计。

3)搜索引擎营销实现的基本过程

企业将信息发布在网站上,成为以网页形式存在的信息源;搜索引擎将网站/网页信息收录到索引数据库;用户利用关键词进行搜索;搜索引擎结果中罗列相关的索引信息及其链接;根据用户对搜索结果的判断,选择有兴趣的信息并点击进入信息源所在网页。这样就完成了企业从发布信息到用户获取信息的整个过程,这个过程也说明了搜索引擎营销的基本原理和基本过程。

4)搜索引擎营销的任务

从搜索引擎的基本原理可以看出,实现搜索引擎营销的任务有以下4个方面。

① 构造合适的搜索引擎检索信息源。信息源被搜索引擎收录是搜索引擎营销的基础,这也是网站建设成为网络营销基础的原因。

② 创造网站或网页被搜索引擎收录的机会。网站建设完成并发布到互联网上并不意味着自然可以达到搜索引擎营销的目的,还需要增加被搜索引擎收录的机会。

③ 使网站信息出现在搜索引擎结果中靠前的位置。网站或网页仅仅被搜索引擎收录还不够,还需要让企业信息出现在搜索引擎结果中靠前的位置,这就是搜索引擎优化所期望的结果。

④ 以搜索结果中有限的信息获得用户关注。通过对搜索引擎检索结果的观察可以发现,并非所有的检索结果都含有丰富的信息,用户通常并不能点击浏览结果中的所有信息,而是需要对结果进行判断,从中选出一些相关性强、最能引起关注的信息进行点击,进入相应的网页之后获得更为完善和完整的信息。

2. 搜索引擎营销的特点

1)受众广泛准确

根据中国互联网信息中心发布的统计信息显示,截至2017年12月,中国网民规模达到7.72亿。如此大规模的互联网用户群为搜索引擎营销提供了大量的潜在客户。这些潜在客户中即使有1%的客户转化为顾客,也会为企业带来可观的收益。同时,搜索引擎营销相对于传统营销方式,最大的特点是受众的准确性。传统的营销方式往往都是拓宽各种渠道,尽可能接触潜在客户。这种方式覆盖面很广，然而真正的转化率却比较低，并且传统的营销方式采用的是拉动、说服等被动方式。而搜索引擎营销是用户主动搜索相关信息，他们比传统营销中的用户更有可能转化为消费者，这种关注正是搜索引擎的价值所在，也是搜索引擎营销存在和成长的关键。

2）方便快捷

激烈的市场竞争使企业间的竞争日益激烈，早一步的行动就可能为企业带来巨大的利润空间。而搜索引擎营销也正是以其高速而得以发展。在传统营销手段中，企业要开展意向促销活动，往往需要前期投入大量时间对营销人员进行培训，然后将营销人员分配到有限的地点进行宣传。这样的传统营销方法不仅需要耗费大量的人力、物力和财力，还需要企业投入较长的时间，且活动覆盖范围小，效果可控性差。而搜索引擎营销的做法是在编辑好相关的广告内容和选择好关键词后，就可以为这些关键词购买排名，在向搜索引擎提交竞价广告时只需要填写一些必要的信息，如企业和账户信息、关键词及其描述等，即可以发布。只要事先准备好，整个过程只需要几个小时，甚至几分钟的时间。然后用户在搜索这些关键词时就会看到排名较前的公司促销广告的链接，不但可以对很多浏览者产生作用，而且在促销活动结束时也可以很快删除相关链接，不会有任何滞后反应。促销信息的发布更是非常方便，只需要添加一个全新的页面，然后在人气和流量较高的页面中添加指向该页面的链接即可。

3）投资回报率高

很多企业都倾向于用投资回报率来评价营销活动的效果，即用最少的钱达到最好的宣传和推广效果。因为搜索引擎是开放性的平台，门槛比较低，所以与传统广告和其他网络推广方式相比，搜索引擎营销更加便宜、有效。任何企业，不论企业规模大小，也不论品牌知名度高低，都可以在搜索引擎上推广宣传，并且机会均等，发布的信息都有可能排在前面。与此同时，搜索引擎营销的投资回报率高还体现在竞价排名按照点击付费，这种付费方式都是在用户发生兴趣并且实际发生点击行为以后发生的费用，并不是可以预测的。

4）可控性较强

搜索引擎营销的可控性主要表现在3个方面，即广告内容、广告时间和广告成本。首先，广告内容是由搜索引擎广告商自己控制的，广告商有自己修改和优化广告内容的权限，这些对于广告商非常重要。因为广告发布本身是一个不断测试的过程，广告商如果在运行中发现什么问题或者有需要改动的地方，就可以随时修改广告内容，大大提高了广告的反馈效率，增强了广告的投放效果。其次，广告商可以选择最合适的时间投放自己的广告，就好像电影选择暑期档期、春节档期宣传造势一样。这样对于那些产品或服务具有明显周期性的广告商很有好处，不但可以节约成本，而且可以大大提高广告效果。最后，对广告成本的控制主要是基于每次点击付费（cost per click，CPC）的付费方式。广告商花在搜索引擎营销上的成本可以由点击量和CPC的价格很简单地算出。而且当广告商发现搜索引擎营销的费用已经超过预算时，可以马上停止广告投放。

10.1.2 搜索引擎营销的主要模式

搜索引擎营销的主要实现方法包括：竞价排名、关键词广告、搜索引擎优化、分类广告、付费搜索广告、地址栏搜索、网站链接策略等。此外，还出现了更多的搜索引擎模式，如本地搜索、博客搜索、垂直搜索、新闻搜索等，这些都是搜索引擎在某些领域的具体细分模式。

1. 竞价排名

竞价排名是由客户为自己的网页购买关键字排名，按点击计费的一种服务。网站付费后才能出现在搜索结果页面，付费越高者越靠前。客户可以通过调整每次点击付费价格，控制自己在特定关键词搜索结果中的排名，并可以通过设定不同的关键词捕捉到不同类型的目标访问者。其基本特点是按点击付费，推广信息出现在搜索结果中，如果没有被用户点击，则不收取推广费用。例如："英语培训"在百度中的搜索结果如图10-2所示，其中方框标示的内容为竞价排名的结果。

1）竞价排名的主要作用

竞价排名是一种按效果付费的网络推广方式，用少量的投入就可以给企业带来大量潜在客户，有效提升企业销售额和品牌知名度。竞价排名按照给企业带来的潜在客户访问量计费，企业可以灵活控制网络推广投入，获得最大的回报。

在推广过程中，竞价排名主要发挥了以下几方面的作用。

图10-2 "英语培训"在百度中的搜索结果（竞价排名）

① 按效果付费，费用相对较低。
② 出现在搜索结果页面，与用户检索内容高度相关，增加了推广的定位程度。
③ 竞价结果出现在搜索结果靠前的位置，容易引起用户的关注和点击，因此效果比较显著。
④ 搜索引擎自然搜索排名的推广效果有限，特别是对于自然排名效果不好的网站，采用竞价排名可以很好地弥补这种不足。
⑤ 企业可以自己控制点击价格和推广费用。
⑥ 企业可以对用户点击情况进行统计和分析。

2）竞价排名的优点
① 见效快。通过选择一定价格的关键词后就可以进入排名前几位，并且可以自己控制位置。
② 关键词数量没有限制。可以在后台设置无数的关键词进行推广，没有任何限制。
③ 关键词不分难易程度。不论多么热门的关键词，只要想做，都可以进入排名前三，甚至第一。

3）竞价排名的影响因素
① 竞价关键词的设定。如果企业设置的关键词太少，就可能造成没有营销效果的现象。少量的关键词覆盖范围有限，所以企业应该尽量多设置一些与产品相关的关键词，提高关键词密度。
② 竞价排名的先后。据权威机构调查，60%～70%的网民仅访问检索结果的第1页，20%～25%的网民访问第2页，只有3%～4%的网民访问所有的结果。所以排名的前后也是很重要的。
③ 网页的描述。有时候会有这种情况，虽然企业在网页的排名第一，但是没有排名第三的效果好。用户在看到搜索结果后，对网页的描述是很关注的，如果不感兴趣就不会打开链接，所以好的网页描述也是很重要的。
④ 网站网页的打开速度。在浏览网站的时候有一个8秒钟原则，即网站如果在8秒内没有打开，用户就会选择关闭。如果企业的网站上有大量的动画效果，或者其他原因导致网站打开速度过慢，就会使竞价排名产生了费用却没有效果。
⑤ 联系方式是否明确。用户通过竞价排名找到企业，对产品也很满意，但是联系方式不容易找到，访问者可能会失去耐心，不再寻找。这种现象也是经常出现的，因此联系方式必须要在醒目的位置，而且每个网页上都要有。
⑥ 是否要全国推广，企业在使用竞价排名的时候做的是全国甚至全球推广，这样有很多客户通过竞价排名看到企业的产品，但是由于地域的关系没有联系企业，竞价排名费用增加了，但是没有效果。因此，企业应该根据其面对的主要市场，有选择性地投放，这样所产生的访问就是有效的，花费的费用和产生的效果可以让人满意。

2. 关键词广告

关键词广告是目前常用的网络广告方式之一，从 2002 年开始，关键词广告成为网络广告中市场增长最快的模式。

1) 关键词广告概述

关键词广告是付费搜索引擎营销的一种形式，也可以称为搜索引擎广告、付费搜索引擎关键词广告等，简单来说就是当用户利用某一关键词进行搜索时，在搜索结果页面会出现与该关键词相关的广告内容。只有在搜索特定关键词时，关键词广告才出现在搜索结果页面的最显著位置，所以其针对性非常高。不同的搜索引擎对关键词广告信息的处理方式不同，有的将付费关键词检索结果显示在搜索结果列表最前面，也有的出现在搜索引擎结果页面的专用位置，如百度的关键词广告出现在搜索结果页面的右方（图 10-3），而左侧是免费的自然搜索结果。

图 10-3 "英语培训"在百度中的搜索结果（关键词广告）

2) 关键词广告的优点

① 关键词广告点击率比横条广告高。利用关键词广告进行网站推广是一种有效的方法，不仅操作简单，而且点击率较高。除了直接的点击之外，由于关键词广告的定位程度较高，还可以获得额外的广告浏览价值。

② 关键词广告价格比较低廉。关键词广告采用按点击量收费的方式计价，在企业没有

很多非常热门的关键词的情况下,关键词广告收费相对低廉,降低了企业在网络广告方面的投入费用,改变了只有大型企业才能应用网络广告的状况,增加了中小企业的竞争实力。

③ 点击率没有最低限额,并且广告预算可以自行控制。与国内一些服务商要求每月投放广告最低限额不同,直接在搜索引擎投放关键词广告没有"最低消费",也不用担心选择的关键词太热门而超过财务预算,因为每次点击的费用和每天的最高限额都是由商家自己设定的,而且可以随时变化设置,甚至暂停或者取消广告活动。

④ 操作简单。投放关键词广告的操作过程简单,任何个人或企业都可以根据网站说明完成广告投放。

⑤ 关键词广告是一种高效的广告投放方式。很多搜索引擎可以实现实时显示,所有的关键词和链接地址都是自行设定的。虽然这样大大提高了投放广告的效率,但也存在一定的弊端。由于不存在审批和人工控制问题,因此,可能会出现一些潜在的虚假广告,甚至恶意广告,一旦出现纠纷,结果会比较麻烦。

⑥ 关键词广告与网站优化排名并不矛盾。一般的网站不可能保证优化设计使得很多关键词都能在搜索引擎结果中排名第一,关键词广告是免费登录的一种补充,两者并不矛盾。即使在搜索排名中处于第一的位置,也可以采用付费的关键词广告,这是因为搜索结果排名信息与关键词广告的信息并不一定相同,用户的偏好也有差别。

3) 关键词广告的不足

关键词广告虽然具有很多优点,但是也有其不足之处。其中,最大的缺点就是广告商不得不面对恶意点击。恶意点击有时候是竞争者所为,目的是消耗完广告商当天的预算费用,使其广告不再显示,从而使得自己的广告排名上升。另一种情况可能来自搜索引擎广告联盟网站,他们为了获得每次点击的广告佣金而自己实施广告点击行为。这种行为导致的结果就是广告商每天的广告投入增加,但是由关键词广告产生的效益并不产生明显变化。这种现象就是典型的搜索引擎关键词中的恶意点击。

3. 搜索引擎优化

搜索引擎优化(search engine optimization,SEO)是近年来较为流行的网络营销方式,主要目的是增加特定关键词的曝光率以增加网站的能见度,进而增加销售机会。SEO 的主要工作是通过了解各类搜索引擎如何抓取互联网页面、如何进行索引及如何确定其对某一特定关键词的搜索结果进行排名等技术,对网页做相关优化,使其提高在搜索引擎中的排名,从而提高网站访问量,最终提升网站的销售能力或宣传能力。

1) 搜索引擎优化的目标

搜索引擎优化不能只考虑搜索引擎的排名规则,更重要的是要为用户获取信息和服务提供方便,也就是说,搜索引擎的最高目标是为服务用户,而不是为搜索引擎。当一个网站能够不断为用户提供有价值的信息时,它在搜索引擎中的表现自然也就好了。这表明搜索引擎优化是以客户为导向的网站优化效果的自然体现，因为搜索引擎的检索原则就是为用户提供与检索信息最相关的内容，如果一个网站/网页做到了这一点，自然会在搜索引擎检索结果中获得好的排名。反过来，如果不注意网站基本要素的优化设计，用其他方式来获得排名效果则是不太现实的。

2）搜索引擎优化的重点

搜索引擎优化应该重视的是网站内部的基本要素：网站结构、网站内容、网站功能和网站服务。搜索引擎优化以网站结构和网站内容最为重要。可以肯定地说，一个网站的结构和内容优化做好了，那么它就至少完成了70%的搜索引擎优化工作。大家认为最重要的一个搜索优化因素——网站外部链接，其重要程度在搜索引擎优化中不超过20%，而且这还是指高质量的、高相关性的网站链接。如果只是一般的网站链接，或者垃圾网站的链接，可能还会有反作用。例如，谷歌的网页级别技术PR（page rank）计算值中，PR值越高说明该网页越重要。影响PR值的因素包括：与PR值高的网页链接、与内容质量高的网站链接等。对方给该网站做链接时，并不是对方网站的PR值越高越好，对方网站的外部链接数量也很重要。PR值最高为10，一般PR值达到4就算是一个不错的网站了。

3）搜索引擎优化的优点

① 搜算结果在受关注度上要比搜索广告更有优势。这是由于和搜索结果同时出现的竞价排名广告相比，大多数用户更青睐于那些自然的搜索结果，感觉搜索引擎更加中立。

② 建立外部链接，让更多站点指向自己的网站，是搜索引擎优化的一个关键因素。这些链接本身就促进网站排名提升，从而带来更多访问量，并长期保持这一优势。

③ 能够为客户带来更高的投资回报。

④ 网站内容的良好优化可以改善网站对产品的宣传力度。

4）搜索引擎优化的不足

① 搜索引擎对自然结果的排名算法并非一成不变，一旦发生变化，往往会使一些网站不可避免地受到影响。因而，搜索引擎优化存在效果不够稳定、无法预知排名和访问量的缺点。

② 由于搜索引擎优化不但要寻找相关的外部链接，还要从结构乃至内容上对网站精雕细刻，以改善网站对关键词的相关性及设计结构的合理性。同时，这种外部链接无法立竿见影，因此想要享受到搜索引擎优化带来的收益，可能需要等几个月甚至更长的时间。

③ 搜索引擎优化最初以低成本吸引人们的眼球，但是随着搜索引擎对其排名系统的不断改进，优化成本亦越来越高，这一点在热门关键词上的表现最为明显。

5）搜索引擎优化的工作流程

一般搜索引擎优化工作需要经过关键词确定、竞争网站分析和网站结构优化三个步骤。

① 第一步：关键词确定。
- 由申请者向搜索引擎网站提供所需要的关键词。
- 对所要优化的网站进行受众分析。

- 根据申请者提供的网站情况,搜索引擎网站进一步分析浏览对象的搜索习惯和搜索心理。
- 确定网站主要营销关键词及辅助营销关键词。

② 第二步:竞争网站分析。

根据已经确定的营销关键词,申请者所在的营销网站对同行业领域网站进行分析。

- 网站优化结构分析。
- 搜索引擎优化情况分析。
- 网站优化情况分析。
- 搜索引擎数据情况分析。

③ 第三步:网站结构优化。

遵照国际标准,通过对网站结构的调整提升自身网站的整体环境,使企业网站更符合用户的浏览习惯和搜索引擎的收录标准。使网站具备良性的、独立的"造血功能",保证网站在所属领域内处于领先位置。

10.1.3 搜索引擎优化策略

搜索引擎优化是利用搜索引擎营销的重要途径。第一,认识并了解搜索引擎优化在网站内容制作、关键词密度等方面的基本策略是非常必要的。第二,掌握并应用实施搜索引擎优化师应该利用的各种策略,如归类总结策略、新闻站点技巧策略等,对于提高搜索引擎优化的效果十分重要。

1. 搜索引擎优化基本策略

1) 丰富网站内容

网站的实际内容是网站优化策略的一个重要因素。如果希望在搜索结果中排名靠前,网站中必须有实际的内容。搜索引擎的"蜘蛛"程序只能从网页内容来判断网站的质量,而不能从图片、Flash 动画上判断。人们在查找信息的时候,总是希望找到包括很多重要信息的网站,网页内容丰富的网站要比网页内容不那么丰富的网站排名好得多。无论是搜索引擎还是访问者都希望看到比较新的信息,这就要求网站收集大量的信息,专注于该领域的动态。

2) 提高关键词密度

网页上通常会有数以百计的词语,那么搜索引擎如何分辨哪些是描述网站的重要词语呢?搜索引擎会统计页面的字数,重复出现的词或短语被认为比较重要。搜索引擎利用自身的算法统计页面中每个字的重要程度,关键词字数与该页面字数的比例称为关键词密度,这是搜索引擎优化最重要的因素之一。

为了得到更好的排名,网站的关键词必须在页面中出现若干次,但必须在搜索引擎语序的范围内。要想知道关键词的密度是多少才能够得到较好的排名,方法很简单,只要在搜索引擎中搜索要优化的关键词,然后统计排在前面的几个网站的关键词密度就可以了。

3) 突出关键词

在有价值的地方放置关键词。当统计完页面需要多少个关键词后,接下来就可以考虑把关键词放在页面的什么地方。突出关键词是吸引搜索引擎注意的一个重要因素。搜索引擎将要专注于网页中某一部分的内容,处于这一部分的词语显得比其他部分的词语重要得多,这就是所谓的"突出关键词"。

① title 标签。title 标签是网页中最重要的标签。所以在 title 标签中放置关键词显得非常有必要。有一些搜索引擎会格外注意"描述"和"关键词"标签。

② 标题(headings)。标题为网站的访问者指明了哪些是网站中比较重要的内容。在标题中能出现关键词对于提高网站排名有很大的好处。

③ 超链接文本。超链接文本(也称超文本)是指使用超链接的方法,将各种不同空间的文字信息组织在一起的网状文本。超文本更是一种用户界面方式,用以显示文本及与文本之间相关的内容。现时超文本普遍以电子文档的方式存在,文字包括可以衔接到其他位置或者文档的链接,允许从当前阅读位置直接切换到超文本链接所指向的位置。超文本的格式有很多,目前最常使用的是超文本标记语言(hyper text markup language,HTML)及富文本格式(rich text format,RTF)。

④ 统一资源定位符(uniform resource locator,URL)文本。如在网站名和网页中出现关键词,对于搜索引擎排名会产生很大的影响。这样的关键词被称为"URL 文本",网站间建立链接时,尽量使用关键词作为链接文字,有利于提高网页的重要性,从而影响网页排名。

⑤ 顶部。网页顶部的文本,每段开头的内容十分重要,所以尽量在这些地方包含关键词。

4) 提高点击流行度

在某些搜索引擎中影响排名的因素是点击流行度,在搜索结果中点击链接到网页的次数会被统计。经常被点击的页面,其点击流行度就高。当访问者从搜索结果中点击网站时,搜索引擎将奖励网站一定的分数。如果网站得到较高的点击量,该网站将来能够得到更多的分数。不要尝试重复点击网站,对于同一 IP 地址的重复点击,搜索引擎会将其删除。

5) 提高链接流行度

链接流行度被认为是搜索引擎优化的一个主要因素。搜索引擎认为外部链接较多的网站重要性也相对较高。不是所有的链接都是公平的,从高质量网站的链出会给网站带来更多的分数。链接文字必须包含优化的关键词,这样会提高网站的排名。链接流行度并不在网站能控制的范围内,但是可以按照以下做法提高链接流行度。

① 做一个高质量的网站,如果人们发现它有有价值的内容,会主动与网站进行链接。

② 使交换链接变得更加简易。在交换链接页面放置链接代码，把交换链接的联系方式放在显眼的地方，方便伙伴与网站的交换。

③ 在搜索引擎中找到网站竞争对手的链接伙伴，要求与他们进行交换链接。互利的交换链接对双方都是有益的。

④ 在重要的网站中做广告或者在收费目录中提交网站。

此外，可以将很多免费目录、黄页等提交网站，还可以在作品中加上链接等。

2. 搜索引擎优化的技巧策略

搜索引擎优化的实施步骤一般包括：基本状况分析；关键词分析；网站内部优化实施；网站外链建设；排名效果跟踪，流量分析；根据排名效果，重回第一步，进行调整；关键词排名维护或培训客户进行维护。在实施搜索引擎优化的过程中，需要采取适当的策略和技巧，提高搜索的效果。

1）运用归类总结策略

对于互联网上浩如烟海的资源，可以按照某种分类或者归类方法，直接列出一个清单，表明相关数据等，这样的文章很容易作为权威数据被大量引用。例如，"中国十大工人知名导航网"，即建立一个知名导航网列表，然后列出导航网列表顺序；或者"豆腐制作方法大全"，即详细列出常用的制作豆腐的方法；或者"生活中应该注意的××十大细节"。从表面上看，做出来的各列表虽然很简单，但是非常实用，很容易作为权威文件而被大量引用。

2）巧妙利用新闻站点和 RSS 聚合

撰写高质量的文章，然后在对应的行业新闻网站发布。这些权重高的网站排名高、人气旺、流量大，在这里发表文章除了能增加网站的反向链接，还会带来意想不到的流量。如果研究的是 SEO，就是在 SEO 方面的网站和论坛上发表，同时可以提交到新闻门户网站。利用互联网上的 RSS 聚合，把文章发送到 RSS 网站上，便于人们阅读和收藏。

3）利用网址站、目录站和社会化书签

根据自己网站的情况，把网址提交到网站开放目录或者其他免费目录中，如好 123、百度网址大全等。这些目录站的人气非常旺，如果能被这些网站收录，带来的不仅仅是流量，更重要的是能够为网站带来源源不断的网站"蜘蛛"，这对网站被搜索引擎收录、提高网站关键词的排名都是非常有效的。同时把自己的网站内容添加到百度搜藏、雅虎搜藏、QQ 书签等社会化书签、让用户通过阅读器、RSS 等订阅，不断扩大网站的影响力。

4）充分利用合作伙伴和链接交换

充分利用与合作伙伴或者商业伙伴之间的关系，尽可能让对方为自己的网站添加或者互换一个链接。管理好自己的友情链接，尽可能从权重高的网站上获得链接的支持。利用某些网站提供交换链接的地方，留下自己的网站链接。有条件的可以采取提供开源程序或者模块等方式，让采用者留有链接，也可以给内容管理系统（content management system，CMS）或者 Blog 系统等开源网站系统提供免费的精美模板；为开源网站程序开发插件，并留有作者链接；开发有用的工具，发表并留有下载地址等。

5）利用互动平台巧妙留下链接

积极参与问答平台，如百度知道、雅虎知识、搜搜问问等，这些问答平台不仅能提供解决问题的方案，还能留下相关站点的链接。参与相关论坛，如安全杀毒论坛等，可以为站点添加链接。参与社会平台，如百度百科、维基百科等的编辑，利用一些交易平台或者交换平台巧妙地留下自己的链接。

10.2 许可 E-mail 营销

在互联网上，当一种应用的客户群逐渐增大的时候，其营销价值也会逐渐凸显。电子邮件并不是为营销而生，但随着电子邮箱成为大众的消息传播工具和人们日常生活的一部分，其营销价值也正在日益显现出来。

10.2.1 许可 E-mail 营销概述

1. 许可 E-mail 营销的概念

许可 E-mail 营销是指在用户事先允许的前提下，通过电子邮件的方式向目标客户传递有价值信息的一种网络营销手段。其有 3 个基本因素：用户许可、以电子邮件为信息载体、邮件内容对客户是有价值的（能够满足客户需求）。许可 E-mail 营销是网络营销方法体系中相对独立的一种，既可以与其他网络营销方法相结合，也可以独立应用。采用许可 E-mail 营销形式可以减少广告对客户的滋扰、增加潜在客户定位的准确度、巩固与潜在客户的关系、提高品牌忠实度等。

2. 许可 E-mail 营销与垃圾邮件

1）垃圾邮件的概念

垃圾邮件并没有一个非常严格、统一的定义。一般而言，凡是未经用户许可就强行发送到用户邮箱中的任何电子邮件都可以称为垃圾邮件。《中国互联网协会反垃圾邮件规范》中这样定义垃圾邮件，本规范所称垃圾邮件，包括下述属性的电子邮件：①收件人事先没有提出要求或者同意接受的广告、电子刊物、各种形式的宣传品等宣传性电子邮件。②收件人无法拒收的电子邮件。③隐藏发件人身份、地址、标题等信息的电子邮件。④含有虚假的信息源、发件人、路由等信息的电子邮件。

不难看出，垃圾邮件和许可 E-mail 营销的本质区别在于是否得到用户的许可。垃圾邮件未征得用户的许可，而许可 E-mail 营销是在用户许可的前提下展开的营销活动。如果方式不当，许可 E-mail 营销也可能变成垃圾邮件。因此，传输有价值的信息在开展邮件营销活动中变得极为重要。

2）降低邮件成为垃圾邮件的概率

为降低邮件成为垃圾邮件的概率，应注意以下几点。

① 检查服务器 IP 是否在黑名单中。

选择邮件服务器时，应该检查服务器提供商的 IP 地址是否被列在主要的垃圾黑名单中。国际主要的垃圾黑名单组织包括：spamhaus.org、spamcop.net、cauce.org 等。

② 邮件撰写规范。

- 在邮件标题及正文中都尽量少使用敏感、典型的垃圾邮件常用词汇，如贷款、获奖、免费、促销、发票、避税等。由于电子邮件客户端或邮件服务器上有用于过滤垃圾邮件的过滤算法，所以尽量减少应用上述词汇，避免激发过滤算法。
- 少使用惊叹号，减少使用夸张的颜色，特别是加粗的红色字体。如果是英文邮件，不要完全用大写。
- 邮件内容、标题、发件人姓名都不要使用明显虚构的字符串。有的垃圾邮件发送者当然不会告诉别人真实姓名，就在发信人名称中随便写上几个字母。
- HTML 邮件代码应该简洁，减少使用图片。虽然 HTML 邮件允许使用图片美化邮件，但是应注意图片在邮件中的比例，图片越多，越容易触发过滤算法。

③ 注册流程的注意点。

- 在用户提交注册表格后显示的感谢页面及确认邮件中，应该提醒用户将域名及邮件地址加入用户自己的白名单和通信录中。
- 如果某邮件已经被过滤到垃圾邮件夹中，提醒用户单击"不是垃圾"按钮，告诉过滤器判断错误了，这些反馈信息会被邮件服务器的过滤算法统计和运用到今后的算法中。
- 给用户最简单的退订方法。在发给用户的所有邮件中都应该包含退订链接，用户单击这个链接，程序就会自动将其 E-mail 地址从数据中删除。退订方法越简单，用户将邮件拉入垃圾邮件的可能性就越小。
- 及时处理投诉和退信。收到用户投诉，应尽快处理，否则会引起黑名单组织注意。由于种种原因，发送出去的 E-mail 不一定能送达对方服务器，而是被退回。对退回的邮件地址应该及时进行鉴别和处理，大量收到退信的用户，也会引起黑名单组织的注意。

10.2.2　开展 E-mail 营销的基础条件

许可 E-mail 营销是由 E-mail 营销演变而来。因此，在研究许可 E-mail 营销之前，先要研究开展 E-mail 营销的基础条件。E-mail 营销主要涉及三方面问题：采取何种电子邮件系统、向哪些用户发送邮件、如何发送邮件及发送何种内容的邮件，即 E-mail 营销的技术基础、E-mail 营销的地址资源、E-mail 营销的内容设计。

1. E-mail 营销的技术基础

在开展 E-mail 营销所面临的问题中,发送邮件列表的技术保障是主要基础,也是 E-mail 营销的技术基础。通过自建或者选择其他电子邮件系统,从技术上保证用户自由、便利地加入和退出邮件列表,从功能上保证实现对用户资料的管理,以及邮件发送后的效果跟踪。一般而言,将具有这些功能的系统称为"邮件列表发行平台"。邮件列表发行平台是 E-mail 营销的技术基础。经营邮件列表,可以自己建立邮件列表发行系统,也可以根据需要选择专业服务商提供的邮件列表发行平台服务。实际情况中具体采用哪种形式,取决于企业的资源和经营者的个人喜好等因素。

2. E-mail 营销的地址资源

在用户许可的情况下,引导更多的用户资源加入邮件列表,从而获得尽可能多的用户 E-mail 地址资源,是 E-mail 营销发挥作用的必要条件。获取用户资源是 E-mail 营销中最为基础、最重要的一项长期工作,但在实际工作中往往被忽视。有些邮件列表建立以后,缺少持续的有效管理,所以加入邮件列表的用户越来越少,E-mail 营销的优势难以发挥,一些公司甚至因此半途而废。同时在获取用户 E-mail 地址的过程中,应该对邮件列表进行相应的推广,及时更新,完成订阅流程,并注意对用户隐私的保护,从而提高用户加入的成功率,增强邮件列表的总体有效性。可见,在获取邮件列表用户资源过程中,应利用各种有效的方法和技巧,加上长期有效的推广和管理,才能做到真正专业的 E-mail 营销。

网站的访问者是邮件列表用户的主要来源,企业还可以采取一定的推广措施吸引用户的注意。

① 充分利用网站进行推广。
② 使用合理的地址收集软件。
③ 提供多订购渠道。
④ 充分挖掘现有网站用户。
⑤ 充分挖掘朋友和同行。
⑥ 改善现有用户体验。
⑥ 得到同行的推荐。
⑦ 合理设置奖励措施。

通过合理设置奖励措施,使其与邮件列表挂钩。例如,某些在线优惠券、研究资料只能通过邮件列表发送,甚至有些资料需要加入邮件列表才能获得。

3. E-mail 营销的内容设计

有效的内容设计是 E-mail 营销发挥作用的重要前提和基本保障。在 E-mail 营销中,营销信息是通过电子邮件向用户发送的,邮件的内容能否引起用户的关注、对用户是否有价值，直接影响 E-mail 营销的最终结果。没有合适的内容，拥有再好的 E-mail 营销技术基础、再多的 E-mail 营销地址资源，也无法向用户传递有效的营销信息。

1）E-mail 内容的设计原则

E-mail 营销并没有统一的内容模式，即使是同样的 E-mail 内容，在企业营销的不同阶段也会发生一定变化。然而，总结这些内容模式却可以归纳出 E-mail 内容设计的一些原则。

① E-mail 营销的目标应该与企业总体营销战略保持一致，这样才能够实现企业的总体营销目标。

② E-mail 营销内容中应直接或间接地体现企业相关营销信息，使读者能够方便、快速地了解和获取企业的相关信息。

③ E-mail 营销的内容在一段时期内应保持连续性、系统性，从而使用户产生整体印象，精确地获取这一阶段的营销主题。

④ E-mail 营销的内容应该要精练且保持美观。尽量减少图片的使用，而凭借 HTML 字体、色彩和背景的搭配运用达到美观的效果。

⑤ E-mail 营销的内容必须有稳定、持续的来源，确保邮件发送周期。

2）E-mail 内容的基本要素

每封邮件的内容尽量结构各不相同，但邮件列表的内容有一定的规律可循。设计完善的邮件内容一般应具有下列基本要素。

① 邮件主题。本期邮件的主题，或者是通用的邮件列表名称加上发行的期号。

② 邮件正文。本期邮件的核心内容，一般安排在邮件的中心位置。

③ 退出列表的方法。这是正规邮件列表内容中必不可少的内容，在每一封邮件内容中均应合理设计退出列表的方法。纯文本的邮件内容可以用文字说明退订方式，HTML 格式的邮件内容除了说明退订方式之外，还应该设计退订框，方便用户直接输入邮件地址进行退订。

④ 其他信息和声明。如果有必要对邮件列表作进一步的说明，可将有关信息安排在邮件结尾处，如版权声明和页脚广告等。

⑤ 邮件列表名称。一个网站可能有若干个邮件列表，一个用户也可能订阅多个邮件列表，邮件主题不一定能完全反映所有信息，需要在邮件内容中显示列表的名称。

⑥ 当期目录或内容提要。如果邮件信息较多，给出当期目录或内容提要是很有必要的。

⑦ 邮件内容 Web 阅读方式说明（URL）。如果提供网站阅读方式，应在邮件内容中给予说明。

10.2.3 许可 E-mail 营销的基本方式和一般过程

可以说没有完全一样的营销活动，但是归纳多个许可 E-mail 营销实践活动，可以发现规律性的基本方式和一般过程。了解了这些基本方式和一般过程，并且掌握 E-mail 营销的基础条件，就能够形成系统、全面、形象的营销模式。

1. 许可 E-mail 营销的基本方式

按照 E-mail 地址资源所有权的划分，许可 E-mail 营销常用的形式有内部列表和外部列表两种。两者各有其侧重点和优势，并不矛盾，如果必要，可以同时采用。

内部列表就是平时所说的邮件列表，包括企业通过各种渠道拥有的各类用户的 E-mail 地址资源（用户的注册信息）。内部列表许可 E-mail 营销就是在用户许可的前提下，营销者利用注册用户的资料开展的 E-mail 营销。一般而言，对 E-mail 营销比较重视的企业通常会拥有自己的内部列表。

外部列表是指企业服务商或者其他可以提供专业服务的机构提供的 E-mail 地址资源，如专业的 E-mail 营销服务商、相同定位的网站会员资料、免费邮件服务商等。外部列表许可 E-mail 营销就是在用户许可的前提下，营销者利用专业服务商提供的 E-mail 地址资源开展的 E-mail 营销。

2. 许可 E-mail 营销的一般过程

开展许可 E-mail 营销的过程，就是在营销目标的指导下，将有关营销信息通过电子邮件传递到目标用户的电子邮箱中，通过营销信息的渗透达到营销的目的。许可 E-mail 营销的一般过程可以分为以下 5 个步骤。

1）制定许可 E-mail 营销目标

一般而言，根据不同的营销目标，电子邮件营销又可以进一步细分为品牌形象推广电子邮件营销、产品营销电子邮件营销、社会调查电子邮件营销、用户服务电子邮件营销、网站推广电子邮件营销等。因此，企业应该结合自身当前的状况，根据不同的许可 E-mail 营销计划，确定在推广企业形象和产品、提高市场营销等不同方面的营销目标。

2）合理选择营销途径

根据企业要达到的营销目标、企业的资金状况及企业拥有的 E-mail 地址资源确定有效的邮件列表和外部列表，选择合适的外部列表服务商。企业、邮件列表及外部列表服务商是这一阶段要考虑的 3 个重要因素。邮件列表的建立并不是一个人或者一个部门可以独立完成的事情，它涉及技术编程、网页设计等框架内容，市场、销售等数据收集设计内容，如果是外包服务，还需要与专业服务商进行功能沟通。一般而言，专业的外部列表服务商拥有大量的用户资源，有专业的发送和追踪技术。因此，为达到营销目标，要在企业资源、邮件列表和外部列表服务商之间达到一种均衡。

3）合理设计邮件内容

针对内部邮件列表和外部邮件列表，由企业自己或者与外部列表服务商合作设计邮件内容。在E-mail营销中，邮件的内容设计范围广，灵活性也大，对 E-mail 营销的最终结果影响更直接、更显著。如果没有合适的邮件内容，再好的邮件列表技术平台、再多的列表用户也无法实现营销目的。同时，由于内部和外部邮件列表存在差异，企业有必要针对这两种邮件列表在不同的阶段或者根据环境的变化设计不同的内容。在是否选择附件的问题上，一般从节约客户时间和保障安全性的角度来说，应尽量把内容安排在邮件的正文部分。

4）按时发送邮件

根据营销计划向潜在用户发送电子邮件。在向潜在用户发送邮件之前，应该根据营销计划确定邮件发送周期，并履行自己的诺言。然后，利用企业的邮件发送系统或者选定的第三方发行系统，根据设定的邮件列表发送周期按时发送。要注意邮件发送周期不能过于频繁，这样不但达不到邮件营销的目的，还会给用户造成不好的印象，甚至被列入"黑名单"。

5）及时跟踪反馈

及时跟踪许可 E-mail 营销活动的效果，并且及时调整自己的营销策略，营销活动结束后，对营销效果进行分析总结。

营销计划制订后不是一成不变的，应及时跟踪，并且根据跟踪结果或者服务商提供的专业分析报告及时调整策略行动，这样才能够了解顾客、服务顾客，并且达到企业的营销目的。

10.2.4 跟踪与监测电子邮件营销结果

许可 E-mail 营销的效果不能够直接检测，需要通过对邮件送达率、阅读率、点击率等指标进行量化分析来监测。

1. 邮件列表注册转化率

邮件列表注册转化率，即完成电子杂志注册人数与访问网站的独立 IP 人数之比。测量方式是参考网站流量统计中的独立 IP 人数，提交电子杂志注册表格后所显示的确认网页次数，以及电子杂志数据库中最终完成双重选择加入的总人数。以确认页面显示次数除以独立 IP 数，就得出转化率。以电子杂志数据库中的总人数除以独立 IP 数，才是最终电子杂志转化率。计算都是以某段时间为标准，比如按日、周或者月得出的转化率。通常电子商务网站销售转化率在 1% 左右属于正常。邮件列表或者电子杂志的转化率应该更高，5%～20% 都属于正常。

2. 退订率

订阅用户单击邮件中的退订链接后，其电子邮件地址将从数据库中删除，电子邮件营销系统后台应做相应的记录。退订是无法避免的，但是如果退订率过高，营销人员就要对邮件内容进行检查。在保证邮件内容的前提下，真正对主体感兴趣的用户通常不会轻易退订；退订的那部分用户也有可能只是对免费礼物感兴趣或好奇而订阅，并非真正的目标用户。

3. 邮件送达率

以发送邮件总数（通常就是数据库中的订户总数）减去接收到的退还邮件数目，就是送达的邮件数。以送达邮件数除以发送总数，就是送达率。送达率显示邮件已经进入用户邮箱的比例。不过进入邮箱却不一定意味着用户能看到这封邮件。邮件有可能直接就进了垃圾文件夹，有可能用户只看了标题就删除了，这些邮件也都被计算在送达数字之内。所以送达率是一个必须知道，但是实际意义比较小的数字。若用它来衡量用户看到邮件的真实状况则存在误差。

4. 邮件打开率/阅读率

邮件打开率/阅读率直接表明用户真正打开邮件的比例。测量方法是在邮件的 HTML 版本中，嵌入一个跟踪图片文件，且每期邮件的跟踪图片文件名都不同。例如，第一期杂志图片文件名为 tracking1.jpg，第二期杂志图片文件为 tracking2.jpg。当用户打开邮件，邮件客户端就会调用网站服务器上的这个跟踪图片文件。从服务器日志中记录的这个图片文件被调用的次数就可以知道相应邮件的被阅读次数。用跟踪文件调用数除以发送邮件总数，就是比较准确的邮件阅读率。

邮件打开率或阅读率能够较为真实地反映出邮件信息展现在用户面前的比例。但是也存在一定的误差，不能反映用户阅读邮件的真实状况。例如，用户打开邮件很快就关闭，并没有仔细阅读邮件里面的内容。所以，到目前为止，用户仔细阅读邮件内容的次数是无法统计的。

【课堂练习 10 – 1】 邮件营销策略的应用

练习目的：
通过本次课堂练习，充分了解 E-mail 营销特点，并深入体会 E-mail 营销内容设计技巧。

练习要求：
学生自由组合成小组，分析"新西兰航空网 E-mail 营销"的案例内容，结合理论知识对案例内容进行分析。各小组还可以仿照案例选取一个企业，为其设计 E-mail 营销策略，撰写邮件内容。

练习内容：

新西兰航空网 E-mail 营销

图 10 – 4 是新西兰航空网在进行 E-mail 营销时，发送给用户的一封电子邮件。

图 10-4　E-mail 营销内容

图 10-4 中方框 1 的内容如下：

主题：最后一周！上海往返奥克兰/基督城 ¥2880 起！

发件人：新西兰航空

收件人：rainbow_hlq@sina.com

图 10-4 中方框 2 的内容如下：

优惠截至 12 月 4 日，立即预订！

若未能阅读以下电邮，请按此浏览。

图 10-4 中方框 3 的内容如下：

你已注册并同意接收新西兰航空活动邮件，为确保你能继续接收我们的资讯，请将 airnz@newsletter.airnewzealand.cn 添加至你的通讯录中。

若你不希望收到本司发出的电子邮件，请点此取消订阅。

图 10-4 中方框 4 的内容如下：

新西兰航空上海办事处 – 中国上海市南京西路 1168 号中信泰富广场 12 楼 1208-1209 室

邮政编码：200041 电话：400-101-8080 电子邮件：resChina@airnz.cn.nz

航空公司承运条款法律条款及隐私权政策

思考与互动：

学生思考并回答以下几个问题，教师点评、归纳。

① 请同学们分析上述邮件，并根据本节学习内容，分析这个营销邮件的优点及缺点。

② 请同学们仿照上述邮件，选取一家企业，为其撰写 E-mail 营销邮件内容。

10.3 博客营销

10.3.1 博客营销概述

1. 博客营销的概念

博客，意为网络日记，其内容通常是公开的，人们可以发表自己的网络日记，也可以阅读别人的网络日记，是一种个人思想在互联网上的共享，是网络媒体进入 Web 2.0 时代最风光的先行军。根据中国互联网络信息中心（CNNIC）统计，我国博客和个人空间用户已达 4.37 亿人，尽管近几年博客和个人空间用户数量增长不再明显，但得益于良好的互动性和一大批忠实的用户，其影响力仍不容小觑。

真正的博客营销是靠原创的、专业化的内容吸引读者，培养一批忠实的潜在用户，在博客圈中建设信任度、权威度，进而形成个人品牌，最终影响读者的思维和购买决定。

对等的交流、广泛的传播，这些特质是网络时代的基本精神，也是精明的商人所需要开拓的商业潜质。很多知名企业都建立了企业博客，以塑造和宣传企业形象与理念，如腾讯、IBM、Google 等。企业博客在企业与客户之间建立了直接的沟通桥梁，构建了一个了解企业动态、产品、促销活动，乃至企业内部的信息平台，从而拉近了企业与客户之间的距离，并通过互联网巨大的覆盖面影响更为广泛的人群，博客营销也逐步被广大企业接受。

2. 博客营销的特点

① 博客内容增加了搜索引擎的可见性，能为网站带来更多的访问量。百度、Google 和 MSN 等搜索引擎都有强大的博客内容检索功能，企业可以利用博客来增加被搜索引擎收录的网页数量，提高网页内容搜索引擎可见性。

② 以更低的成本宣传企业信息。博客营销的传播是一种成本低、传播广的形式，从而被许多企业接受。另外，博客可以替代部分广告投入，减少直接广告费用。

③ 博客的互动性便于开展市场分析和研究。企业可以在博客文章中设置在线调查表的链接，让有兴趣的读者参与调查。这不仅扩大了在线调查表的投放范围，还可以直接就调查中的问题与读者进行互动交流。

④ 博客是企业的信息库。如果企业坚持不懈，相关产品及服务的信息资源不断积聚，

其所沉淀的信息资源将为企业带来可观的访问量。

⑤ 节省保持用户的费用。在市场营销学中有一个著名的规律：获得一个新顾客的成本要远高于维持一个老顾客的成本。在网络客户的保持方面，也是同样的道理。只有不断更新信息，才能获得用户的长期关注，不至于失去已经获得的用户。运营良好的企业博客，应当在保持现有客户、间接降低获取客户的成本方面做出自己的贡献。

10.3.2 博客平台的选择和优化

1. 博客平台的选择

搭建企业博客，有两个选择：一是架设独立的企业博客，二是依托第三方平台。

1）独立的企业博客

独立的企业博客是指具有自己独立的域名、独立的空间，以及独立的管理权和控制权的博客。其最大的好处在于具有高度的独立性，一旦得到搜索引擎认可，在搜索引擎上的权重会很有优势。同时，建设独立博客也有一些弊端：需要投入大量的人力资源，如需负责技术的员工、负责内容的员工、需要专门的博客营销队伍；从平台的搭建，到内容的建设，到推广营销，需要一个较长的时间。

2）第三方平台

对于绝大部分的企业而言，使用第三方的托管平台搭建企业博客是最合适的选择。因为它具有大量的、明确的目标用户，可以在较短的时间内以较少的投入获得较好的效果。同时，若第三方平台的选择合理的话，可以直接利用其现有的搜索引擎权重优势，以及平台本身的人气，获得极大关注。

2. 博客的设置及优化

1）永久链接

使用第三方博客平台，博客帖子的网址通常都是自动生成的，最好将博客地址设置为简单易记的个性化名称。例如，黄轩的博客地址是 http://blog.sina.com.cn/huangxuanblog。

2）博客名称的选择

无论是企业博客还是个人博客，博客名称最好与企业或个人的名字相关，不宜太正式或者太另类，最好选择一个轻松独特、易于记住的名字。

3）博客的优化

在撰写博文的时候，要注意关键词的选择，可利用百度关键词推荐工具进行选择；博文写出来以后，可以在类似中国站长工具箱之类的网站查看博客文章中关键词密度的情况；还可以主动到百度等搜索引擎提交自己的博客地址和博文地址。

3. 博客的推广

博客的出现，令市场人员的营销观念和营销方式都发生了重大转变。在博客中，每个企业、每个人都有发布信息的权力，换句话讲，在移动互联网时代，博客就是一个自媒体。无论企业还是个人，都应该学习如何充分利用这一自媒体，更好为企业营销战略服务，宣传自己的品牌和产品，进而提升企业的美誉度和专业形象。博客推广要注意以下几点。

① 有稳定的更新周期。
② 阅读和评论其他博客。
③ 争取其他博主推荐和友情链接。
④ 尝试专家访谈和客座博客。
⑤ 撰写教程。
⑥ 注重线下社交。
⑦ 及时回复留言。

10.4 微博营销

10.4.1 微博营销概述

1. 微博概述

微博，即微型博客的简称，它是一种通过关注机制分享简短实时信息的广播式社交网络平台。2010年，国内微博如雨后春笋般迅速崛起，腾讯、新浪、网易、搜狐四大门户网站均开设微博。根据中国互联网络信息中心（CNNIC）统计，截至2017年第三季度，新浪微博月活跃用户达到3.76亿，微博营销价值不言而喻。微博营销是指通过微博平台为商家、个人等创造价值而执行的一种营销方式，也是指商家或个人通过微博平台发现并满足用户各类需求的商业行为方式。

2. 微博的营销价值

微博给网民，特别是手机网民提供了一个快速发布、传递信息的渠道。建立一个微博平台上的营销环境，能够快速吸引关注。这对于企业的公共关系维护、话题营销开展能够起到如虎添翼的作用。微博是实施品牌营销的有力武器。每一个微博后面，都是一个消费者、一个用户。越是只言片语，越是最真实的用户体验。

3. 微博营销特点

1) 立体化

微博营销可以借助先进的多媒体技术手段，从文字、图片、视频等展现形式对产品进行描述，从而使潜在消费者更形象、直观地接收信息。

2）高速度

微博最显著特点之一就是其传播速度快。一条关注度较高的微博在互联网与之关联的手机 WAP 平台上发出后，短时间内互动转发就可以抵达微博世界的每一个角落，达到短时间内最多的点击人数。

3）便捷性

微博营销有别于传统的广告行业，发布信息的主题无须经过繁复的行政审批，从而节约了大量的时间和成本。

4）广泛性

通过粉丝关注的形式进行病毒式传播，影响面非常广泛。同时，名人效应能够使事件的传播量呈几何级放大。

10.4.2 微博营销策略

1. 内容营销

微博的迅速转发模式是迄今为止传播最为便利的工具之一。基于用户喜欢你的内容从而达到值得一看、值得一读的效果，如图片、视频等，真正与用户达到情感上的共鸣。

2. 意见领袖

网络无权威，但是有意见领袖，他们在女性、互联网、美食、体育等领域掌握着强大的话语权，潜意识地影响着数以万计的围观群众。如果想让品牌、产品信息快速传播，那么一定要锁定重要的意见领袖，并引导意见领袖去讨论、传播产品。

3. 情感营销

品牌塑造不仅包括产品、符号，个性上还有一个重要的特点就是企业本身。一直以来空洞、刻板的企业文化很难与客户沟通，而在互联网上的微博有着无可比拟的亲和力，它少了些教条，多了些人性化。企业若选择微博这种轻松的互动方式，即可较为容易地调动消费者参与其中，深层次地走进用户内心，用情感链条提升品牌的影响力。

10.4.3 企业微博营销基本方法与技巧

1. 企业微博的要素

① Logo：微博的标志，应与企业品牌和文化联系在一起，方便网民记忆。
② 基本信息：企业微博的名称、地址、博客地址、一句话介绍等。

③ 话题：微博发布的内容，其基本要求为内容原创、把握重点、图文并茂等。

④ 更新标志：微博就像一本随时更新的电子杂志，要让大家养成观看习惯，需要定时、定量、定向发布内容。当用户登录微博后，能够想着看看你的微博有什么新动态，这无疑是最成功的境界。虽然很难达到，但至少企业要做到经常出现在消费者面前，久而久之便成为他们的一个习惯。

⑤ 粉丝群：拥有高质量的、庞大的粉丝群，是微博营销成功的基础。

⑥ 微群：类似 QQ 群，就是微博群的简称。能够聚集相同爱好或者相同需求的朋友，将所有与之相应的话题全部聚拢在微群里面。由于微群中话题更加集中，用户互动的频率也大大提高，因此信息传播性更强。

⑦ 活动策划：在微博上经常发布活动促销信息、免费信息，能有效吸引网民关注，从而增加粉丝数量。

⑧ 标签：微博标签是自定义描述网民职业、兴趣爱好的关键词，可让更多的人找到你，让你找到更多同类。企业微博标签应包括公司主要的业务与热点话题。

⑨ 个性化模板：一个专业的企业微博，应专门设计适合企业产品与文化的模板，而不是免费模板，这和品牌与商品的定位一样，在感性层面塑造个性。这样的微博具有很强的吸引力，可以持续累积粉丝。

2. 微博营销基本方法

做微博营销，要给自己的企业做一个系统的定位，塑造一个企业的形象，而且需要组建一个专门的企业微博运营团队。其主要操作方法如下。

1）价值传递

企业博客经营者首先要改变观念——企业微博不是一个"索取"的工具，而是一个"给予"的平台。现在微博数以亿计，只有那些能对浏览者创造价值的微博，自身才有价值，此时企业微博才可能达到期望的商业目的。

企业要改变对价值的认识，并非只有物质奖励才是有价值的。例如，为客户创造价值包括提供给目标客户感兴趣的相关资讯、常识、窍门，也可以自己的微博为媒介平台，链接众多目标客户，如俱乐部、同城会等。同时，将线上与线下打通，让微博有更多的功能与实际作用，这样才能构建出一个拥有高度忠诚度与活跃度的企业微博。

2）内容规划

在内容规划上，企业要学会换位思考，站在客户的角度考虑客户需要什么东西、需要什么样的服务，做目标客户喜欢的内容。同时，企业要显示人性化的一面，把企业文化也带到企业微博中。

（1）话题设定

① 大众热点话题。在发布话题方面，企业可以抓住目前时尚热点话题，如热点人物、

流行案例等，有效吸引网民关注。

② 隐私性话题。一般人们对不为人知的事情都很感兴趣，那么适当加入一些隐私性话题会增加微博吸引力。当然，这里的隐私性话题不是个人私生活隐私，而是产品背后的故事，如生产中不为人知的工艺、企业员工或领导者的小故事等，这些都会给粉丝带来新鲜感和求知欲。

③ 营销性话题。要注意企业宣传信息不能超过总体信息的10%，最佳比例是3%～5%。更多的信息应该融入粉丝感兴趣的内容之中。

（2）内容表达

① 悬念提问式内容。如果你的博文是提问性的，或是带有悬念的，引导粉丝思考与参与，那么浏览和回复的人自然就多，也容易给人留下印象。反之，如果仅仅是新闻稿一样的博文，那就算是粉丝想参与，都无从下手。

② 轻松幽默式内容。微博用户都是以休闲的心态使用微博的，因此内容上尽量轻松幽默，给人很有趣的感觉，如语言上尽量诙谐、幽默，回复生动、有趣。这样让粉丝本能地愿意关注你的微博，对增加品牌的亲和力也很重要。总之，抓住人性的特点和交流技巧，可以让你的微博更受欢迎。

③ 图文并茂式内容。枯燥的内容越少越好，10个字能说清楚的问题不要拖到11个字。同时，配以图片和视频也是化解枯燥的好办法。人类本能得对视觉图像有兴趣，因此每篇博文配上对应的图片或视频对提高博客质量很有帮助。

3）坚持互动

微博的魅力在于互动，拥有一群不说话的粉丝是非常危险的，因为他们会渐渐地变成不看你内容的粉丝，最终结果极有可能是离开。因此，互动性是使微博持续发展的关键。"活动＋奖品＋关注＋评论＋转发"是目前微博互动的主要方式。但是实质上，更多的人是在关注奖品，对企业的宣传内容并不关心。相较于赠送奖品，微博经营者认真回复留言，用心感受粉丝的思想，更能唤起粉丝的情感认同。这就像朋友之间的交流一样，时间久了会产生一种微妙的情感连接，而非利益连接，这种联系持久而坚固。当然，适时结合一些利益作为回馈，粉丝会更加忠诚。

4）模式创新

虽然微博营销诞生不久，但是一些企业已经走在前面，尤其是美国的一些企业，已经取得了显著的成效。我们应该多参考、借鉴这些成功案例，然后结合自身特点与客观环境进行创新。

5）举办活动

定期举办活动，如开展有奖活动、提供促销打折信息等，能够带来快速的粉丝增长，并增加其忠诚度。

6）持续更新

定时、大量地发布企业微博自然是最有力的，大量发布可以在一段时间内占据关注者的微博首页，至少不会被快速淹没。但是一定要保证微博质量，在质量和数量上一定要质量为先。其中应该注意以下几点。

① 根据不同的时期设置不同的标签，永远让搜索结果处在第一页。
② 有规律地更新，每天5～10条，1小时不要连发两条。
③ 午休、下午4点后、晚上8点，抓住这些高峰时段发帖。
④ 让你的内容有连载性，连载会显著提高粉丝的活跃度。

3. 推广微博的基本技巧

有了更新内容，就需要更好的对外推广，如果没有跟随者，那么再好的内容也无法得到有效的传播。企业微博的推广方式很多，这里总结了一些常用的技巧。

1）开展有奖活动

提供免费奖品是一种营销模式，也是一种推广手段，很多人喜欢奖品，这种方式可以在短期内获得一定的用户量。

2）特价或打折信息

提供限时内的商品打折活动，也是一种有效的推广方法，如销售主机或者域名的企业微博，可以定时发布一些限时的优惠码，能以低廉的折扣购买，可以带来不错的传播效果。

3）广告宣传

在一些门户网站、百度推广平台等发布企业微博的广告，增加普通网民的关注度。

4）企业内部宣传

一些大型企业本身就有不少员工，可以引导企业员工开通微博并在上面交流信息。对于大企业来说，这样操作可以在短时间内增加大量的粉丝，当订阅用户增多以后，就有可能登上微博平台的首页，吸引更多的用户订阅跟踪。

5）合作宣传

联系微博平台的业务员，将企业微博的账号添加到"公司机构"等栏目，并通过实名身份认证。

6）广发邀请

通过邮件或其他渠道，邀请企业自己的客户、潜在用户注册，使用指定的注册链接，这样别人注册之后会自动关注企业微博。

4. 评估微博营销的效果

与传统营销手段具有相对完善的量化评价指标不同，微博营销的评价体系还不成熟，效果评估模式目前的争议也还比较大，人们初步较认可的评估手段主要集中在微博本身的价值评估和微博传播活动的价值评估两方面。

1) 微博本身的价值评估

微博传播需要通过博主发布或者转发信息完成,因此微博博主本身的价值有多大直接影响着传播活动的效果。微博的传播价值大小可以从以下几个方面进行初步评价。

① 微博信息的数量。信息发布的主动权掌握在企业自己手里,具有较高质量的微博数量在一定程度上表明了该企业的活跃程度,也是企业微博营销的基础。一般来说,微博数量与微博营销效果具有正向相关关系。

② 用户资源的价值。通过好友的数量及活跃程度可大致判断其用户群体的潜在网络营销价值。企业信息传播直接取决于好友数量(也有部分浏览量来自搜索引擎检索等渠道),而转发数量则取决于好友群体的数量及活跃程度。

2) 微博传播活动的价值评估

除了对微博博主进行价值评估外,微博的传播活动也需要进行价值评估。传播过程的价值评估指标主要集中在以下4个方面。

① 微博内容的传播价值。好的微博内容有助于人们自发地转发和评论,从而引起更多的关注,所以一次好的微博营销要从内容端开始就做好充分准备。

② 高端博主的转发数量。高端博主一般是指具有很高价值的博主,主要有好友众多等特点,而且往往其在特定领域内有一定的知名度和影响力,是该领域的意见领袖,其参与转发与否及转发数量的多少直接关系微博内容的传播效果。

③ 用户互动效果。用户评论数量、回复数量、用户直接参与其他活动数量等,是反映企业微博效果的外在体现,也是评估企业微博影响力的重要指标。

④ 网站推广效果。微博与企业官方网站不是替代关系,两者可以互为补充,部分用户通过微博的链接进入企业网站获取进一步的信息。

【课堂练习10-2】微博营销的应用

练习目的:

通过本次课堂练习,充分体会微博营销的概念,以及在实际应用中微博营销策略的实施。

练习要求:

学生自由组合成小组,分析"'野兽派花店'微博营销"的案例内容,结合理论知识分析案例的成功因素;各小组还可以模仿这个案例,选取一个熟悉的企业,为其设计微博营销策略。

练习内容:

"野兽派花店"微博营销

"野兽派花店"是一家上海公司。这家公司开始的时候没有淘宝店,也没有网页。店家仅开设了一个微博账号叫"野兽派花店"。仅凭微博上几张花卉礼盒的照片和140个字的文字介绍,从 2011 年 12 月到 2012 年 8 月,"野兽派花店"微博粉丝超过 20 万,每月通过微博可以实现 100 万元的营业额,截至 2017 年 4 月,微博粉丝数量达到 85 万(图 10-5),并建有野兽派网站和天猫店。

图 10-5 野兽派花店的新浪微博

与其他花店不同的是,野兽派花店倾听客人的故事,然后将故事转化为花束,每束花都因为被赋予了丰富的故事而耐人寻味。这其中,有幸福的人祝自己结婚周年快乐的、有求婚的、有祝父母健康的、有纠结于暗恋自己的男同事……在日复一日的寻常生活中,阅读 140 字的离奇情节,也成为粉丝们的一种调节剂。野兽派花店所选用的花束绝不是市场上常见的,这些进口花卉品种经过精心雕饰后,针对不同的人群、送花人与收花人的心境起上颇有文艺范儿的名字,包装完成的花束只在微博上出售,顾客也都是花店的粉丝,在微博上通过私信下单,客服通过私信回答顾客的问题,最终达成交易。

有一次,因为下雨,负责配送的小姑娘迟到了。因为送花的小姑娘在路上不小心滑了一下,高跟鞋的鞋跟断了。然后花店在第一时间拍张照片发到微博上:我们送花的小姑娘在大雨中鞋跟断了,所以花没有送到,但是你不要担心,我们的小姑娘现在回去换鞋重新出发,两小时以后会送给你。这个微博引起很多粉丝围观,这件事情本来是一个小小的危机,但一下子就转变成一个契机,表现出了花店的诚意。

思考与互动:
学生思考并回答以下几个问题,教师点评、归纳。

① 请同学们阅读并分析上述案例，并根据本节学习内容，分析"野兽派花店"微博营销的成功之处。

② 请同学们仿照上述案例，选取一家企业，为其策划微博营销策略。

10.5 上机练习与实践——网络营销推广工具应用

1. 实训目的

某自行车销售商是一个销售各种品牌自行车及其零部件的国内大型连锁公司，公司业务遍及全国各地。随着网络全面渗透至企业运营和个人生活中，为了更好地吸引众多的网络客户、开拓网上销售渠道、提高公司管理各类客户的能力和综合竞争力等，该公司决定开展网络营销。

在公司了解、熟悉网络和网络营销的现状、发展、演变及未来发展趋势，分析我国制造行业的网络营销现状，进行网络环境分析、网络市场调研、目标市场分析后，明确了网上产品定位、网上定价策略和网络营销渠道；应用搜索引擎注册、与其他网站互换链接操作和在网上发布广告的流程，以做好公司网站的推广工作。接下来，打算通过本章所介绍的知识，进一步开展网络营销推广。

2. 实训方法

① 连接互联网。

② 在浏览器地址栏输入相应网址，按照实训示例中的提示，分步骤完成。

3. 实训示例

① 了解该公司网络营销现状。

② 为该公司制定搜索引擎营销方面的营销策略。

③ 为该公司制定电子邮件营销方面的营销策略。

④ 为该公司建立微博，并制定微博营销方面的营销策略。

- 登录新浪网站，点击相应链接，为企业开通新浪企业博客，了解博客特点，并按照企业需求撰写相关博文，根据本章所学知识开展博客营销。
- 登录新浪网站，点击相应链接，为企业开通新浪企业微博，了解微博特点，并按照企业需求撰写相关文字，根据本章所学知识开展微博营销。
- 登录百度网站，点击"百度推广"链接，了解在百度网站上开展搜索引擎营销的手段和方法，并按照企业需求准备相关文字，根据本章所学知识开展搜索引擎营销。

4. 实训要求

① 根据各自的练习情况，以"网络营销推广工具练习"为题目，进行上网实际操作和练习，并撰写一份实训报告，要有关键步骤的抓图。

② 实训报告内容要求：
- 以小组为单位完成报告，字数在 2 000 字以上。
- 对网络营销目标受众进行需求特点分析。
- 对企业进行网络营销特色分析。
- 应用博客营销、微博营销和搜索引擎营销等，涵盖相应的文字和图片，体现目标受众需求和企业特色。
- 实施和发布。

10.6 本章小结

网络营销推广工具是企业开展网络营销活动必不可少的应用手段。本章从搜索引擎营销、许可 E-mail 营销、博客营销和微博营销 4 个方面，分析介绍了企业应用网络营销推广工具的方法和策略。

 案例分析与提高

案例讨论：携程喊你回家过年

携程旅行网创立于 1999 年，总部设在中国上海，员工 3 万余人，目前公司已在北京、广州、成都、厦门、三亚、丽江、香港等 17 个城市设立分支机构。2010 年，携程旅行网战略投资台湾易游网和香港永安旅游；2014 年，投资途风旅行网，将触角延伸至北美洲。作为中国领先的综合性旅行服务公司，携程旅行网成功整合了高科技产业与传统旅行业，向超过 2.5 亿会员提供集无线应用、酒店预订、机票预订、旅游度假、商旅管理及旅游资讯在内的全方位旅行服务，被誉为互联网和传统旅游无缝结合的典范，在 online 旅行服务市场居领先地位，成为全球市值前三的在线旅行服务公司。

2016 年春节前，携程力邀邓超、潘石屹、高晓松、李荣浩、苏见信、尚雯婕等数位明星大咖齐来助阵，发起了"我爱家乡"的新年主题活动。携程借由此次"我爱家乡"公益活动，唤醒人们对于家乡情感的共鸣，让每个人都有为自己家乡发声的机会，重新发现家乡的美。再借助名人效应，推出免费回家的机会。活动分为三个阶段：第一阶段，借助明星、大咖的影响力，并利用搜索引擎营销向网民时刻传递活动信息，有效吸引了网民关注"我爱家乡"活动；第二阶段，通过问答互动平台发起明星喊你来点赞活动，吸引网民关注并参与其中。网民也可以在博客、个人空间或微博上自主发起"我为家乡点赞"这样的话题，热议谁的家乡最美。一时间相关话题在各大互动网站、博客和微博广泛传播；第三阶段，借助搜索等精准渠道锁定目标，直接转化需求用户，实现携程订单量的激增。

活动通过在网站、个人空间、微博等社交媒体上的高曝光量、引导互动，随时随地回收等传播手段，在推广期间品牌活动内容总曝光量达23亿次，活动覆盖人群2.4亿，新增用户数量600万。

① 简要分析上述网络营销活动的成功之处。

② 根据上述案例，并结合携程旅行网客户特点，为携程旅行网设计一个针对大学生寒暑假的网络营销活动。

思考题

1. 什么是搜索引擎营销？
2. 简述搜索引擎营销的几种主要模式及其各自的特点。
3. 什么是搜索引擎优化？简述搜索引擎优化的策略。
4. 简述许可E-mail营销与垃圾邮件的区别。
5. 什么是微博营销？简述微博营销的策略。
6. 简述如何整合不同的网络营销推广方法，进行产品和品牌宣传。

第11章 移动互联网营销

引言

根据中国互联网信息中心 2017 年 12 月的调查报告显示,中国目前手机网民用户达 7.72 亿,使用手机上网的用户占总体网民的 97.5%。而根据艾瑞公司 2017 年第三季度中国网络购物的数据分析报告显示,中国移动网购在整体网络购物交易规模中占比 81.4%。可以说,中国的移动互联网呈现井喷式发展。因此,移动互联网营销成为营销的必争之地。本章从理论出发,分别讲解了移动互联网营销的概念,以及微信营销、App 营销、社群营销、移动广告等主要移动互联网营销手段的相关知识和营销策略。

本章的主要知识和技能点:
- 移动互联网的概念及特点
- 微信营销的概念及策略
- App 营销的概念及策略
- 社群营销的概念及策略
- 移动广告的投放策略

教学要求:
- 了解移动互联网营销的概念和特点
- 掌握微信营销的策略
- 掌握 App 营销的策略
- 掌握社群的概念和社群营销的策略
- 掌握移动广告的投放策略

【引导案例】力美科技：贝因美"最美母爱45度行动"品牌移动营销

  力美科技是移动大数据营销传媒集团，致力于打造大数据时代的移动数字营销生态圈。通过旗下力美广告、力竞广告等全资子公司及参股的多家科技创新公司，完成以移动DSP（需求方平台）、移动PDB、移动广告网络等为核心的全方位业务布局，为全球范围内的广告主提供基于大数据的移动营销服务。力美总部位于北京，在上海、广州、成都等均设有分支机构，服务全球1 000多家各行业领导品牌。力美科技通过技术革新，构建了基于大数据的移动程序化广告投放平台（移动DSP+移动PDB），结合先进的算法、人群识别模型，实现了为广告主进行全球"人群定向"精准投放，不断提高移动互联网广告产业链的效率和产能，成功为众多品牌、行业、本地等客户服务。

  2016年，力美科技为贝因美公司（一家生产奶粉的知名企业）进行了一场名为"最美母爱45度行动"的移动营销活动，取得了较好的效果。

  这次活动的投放目的是提升品牌美誉度，提高活动参与度，使用第三方DMP（data management platform，数据管理平台）和力美的DSP（demand-side platform，需求方平台）进行投放，采用了13组全屏、插屏和Banner等移动广告形式，于2016年5月8日至14日在全国全天候全时段进行了投放。此次营销设计面对育儿、备孕、母婴用品的三大人群，使用了精准人群策略，使用第三方DMP，获得3165万目标人群ID，进行投放指导，使用LBS（Location Based Service，基于位置服务）定向全国3 000多个妇幼机构，进行3公里范围内的LBS投放，并采用智能优化技术，根据实时数据反馈，进行不同的技术优化（如提高竞价、定向技术、点击率平衡算法等）。

  这次广告，在5月8日—9日，制定算法，采集数据；在5月10日—11日，优化投放媒体；在5月12日—14日，对点击过广告但未进一步操作的人群，进行二次投放；使用竞价技术，提高14：00—16：00及19：00—20：00两个时间段的竞价成功率；启用重定向、转化率技术，对表现较好的育儿人群加大投放力度；对表现较好的北京、上海等城市，以LBS定向技术加大投放，对福州可竞价流量的稀缺城市，进行提高竞价策略11%，确保曝光机会。

  经过此次投放，取得了成本降低34%，曝光完成率100.64%，点击完成率108.43%，参与完成率210.35%这样的好成绩。

案例点评：

  本案例系采用以移动广告为主要形式进行移动营销的成功案例。移动营销是移动互联网营销的简称，其过程实质上是针对目标市场定位，通过具有创意的沟通方式，依托移动互联网，向受众传递某种品牌价值，以获益为目的的过程。移动营销行业的主体包含广告主、移动营销服务商、移动媒体和受众，营销行为基于移动互联网完成，核心目的是帮助广告主推广其产品或服务的相关信息。

随着移动互联网技术的不断进步，3G/4G 手机用户规模庞大，除手机外，Pad、可穿戴设备等其他终端进一步拓宽了移动营销的投放渠道。移动互联网经济是中国新经济的代表，2012 年至 2015 年连续 4 年，移动互联网经济市场营收都保持了 120% 以上的高增长率，营收规模从 2011 年的 118.6 亿元跃升至 2015 年的 4 343.6 亿元。2016 年后，移动互联网经济增长率将大幅领先 PC 互联网，最终收入也超过了 PC 端。

11.1 移动互联网营销概述

11.1.1 移动互联网概述

1. 移动互联网的概念

移动互联网（mobile internet，MI）是一种通过智能移动终端，采用移动无线通信方式获取业务和服务的新兴业务，包含终端、软件和应用三个层面。终端包括智能手机、平板手机、平板计算机、电子书等；软件包括操作系统、中间件、数据库和安全软件等；应用包括休闲娱乐类、工具媒体类、商务财经类等不同应用与服务。而随着 LTE（long term evolution）4G 通信技术标准的广泛使用，以及 NFC（near field communication）近场通信移动支付技术的应用，移动互联网有了更进一步的发展。

移动互联网是移动通信与互联网相结合的产物，主要有宽带和窄带两种形式。宽带移动互联网是指移动终端通过宽带无线通信网络采用 HTTP 协议接入公共互联网；窄带移动互联网是采用 WAP 协议接入，其移动终端主要是智能手机。

2. 移动互联网的特点

移动互联网源于互联网，但移动互联网不等同于"移动+互联网"，它继承了移动通信随时随地和互联网分享、开放、互动的优势，将互联网和移动通信充分融合，使得两者得以迅猛发展，互联网也由 PC 互联网时代转向了移动互联网时代。移动互联网时代的特点有：

① 便携。移动互联网终端以手机、平板为主，体积小，便于携带。

② 便捷。移动互联网上网不再依赖网线插口或其他端口，使用过程更加便捷。

③ 及时。移动互联网使人们利用"碎片时间"处理事物，如利用乘坐公交、地铁的时间进行邮件收发、广告查看、网上购物等行为。

④ 强制。移动设备可以随时接收信息，而接收信息的软件通常会有声音或其他提示，这使得用户不得不及时处理这些信息，从而习惯不断查看手机等移动设备。这体现出移动互联网的潜在的强制性。

⑤ 封闭。由于移动互联网基于移动通信信号才能使用，相对于传统的 PC 互联网时代而

言,使用移动互联网使得监控范围更广泛,人们的视角也相对更加封闭。

3. 移动互联网用户的消费特点

随着生活节奏的加快,人们很少有整段的时间购物,闲暇时间变得十分有限。而移动互联网的飞速发展,正好让人们使用零碎时间来完成网络购物。

根据艾瑞公司发布的报告显示,2017年第3季度中国移动端网购交易额已占整个网购规模的81.4%,这得益于流量资费的下降和4G用户的迅猛增长。

移动互联网时代的用户消费特点主要表现在以下几个方面:

① 消费移动化、碎片化。用户可以利用上下班的时间、睡前等碎片化时间进行浏览商品和购物等行为,不必占用大量的时间。

② 消费需求个性化。在移动互联网的发展下,消费用户也愈发注重个性的张扬,整个消费群体具有十分鲜明的个性化需求。

③ 消费人口多元化。移动互联网带给消费者极大的便利。买东西可以使用商家的APP,聊天可以使用移动QQ或者微信,用户每一种需求都被细化为一个客户端,实现了用户消费人口的多元化。

④ 消费决策理性化。利用移动互联网,人们可以对需要的商品进行不断搜索,货比三家,甚至利用第三方比价平台进行参考,从而形成理性的消费习惯。

11.1.2 移动互联网营销的概念

1. 营销理论的发展

移动互联网下,人们的上网习惯、消费习惯、娱乐习惯等生活方式都发生了很多变化。有学者在4P、4C、4R等营销理论基础上提出了移动互联网下的4D理论。

2. 移动4D营销理论模型

移动4D营销理论模型如图11-1所示。

图11-1 移动4D营销理论模型

1) 需求

在 4D 模型下的聚焦用户需求策略中，对于消费者而言，大网络时代下获取信息的方式日渐多元化。对于企业而言，他们不再被动地生产过时的产品，而是主动预测消费者将来的需求，创造出消费者尚未意识到有需求的产品。而科技的发展为企业获取消费者全方位的信息、分析和预测市场需求提供了条件，获取和掌控消费者需求信息也被视为企业的一种能力。

2) 动态

这里的动态是指企业与消费者要进行动态立体式沟通。

随着互联网的普及，消费者对于品牌的感知和购买决定逐渐深受网络和社交媒体的影响。用户可以通过网络上的用户评论平台，与其他用户分享他们对于产品、服务和体验的感受，网络口碑逐渐形成。研究发现，网络口碑能够通过消除不一致认知等手段，帮助用户决定购买何种商品，而且用户更容易采纳与自己有相同经历的用户评论，而不是搜索结果。

口碑营销在低成本下快速传播，也给商家带来了机会。企业在与目标消费者沟通的同时，也需要和目标消费者喜欢的社交网络意见领袖进行沟通。

具体来说，这种沟通有以下几种形式：线上线下闭环，即统一线下活动和线上宣传，反复推动，由线上发起线下活动，再由线下活动引发线上讨论，形成闭合回路；多渠道整合传播，即整合多种传播渠道，多管齐下，以一个声音覆盖所有媒介，吸引消费者注意力；病毒式口碑传播，即通过体验建立口碑，由意见领袖或活跃个人传播，由点及面逐渐引起追捧和发酵，形成如病毒蔓延般的传播趋势。

企业只有转变为立体、动态的沟通机制，才能实现实时响应、全面覆盖。

3) 传递

这里的传递是指直接把产品价值传递给消费者。

新互联经济时代，营销渠道向"移动化"升级，把握每一个消费者关注的机会、快速完成交易成为关键。

在价值传递模式中，顾客化定制原则以顾客为中心，企业无须增加任何额外的制造能力，而顾客逐渐参与到越来越多的核心运作过程中，企业运作由顾客订单驱动。顾客化定制比大量定制在营销方面更加个性化，顾客参与的环节和控制权更多，提供了创造更大价值的可能性。

4) 数据

随着搜索引擎、社交网络的普及，以及智能移动终端应用，移动互联网时代信息承载的方式日趋丰富。人们的地理位置、年龄、社交活跃度、购物记录、性格特征等都可以通过网络数据获得。

维度众多、动态变化的数据首先为企业分析消费者的行为和特征提供了基础。随着企业发展从粗放型向集约型转变，经营管理决策也向精细化管理的方向过渡。"无数据，不真实"。离开了精确的、具有前瞻性的数据分析工作,企业的精细化管理、正确的经营管理决策及快速的降本增效也就无从谈起。

数据分析工作的下一步就是精准定位,而精准定位的结果就是个性化营销。在这一过程中,企业以数据为基础,通过进一步挖掘和分析,找到这些数据相对应的人群,再针对这些群体进行个性化对比,以此展开"一对一"的服务,令顾客的个性化需求得到满足。

综上所述,在4D模型中:demand(需求)即企业首先需要了解消费者需要什么,然后不仅需要大力宣传符合消费者需求的产品和服务,还得用超出消费者最高期望的方式实现;dynamic(动态)即随着新技术的兴起,尤其是社交网络的出现,企业与消费者的对话已经不再是一对一、点对点的静态沟通机制,转而演变成多对多、立体化的动态沟通机制;deliver(传递)即对顾客进行营销策略选择时,优先考虑将产品的各项价值(产品价值是由产品的功能、特性、品质、品种式样、品牌等所产生的价值)如何更加便利地传递给客户,而非只考虑企业自身生产、销售的方便程度;data(数据)即在互联网普及的当下,社会化应用及云计算使得网民的网络痕迹能够被追踪、分析等,而这个数据是海量的、可变化的,企业或第三方服务机构可以借助这些数据为企业的营销提供咨询、策略、投放等服务。

事实证明,原有的营销模型在互联网思维的冲击下已不能很好地指导当前企业的营销实践,4D模型以消费者需求为基础,以互联网思维为灵魂,重新回归商业的本质,让生意真正发生于生产者和消费者之间,促进双方的良性互动。

11.2 微信营销

11.2.1 微信营销概述

1. 微信营销的概念

微信是腾讯公司于2011年推出的一款通过网络快速发送语音短信、视频、图片和文字,支持多人群聊的手机聊天软件。

微信营销是网络经济时代对企业营销模式的重大挑战。微信不存在距离的限制,用户注册微信后,可与周围同样注册的"朋友"形成一种联系,用户订阅自己所需的信息,商家通过提供用户需要的信息,推广自己的产品。

2. 微信的特点

作为一对一的互动交流方式,微信具有良好的互动性,精准推送信息的同时,更能形成一种朋友关系。和微博相比,微信具有如下特点。

① 微博是自媒体,微信则是兼具自媒体和用户管理的双重身份。

② 微博是一对多,微信是一对一,更具有针对性。

③ 微博更像传统广告，微信则是真正的对话。
④ 微博是开放的扩散传播，微信是私密空间内的闭环交流。
⑤ 微博是弱关系，微信是强关系，用户价值更高。
⑥ 微博是一种展示工具，微信是一种联络工具。

11.2.2 企业微信的推广模式

1. 签名位置推广

微信集成了 LBS 功能，在微信的"发现"选项卡中，有个"附近的人"的插件，用户可以查找自己所在地理位置附近的微信用户。系统除了显示附近用户的姓名等基本信息外，还会显示用户签名档的内容。商家可以利用这个免费的广告位为自己做宣传，甚至打广告。

2. 漂流瓶推广

漂流瓶本来是 QQ 邮箱的一款应用，广受用户好评，许多用户喜欢这种和陌生人的互动方式。漂流瓶的主要功能和应用方法如下所述。

① "扔一个"。用户可以选择发布语音或者文字，然后投入大海中，如果有其他用户"捞"到，则可以展开对话。

② "捡一个"。顾名思义则是"捞"大海中无数个用户投放的漂流瓶，"捞"到后，也可以和对方展开对话。

3. 开放平台推广

利用微信开放平台，可通过微信开发接口接入第三方应用，还可以将应用的 Logo 放入微信附件栏中，让微信用户在会话中方便地调用第三方应用进行内容选择与分享。例如，2013 年 4 月 24 日美丽说（一家国内知名的社区型女性时尚网站，致力于为女性用户解决穿衣打扮、美容护肤等问题）成为首批登录微信开放平台的用户之一，用户可以将自己在美丽说中的内容分享到微信中。通过微信用户的转发，可以使美丽说上面的商品得到不断的传播，做口碑营销。

4. 公众平台推广

2013 年开放的微信公众平台真正做到了无门槛。每一个人都可以用手机号打造一个自己的微信公众号，并在微信平台上实现和特定群体的文字、图片、语音的全方位沟通和互动。图 11-2 是微信公众平台登录界面。

图 11-2 微信公众平台登录界面

5. 语音推广

因为是通过网络传送信息，微信不存在距离的限制，即使是在国外的好友，也可以使用微信发送音频信息，确实是省时省力又省钱的信息传递方式。

6. 二维码扫描

二维码，又称二维条码，是用特定的几何图形按一定规律在平面（二维方向）上分布的黑白相间的图形，它是企业所有信息数据的一把钥匙。图 11-3 是微信的二维码示例。

图 11-3 微信二维码

手机二维码是二维码技术在手机上的应用，它是网络浏览、应用下载、网上购物、网上支付等服务的重要入口。它可以印刷在报纸、杂志、图书及个人名片等多种载体上，用户通过手机摄像头扫描二维码，即可实现快速手机上网，下载图文、音乐、视频，获取优惠券，参与抽奖，了解企业产品信息等。

使用二维码营销，可以利用微信订阅号、论坛社区、问答平台等线上平台进行二维码推广，也可以通过报纸、杂志、包装、名片等进行线下二维码推广。在使用二维码的时候需要注意以下事项：

① 为用户提供有价值的扫码理由。二维码对应的内容必须有足够的诱惑力,能解决顾客的问题,如售后服务、优惠等。

② 二维码要放在适当的地点,如公交车站的灯箱、餐桌的桌角、地铁的车门边等。

③ 建立移动版网页。对于扫二维码打开的网站,应使用移动版进行设计,这样打开的速度快,页面显示友好,才能吸引用户。

④ 内容编排简洁。扫描二维码后进入的页面内容要简洁,不要设计得太过复杂,否则用户会因为找不到自己需要的内容而放弃。

【课堂练习11-1】微信营销策略的应用

练习目的:

通过本次课堂练习,充分了解微信营销特点,并深入体会微信营销内容设计技巧。

练习要求:

学生自由组合成小组,设计为某种产品进行微信营销的方案。可参考任意一个品牌微信公众号营销的示例,申请本小组产品的微信公众号,并设计二维码进行营销。

练习内容:

① 进入微信公众平台,注册公众号。

② 练习撰写并发布公众号消息。

③ 利用二维码生成工具,制作产品的二维码。

④ 分别采用签名位置、漂流瓶等进行微信推广。

⑤ 有能力的小组可利用微信开放平台开发或添加公众号的第三方应用,从而增强微信公众号的效果。

思考与互动:

学生思考并回答以下几个问题,教师点评、归纳。

① 根据本小组的微信推广操作,分析进行微信推广需要做好哪些准备工作。

② 根据本小组的微信推广操作,分析进行申请微信公众号有哪些注意事项。

③ 根据本小组的微信推广操作,设计制作二维码有哪些工具?本小组选用的是哪种工具?为什么选用这个工具而不是其他工具?

11.3 App营销

11.3.1 App营销概述

1. App营销的概念

App,即第三方应用程序。随着智能手机和平板计算机的广泛应用,App也被越来越多的人所熟悉。人们将日常生活中的大部分时间花在手机上，App 的下载量急剧增加，间接为 App 营销制造了有利的条件。人们习惯于使用各种 App 客户端进行上网。国内外各大电商也都有自己的 App 客户端。目前，主流的 App 商店有苹果的 App Store、谷歌的 Google Play Store、黑莓的 Blackberry App World 等。

　　App 营销即应用程序营销，是指通过定制手机软件、SNS 及社区等平台上运行的应用程序来开展的营销活动的总称。当前的 App 营销多指第三方智能移动平台的应用程序营销。

　　与传统移动媒体营销相比，App 营销拥有无可比拟的优势。在信息的传播方式上，传统移动媒体主要是以短信形式为主，让消费者被动地接收产品或品牌信息，而 App 营销是企业将产品或品牌信息植于应用制作，通过用户自身主动下载，在使用应用的过程中达到信息传播。在传播内容上，传统移动媒体传播的产品或品牌信息只是在字面上做文章，用户对产品或品牌不能产生全面的感知，而 App 则可以包含图片、视频诸多元素，用户可以全方位地感受产品或品牌。在用户行为上，用户应用传统移动媒体是被动地单向接受信息，往往容易产生反面的效果，而 App 营销是依靠用户自己下载并可进行互动，更加容易达到传播效果。App 营销是当今不可逆转的趋势，未来 App 有望成为企业品牌的标配。

2. App 营销的意义

1）为企业有效拓展营销渠道

　　国内最早涉及 App 开发的是各大电商企业。像京东商城、淘宝网、当当网等电商网站都拥有集详细目录清单、搜索查询功能、物流追踪，以及与各大银行或支付宝、微信支付等合作的便捷支付功能于一身的企业 App。这些 App 为企业有效地拓展了营销渠道，把营销从电脑发展到了手机，成功为企业获取了大批网络活跃用户，为企业增加新的利润增长点，同时，也刺激了消费者在零星时间内购物的需求，从而活跃、丰富了市场。

　　以京东为例，推出了若干 App。除了用于购物的京东商城 App 外，还有诸如具备金融、支付功能的京东金融、京东钱包，用于读书的京东阅读、用于炒股的京东股票等，如图 11-4 所示。

图 11-4　京东公司推出的各种 APP

2）深化品牌形象

一些商家，利用自己开发的 App，可以让用户了解自己的商品，特别有些商家的 App 本身可以通过诸如游戏的方式，让用户对自己的产品产生亲切感，了解相关的知识，这样 App 无疑使得自己的品牌在用户中拥有了良好的口碑，在无形中获得了一大批潜在用户。

11.3.2　App 营销的基本模式

1. 植入广告模式

植入广告模式是为了提高品牌知名度、吸引更多用户注册。在众多功能性应用和游戏应用中，植入广告是最基本的模式。在应用中植入动态广告栏，用户点击广告栏即可自动进入预设的链接网址，进而可以了解广告详情，参与活动或下载新应用。这种模式操作简单，只要将广告投入到那些下载量较大的应用上即可达到良好的广告宣传效果。

值得注意的是，现在有很多 App 中广告泛滥，甚至出现了很多恶意广告，这些现象使得消费者对 App 植入广告产生了抵触情绪，甚至刻意避开这些广告链接。因此植入广告模式只适合用于短期的企业产品信息传播，不适合用于企业长期的品牌建设。

2. 用户参与模式

这种模式主要被应用于网站移植和品牌应用类 App。企业将符合自身定位的应用发布到应用商店，供用户下载，方便用户直观地了解企业或者产品信息。这种营销模式具有很强的实践价值，促进用户了解产品，增强产品信心，提升品牌美誉度。同时，这种模式还具有互动的特点，如社交推广类 App 需要有用户的充分参与互动。企业可以将品牌推广的任务在互动机制中不知不觉地下放给参与其中的用户，App 中的互动分享功能即可满足这种要求。App 营销模式充分利用用户的碎片时间，使用户可以随时随地找到自己所需要的信息。这种全新的交互方式，使商家与用户之间有了更紧密的联系。商家利用 App 新颖、独特的设计提升产品效应，扩大顾客群。

基于用户参与的 App 营销极致地表现了精准营销，使低成本快速增长成为可能，保持了商家和客户的密切互动，形成了长期、稳定的发展。顾客会利用移动终端，定制自己的爱好，主动建立与商家的交流。

3. 购物网站植入模式

购物网站植入模式是将传统互联网电商平台植入手机 App 中，方便用户随时随地浏览商品信息、下单购买及跟踪订单。这种模式推动了传统电商企业从购物网站向移动互联网渠道转型，是利用手机 App 进行线上和线下互动发展的必经之路，如京东 App、当当网 App 等。

11.3.3 App 营销策略

1. AARRR 模型

AARRR 模型是 acquisition（获取用户）、activation（活跃度）、retention（留存率）、revenue（收入）、refer（自传播）五个单词的缩写，分别对应一款 App 生命周期的 5 个重要环节。

1）获取用户

运营一款 App 的第一步就是获取用户，也就是通常所说的 App 推广。

这个阶段首先要关注的是用户的下载量。当然下载了应用不一定意味着用户就一定会安装，安装了也不一定就意味着用户会使用。所以，App 的激活量（新增用户数量，即新增的启动了该应用的独立设备的个数）是这个阶段最核心的数据。

2）提高活跃度

推广渠道的质量是最重要的影响因素。而使用好的推广渠道，主要需要精准作用在目标用户上，精准推广是非常重要的。有些 App 会通过体验良好的新手教程来吸引新用户。

在这个阶段，DAU（日活跃用户）和 MAU（月活跃用户）两项数据指标可以说明 App 当前的用户群规模，在进行数据分析中，还要结合每次启动平均使用时长和每个用户每日平均启用次数两项指标。

此外，App 的版本、页面转换路径、自定义事件等也是产品经理分析改进 App 的较好的维度指标。

3）提高留存率

通常保留一个老客户的成本要远远低于获取一个新客户的成本，任何一个 App 应用都会不断在获取新用户的同时，流失老客户。

解决这个问题需要通过日留存率、周留存率、月留存率等指标监控用户的流失情况，并采取相应的措施激励用户继续使用该 App。

4）获取收入

获取收入是 App 运营中最核心的内容。App 收入的主要来源有付费应用、应用内付费及广告收入。只有用户基数大，收入才有保证。通常用 ARPU（平均每用户每月收入）进行这个阶段的数据分析。

5）自传播

自传播可以理解为基于社交网络的病毒式传播，这是获取新用户的一个良好的途径。当产品自身质量足够好、具有良好的口碑时，就可以通过自传播这种低成本的方式获取新用户了。

2. App 营销具体策略

1）迎合用户喜好，创新植入形式

企业营销人员应当认真分析，明确营销目的、目标受众及 App 的用户属性，特别是进一步研究消费者的接受习惯和视觉喜好，选择具有创新性且目标用户乐于接受的形式。

2）利用移动广告应用平台，优化广告投放

目前有很多移动应用广告平台，在营销 App 时应充分了解这些平台，并使用这些平台，发挥最大的推广效果。

常见的渠道有百度应用、手机助手、安智、手机管家、沃商店、天翼空间、智汇云、91助手、App Store 等。

3）多重定向，挖掘用户需求

企业开发自身的 App 应用，应当首先对目标用户进行多重定向，明确目标受众的核心需要，包括了解用户的行为属性（喜欢什么样的移动终端、地域特征、兴趣爱好、消费能力等），分析用户的媒体属性（喜欢的 App 类型、获取信息的渠道等），确立核心营销目标。

4）注重用户体验，定制 App

App 成功的关键就是良好的用户体验，品牌 App 的开发在界面设计、内容设置、注册程序等细节上都要时刻关注用户的使用心理，力争追求完美的用户体验。在这个过程中，要以用户的身份反复试用，检查是否具备简洁的使用指南、方便的提示信息，是否有助于用户分享使用的心得等。App 的内容方面可以整合 LBS、AR、QR 等移动新技术，新互动环节以有趣的游戏方式呈现，使用户在欢乐的互动体验中接受品牌的软性营销。

5）增加用户黏性

企业利用 App，不单纯是推销产品，而是需要建立与客户的长期信任关系，并使消费者对 App 产生一定的依赖感，这就是用户黏性。用户黏性是成功营销的基础。提高用户黏性，就要充分了解用户的心理倾向、使用习惯与接受营销信息的能力与程度等。这可以从 5 个方面入手：

① 合理进行 App 功能整合，以充分感知用户的需求。
② 利用创意丰富用户的使用体验。
③ 建立互动机制，以充分挖掘用户的兴趣。
④ 准确选择过渡点，以保持用户的持久依赖。一个合理的过渡点，使得处于该过渡点的用户渴望获得附加功能的使用价值的愿望远远大于其不愿意接受付费服务的愿望。
⑤ 保持 App 在推广平台上的活跃度。

【课堂练习 11-2】App 营销推广的应用

练习目的：
通过本次课堂练习，充分了解 App 营销特点，并深入体会 App 营销策略。

练习要求：
学生自由组合成小组，完成实训。

练习内容：

任务一　App 营销策划

以小组为单位，寻找并确立一款本小组营销的 App 产品，然后完成表 11-1。

表 11-1　App 营销策划

App 营销策划	说明	具体分析
产品受众	该产品的受众是谁	
竞争对手	该产品的竞争对手有哪些	
推广手段	该产品在不同阶段的推广手段有哪些	
数据监控	在后期数据监控中需要监控哪些数据	

任务二　移动营销实施

学生通过线上和线下搜索，汇总出"美团外卖"的营销手段，完成表 11-2。

表 11-2　移动营销实施

营销手段	具体渠道	
	不同的应用市场	不同市场发表的截图
线上	微博	
	微信	
	新闻	
	论坛	
	……	
线下	传单	
	易拉宝	
	……	

任务三　App 应用市场搜索优化

学生通过在不同的市场上搜索"美团外卖"相关关键词，并对关键词进行汇总，阅读产品介绍清楚关键词分布，并观察其评论、图标、标签等信息内容，做详细记录，并完成表 11-3。

表11-3 App应用市场搜索优化

App应用市场搜索优化	具体渠道	具体分析
安卓应用市场	在该市场哪些内容需要优化	
App Store优化	确定产品在该市场搜索优化的内容有哪些	

任务四 移动营销数据分析

① 学生使用数据统计工具，如应用雷达、搜索产品信息，尝试在不同平台间进行搜索。

② 学生对该产品的营销数据进行统计（下载量、每日新增用户、评论数等），并对营销效果进行分析。

任务五 编写实训报告

以小组为单位，撰写实训报告。完成表11-4。

表11-4 实训报告

实训题目			
实训地点			
实训设备		组员	

一、实训目的

二、实训任务

三、实训内容

四、实训心得

思考与互动：

学生思考并回答以下几个问题，教师点评、归纳。

① 根据本小组的App营销推广内容，分析进行App营销需要哪些内容。

② 根据本小组的App营销推广内容分析，分析进行App营销数据统计的工具有哪些。

11.4 社群营销

11.4.1 社群营销概述

1. 社群的概念

点与点之间通过某种媒介的连接和互动就产生了联系，连接这两个点之间的线就是社交。每个点不只连接一个点，多点之间的多线条社交就形成了面，并且经过不断的优胜劣汰、协作，连接线越来越牢固，形成的面就越来越稳固。这些点与线形成的面，就是社群。

随着移动互联网的快速发展，PC桌面端转移至移动端，加上QQ、微信等高效率的交流工具大范围的应用，使得传统的社群发生了很大的变化，社群的组织、互动和管理变得更加容易。

2. 社群的要素

构成社群需要五个要素。

① 同好。它决定了社群的成立。所谓"同好"，是对某种事物的共同认可或行为，可以是某个产品（如小米手机），也可以是某种行为（如读书交流），也可以是某个空间（如小区业主），也可以是基于某种情感（如老乡会）。

② 结构。它决定社群的存活。社群的结构包括组织成员、交流平台、加入原则、管理规范四部分。这四个组成结构做得越好，社群存活时间就越长。

- 组织成员：发现、号召那些有同好的人抱团形成组织。最初的一批成员会对以后的社群产生巨大的影响。
- 交流平台：QQ、微信、陌陌等。
- 加入原则：设立筛选机制为门槛，一是保证质量，二是让新加入者感到不容易而更加珍惜。
- 管理规范：一是要设立管理员，二是要不断完善群规。

③ 输出。它决定了社群的价值。没有足够价值的社群迟早会被解散，或者让很多人退出。好的社群一定要能给群员提供稳定的服务输出，这是群员加入群、留在该群的价值。

④ 运营。它决定了社群的寿命。通过运营要建立社群的"四感"：仪式感（如入群申请、行为的奖惩）、参与感（如通过有组织的讨论、分享等）、组织感（如对某主题事物的分工、协作、执行等，以此保证社群战斗力）、归属感（如通过线上线下的互助活动等保证社群凝聚力）。

⑤ 复制。它决定社群的规模。由于社群的核心是情感归宿和价值认可，社群越大，情感分裂的可能性就越大，一个社群如果能够复制多个平行社群，将会形成巨大的规模。

3. 社群的组织模型

只要是能长期生存的社群，都有其内在生态模式。在这样的社群中都会存在表11-5中的几种角色，这种角色的不同组合，就构成了不同的群生态模式。

表 11-5 社群角色说明表

社群角色	说明
组织者	负责社群的日常管理和维护,是群的活跃分子
思考者	社群的灵魂人物,在圈子里有威信或影响力的人
清谈者	能够轻松自如接受大家的调戏,让群变得活跃和有气氛的人
求教者	在社群里提出自己各种困惑希望得到帮助的人
围观者	习惯潜水,偶尔说一句话,很快又消失的人
挑战者	加入一个社群后往往对群的管理方式或交流内容公开提出不满的人

围绕这些社群角色,基本上分为两种管理模式,一种是基于社交群的环形结构,另一种是基于学习群的金字塔结构。

在环形结构中,每个人的身份可以互相变化和影响,但是一个群里必须存在至少一个活跃的灵魂人物,他可能兼具思考者、组织者多个身份,如果一个群里有两到三个(或者以上)活跃的思考者,这个群就会碰撞出很多火花,社群的生命力就会旺盛。

在金字塔结构中,一定有个高影响力的人物,然后发展一些组织者帮助管理群员,在此结构中,基本上都是追随影响力人物进行学习的,所以群里必须有设计严格的群规。这种模式下,最常见的就是影响力人物在群里定期分享,由组织者进行日常的群管理。

4. 社群营销的概念

社群营销就是基于相同或相似的兴趣爱好,通过某种载体聚集人气,通过产品或服务满足群体需求而产生的商业形态。社群营销的载体包括微信群、QQ 群、陌陌群等各种线上平台,甚至线下的平台和社区也可以做社群营销。

11.4.2 社群营销策略

1. 使用方便的管理群工具

每一个互联网门户都提供了管理群的工具,如较早出现的新浪、网易这些门户网站推出的聊天室。当腾讯相继推出基于通信交流平台的 QQ 和微信后,QQ 群和微信群成为国内垄断的群组管理软件。

1) QQ 群和微信群

表 11-6 比较分析了 QQ 群和微信群的产品设计逻辑,通过对比,可以更好理解如何管理群。

表 11-6　QQ 群和微信群的对比

对比项	QQ 群	微信群
群规模	购买超级会员可以建 4 个超级群，每个群 2 000 人，1 000 人群 8 个，500 人群随意建	普通用户可以建立 500 人群
群数量	低于 500 人群可以建多个，只要不超过 QQ 好友剩余上限	随时可以建，可以认为没有限制
群结构	这个群必须有群主，群主可以设置管理员，只有管理员权限才能允许别人入群	每个群有一个创建者，群之间的关系其实是平等的，大家可以同时面对面建群，每个人可以拉自己的好友入群，类似 QQ 的讨论组
群权限	群主拥有绝对的群管理权限，比如解散群。群管理员拥有一般的群管理权限，不能解散群。支持群发邮件或文件	群员之间权限平等，只有群的创建者可以踢人，其他群员不能踢人。不支持群发邮件或文件
群玩法	群主或管理员可以全体禁言或个别禁言，QQ 群成员都可以发群红包，单个金额最高 5 000 元，最多 200 人	微信群可以发红包，上限 5 000 元，最多 100 人
群共享	有群论坛，群里可以发任何网站链接	微信群屏蔽了某些网站的跳转链接，如淘宝网等

通过以上对比，可以发现在社群营销中，QQ 群比微信群更适合社群运营。

2）其他群产品

① 微博群。微博群本质上是一个论坛，不是真正意义上的聊天群。

② YY。YY 语音分享是比较常用的群组学习工具，也是目前唯一支持万人加群的平台。YY 是典型的金字塔式管理结构。

③ 阿里旺旺。淘宝聊天工具阿里旺旺也有群功能，可以针对有兴趣的游客买家进行促销和维护，快速导流到店铺中，快速群发优惠信息，适合淘宝商户使用。

2. 保证群活跃度的方法

在以下几种情况下，就算群主很少出现，群里的用户也能非常活跃：

① 群里有 1 个以上的灵魂人物或者明星用户，这样聊的话题自然会有针对性。

② 从某些用户组织或者用户型产品衍生出来的社群，如版主团队等。

③ 从大的社群中把一些非常核心的用户拉出来再建一个群来辅助管理，这其实就是大群的用户金字塔。

④ 由某些共同的爱好而产生的社群，如登山群、旅游群等。

除了上述情况外，群主或管理员就要花更多精力维护群，提升群的活跃度了。

3. 社群营销的三维定位

检验社群营销的一个标准就是三维定位。这三个维度分别是"内容""交流""引导"，而原点就是品牌账号。

1) 内容

这是所有社群营销的基础,其要点是"写、读、评、转"。一个好的话题,需要让用户"希望写、想要读、愿意评、用力转"。作为企业的营销社群,首先要设计好议题。好的内容才是吸引社群用户的关键。

2) 交流

一旦有了品牌账号,企业就开启了一扇门,消费者随时有权利在这个平台上发表任何言论。这时企业的回应方式极为重要。用具有诚意的态度交流,正面的言论能够得到正面的印证,负面的言论也有可能成为转机。此外,需要让消费者看到改变,鼓励消费者发言,并且针对消费者的建议做出改进。

3) 引导

消费者很少会特意上网搜索和询问一个企业的品牌专页或者官方微博是否上线,他们需要企业自己说出有这样一个沟通交流的平台。可见,适度的引导非常必要,尤其是需要在短期内看到效果的时候。

社群营销要取得成功,需要企业在每一个维度都做出表现,要真正将"用户体验"贯穿社群营销的始终,这样才能将品牌精神传递给消费者,这也是社群营销的真正意义。

【课堂练习11-3】社群营销的工具使用

练习目的:

通过本次课堂练习,充分了解社群营销特点,掌握社群营销的工具使用,并练习使用社群工具进行营销。

练习要求:

学生以小组为单位进行练习,选定一款产品作为社群营销的目标,然后在学习使用社群营销的工具(QQ群或微信群)后进行营销。小组成员进行角色分工,如企业的技术人员、销售人员、客服人员、顾客等。

练习内容:

① 如果有QQ(或微信),可以直接登录,如果没有,请注册QQ(或微信)。

② 小组内选举一名组员作为群主,建立QQ群(微信群),小组内的其他成员加入这个群,QQ群还需要群主指定1~2名管理员。

③ 根据小组内企业角色,小组讨论如何对选定的产品进行社群营销。

④ 顾客角色接受或拒绝社群营销的产品。

思考与互动：

学生思考并回答以下几个问题，教师点评、归纳。

① 根据本小组的社群营销操作，说明如何使用社群营销工具。
② 根据本小组的社群营销操作，说明如何才能让顾客接受社群营销的产品。
③ 如果顾客拒绝，作为营销人员，如何改进营销方法？

11.5 移动广告

11.5.1 移动广告概述

1. 移动广告的概念

移动广告是通过移动终端设备（手机、平板电脑等）访问移动应用或移动网页时所显示的广告，广告形式包括图片、文字、插播广告、HTML 5、链接、视频、重力感应广告等。

移动广告大多通过移动广告平台进行投放，和互联网的广告联盟相比，移动广告平台属于一个中介平台，连接着应用开发者和广告主。移动广告平台模式如图 11-5 所示，在这个平台上，开发者提供应用，广告主提供广告，而移动广告平台就会提供相应手机系统的 SDK（软件开发工具包）。

图 11-5 移动广告平台模式

2. 移动广告的特点

1）精准性

相对于传统广告媒体而言，移动广告在精准性方面有着先天的优势。它突破了传统报纸广告、电视广告、网络广告等单纯依靠庞大的覆盖范围达到营销效果的局限性，受众人数更多，传播范围更广。移动广告可以根据用户的实际情况和实时情景将广告直接送到用户的移动终端上，真正实现"精致传播"。

2）即时性

移动广告的即时性来自移动终端的可携带性和可移动性。如果一个人将手机 24 小时带在身边不关机的话，可以说这个手机媒介对用户的影响力是全天候的，广告信息到达也是最及时的。

3）互动性

移动广告的互动性为广告商与消费者搭建了一个互动交流的平台，让广告主能更及时地了解客户需求，使消费者的主动性增强，提高了自主地位。

4）扩散性

移动广告的扩散性，即可再传播性，指用户可以将自认为有用的广告转给亲朋好友，向身边的人扩散信息或传播广告。

5）整合性

移动广告的整合性优势得益于 WAP 的发展和无线技术的普及，以及移动终端设备功能多元化，移动广告可以通过文字、声音、图像、动画等不同的形式展现出来。

6）可测性

对于广告业主来讲，移动广告相对于其他媒体广告的突出特点还在于它的可测性，使受众数量可精确统计。

11.5.2 移动广告展现形式

在日常使用手机 App 过程中遇到的移动广告形式可以说是多种多样：在应用开启时出现的 3～5 秒的开屏广告，在手机屏幕的顶部或底部出现的 Banner 广告，应用开启、暂停、退出时以半屏或全屏形式弹出的插屏广告，在微博、微信好友动态中的信息流广告，玩游戏过程中获取积分的积分墙广告等。

1. 开屏广告

开屏广告是在应用开启时加载，一般会全屏展现 3～5 秒，广告内容无法点击转跳，展示完毕后自动关闭并进入应用主页面的一种广告形式，如图 11-6 所示。

图 11-6 开屏广告

开屏广告对于广告主来说，是一种广告效果最大化的广告形式，在广告发布页面里，它基本上可以达到独占。因此，在广告进行收缩的这段时间内，基本上对用户浏览广告没有任何干扰。开屏广告的表现是根据广告创意的要求，充分利用整个页面的最大空间而形成广告信息的传递，通过特定技术手段把广告锁定在最大空间。对用户的视觉冲击力强烈，能够表达一个整体的宣传概念，可以达到很好吸引客户的目的，提高客户的广告点击率。

2. Banner 广告

移动端的 Banner 广告和网页中的 Banner 广告类似，直接嵌入在屏幕的顶部或底部，如图 11-7 所示。移动端的 Banner 广告效果一般，主要起到配合推广的作用。

图 11-7 Banner 广告

3. 插屏广告

插屏广告一般在应用开启、暂停、退出时以半屏或全屏的形式弹出,展示时机巧妙避开用户对应用的正常体验。图 11-8 是一个插屏广告的示例。

图 11-8 插屏广告

插屏广告的用户点击率高，转化效果明显，广告图片丰富绚丽，并能够大尺寸展现应用特点，成为现在广告主喜爱的投放方式之一。在尺寸方面，插屏广告拥有超过手机屏幕一半的大尺寸，可以更好地展示品牌广告主的创意，点击率和广告效果也要比 Banner 广告更为明显，在用户体验方面，插屏广告一般不固定占用应用界面，而是通过事件触发式的方式弹出，不会影响用户的正常体验，在用户质量方面，插屏高于其他广告形式，也是效果类广告主的首选。

4. 信息流广告

信息流广告就是夹杂在用户想要阅读内容中的广告，因为内容的原生加工，让用户容易忽略其广告属性，从而能够有效吸引用户的注意力，如图 11-9 所示。

图 11-9 信息流广告

它最早于 2006 年出现在 Facebook 上，现在 QQ 空间、微博等社交媒体也相继推出信息流广告。

5. 积分墙广告

积分墙广告（如图 11-10 所示）是在一些应用中嵌入软件包，这个软件包里嵌入一个类似于墙的屏幕，这个屏幕上会展示各个广告主的应用，用户下载这些应用就会获得一定的积分或虚拟货币，当积分或虚拟货币积累到一定量，就可以用来购买应用中的道具，该应用的开发者就能得到相应的收入。

图 11-10 积分墙广告

积分墙的广告形式属于激励型广告,通过激励的形式吸引用户的参与,并尽量延长用户在应用的停留时间,因其有用户的互动从而使用户下载应用转换率较高。积分墙的本质是交叉广告,而因为激励的原因,导致用户更多是为了获取道具而下载,广告的效果更为利己。

以游戏开发商为例,产品早期可以通过积分墙广告提高低价值的非付费用户的留存率,同时换取一定的广告收入。在产品的发展期,积分墙广告可以用来提高排名;在产品的成熟期,积分墙广告可以用来增加用户。

6. 移动 SEM 广告

移动 SEM(search engine marketing,搜索引擎营销)广告是根据用户搜索意图进行广告软投放,它能够精准地锁定目标用户群,从而获得高质量用户,如图 11-11 所示。

现在的移动 SEM 广告多是投放在比较大的平台,推广效果真实、可控。推广的关键字按点击计费,展现是完全免费的。移动 SEM 广告是一个非常有效的投放渠道,与其他渠道配合使用,效果更好。

图 11-11　移动 SEM 广告

11.5.3　移动广告的投放

1. 移动广告投放注意事项

借助先进的数据和技术手段，运用大数据优势可以充分把握互联网人群的行为特征及趋势，深入洞察，发现规律，从而广告主可以针对精准人群投放移动广告。在投放时，需要注意以下问题。

① 移动设备屏幕的尺寸有限，这就导致移动用户浏览的信息是有限的，因此，在移动互联网上进行广告投放时，广告信息一定要简短、精悍，要保证在短时间内实现信息的最大化展示。

② 重视用户体验，这就要求投放的广告信息不仅要在内容上满足用户，也要在其展示模式和展示时间上满足用户的需求和个别要求。手机用户都希望可以自主选择想观看的或者需要的广告信息，而不是被一大堆广告信息强制性绑架，所以，在移动互联网上投入广告必须重视用户体验。

③ 投放移动广告时，广告的投放模式和展示模式一定要实现多样化。很多广告同质化现象越来越严重，已经无法对用户和消费者产生较大的吸引力了。因此，只有实现网络广告

投放和展示与众不同之处才能对移动用户产生视觉冲击效果,吸引更多的消费者关注投放的广告信息。

2. 移动广告投放的条件设置

① 根据广告受众的手机价格进行区分,高端设备指 2 000 元以上的设备,中端设备指 1 000~2 000 元的设备,低端设备指 1 000 元以下的设备。不同的价格情况代表受众的不同收入情况。

② 根据广告受众的网络类型进行区分,分为中国移动、中国联通、中国电信和无线网络下收到企业广告。

③ 根据广告受众的手机操作系统进行选择,分为 iOS、安卓、塞班、WP 等。

④ 根据地域进行定向,适用于较大范围进行广告投放,最大精准到区。

⑤ 根据广告受众的使用习惯进行专业时间设定,分为用户在上下班途中、午间休息及睡前等移动设备使用高峰期。

⑥ 移动互联网上经典的投放广告形式——LBS 推广,定向某一个地点或多个地点周边人群,适用于定向商户周边、精度要求较高的情况。

3. 移动广告投放策略

1) 与用户第一时间产生互动

手机媒体最大的优势是互动,更多的互动才能产生更多的信赖和行动。所以不要采用单独的广告展示,广告要带有活动性质,如问卷调查、抽奖、小游戏等。

2) 让用户手机里留下商家的东西

移动营销最大的特点是把商家的东西植入用户手机里,要在用户看广告的时候,留点印象给用户。比如要用户下载 App 前,应利用公众平台或个人微信号等引导用户关注。

3) 收集用户联系方式

收集客户的信息是移动营销最重要的目的和手段,设置多一些让用户主动留下联系方式的引导。

4) 借力推广平台

除了常规的借力话题、节日等,大部分移动互联网推广载体都具有一定的品牌性。

5) 选择可利用的平台载体做推广

选择目标人群集中的载体,将它的目标人群变成自己的用户。

6) 避免投放广告的恶意点击

可以通过选择 IP 定向控制、以域名方式登录、微信公众平台等方式应对恶意点击。

4. 移动广告投放的效果监测

移动广告推广效果要通过数据来说明，为了确保数据的真实性、有效性、及时性，数据的监测和提供通常选择由第三方数据统计平台完成。对移动平台的效果监测主要表现在以下六个方面。

1）应用整体趋势

通过每天的新增用户、活跃用户、启动次数、版本分布、行业指标等数据的变化曲线可以推断出推广的效果及增长动态。

2）投入渠道分析

通过新增用户、活跃用户、次日留存率等用户指标衡量各渠道推广效果。

3）用户留存分析

通过新用户的留存分析数据可以掌握每天（周/月）的新增用户在初次使用后一段时间内的留存率，留存率的高低一定程度上反映了用户对于应用的认可程度。

4）用户行为分析

有针对性地进行应用内的数据统计，了解用户在应用内各页面的停留、离开情况，从而掌握用户的使用细节、行为特征和操作习惯，找到应用改进的突破点，根据改进后数据的变化，评估应用优化的效果。

5）用户地域属性

根据各城市新增用户、活跃用户、启动次数数据，了解推广应用在各个城市的用户下载使用情况，判断广告投放目标地域是否达到预期效果，是否在用户数据较低的城市增加投放数量和时长。

6）应用错误分析

通过收集并归类应用的崩溃日志，提供应用在用户使用过程中发生错误的版本型号、错误发生的时间、次数、错误的内容摘要，帮助应用更好地解决所存在的问题，从而提高应用的稳定性，提升客户应用体验，提高客户留存率。

11.6 上机练习与实践——移动互联网营销应用

1. 实训目的

某自行车销售商是一个销售各种品牌自行车及其零部件的国内大型连锁公司，公司业务遍及全国各地。随着网络全面渗透至企业运营和个人生活中，为了更好地吸引众多的网络客户、开拓网上销售渠道、提高公司管理各类客户的能力和综合竞争力等,该公司决定开展网络营销。

在公司了解、熟悉网络和网络营销的现状、发展、演变和未来发展趋势,分析了我国制造行业的网络营销现状,进行了网络环境分析、网络市场调研、目标市场分析后,明确了网上产品定位、网上定价策略和网络营销渠道;应用搜索引擎注册、与其他网站的互换连接操作和在网上发布广告的流程,以做好公司网站的推广工作。接下来,打算通过本章所学知识,进一步开展移动营销。

2. 实训内容

① 注册 QQ 号和微信公众号,使用工具建立社群,设计相应的营销方案并实践。
② 设计 App 营销和投放移动广告的方案。

3. 实训示例

① 了解该公司产品的移动营销现状。
② 为该公司产品制定微信营销策略。
- 登录微信公众平台,注册微信公众号。
- 使用微信公众号,发布推广软文。
③ 为该公司产品制定社群营销的营销策略。
- 注册 QQ(微信),创建 QQ 群(微信群)。
- 在 QQ(微信)社群内,宣传推广产品。
④ 为该公司产品制定 App 营销策略。
⑤ 为该公司产品制定投放移动广告方案。

4. 实训要求

① 根据各自的练习情况,进行上网实际操作和练习,并撰写一份实训报告,要有关键步骤的抓图。
② 实训报告内容要求:
- 以小组为单位完成报告,字数在 2 000 字以上。
- 对移动营销目标受众进行需求特点分析。
- 移动营销推广的内容包括相应的文字和图片,能体现出目标受众需求和企业特色。
- 进行实施和发布。

11.7 本章小结

移动互联网营销是网络营销的趋势和重要组成部分。本章从移动互联网营销的概念出发,讲述了微信营销、App营销、社群营销和移动广告4种移动互联网营销的方式,并重点介绍了每种方式的营销策略。

 案例分析与提高

案例讨论:易博DSP助力京东金融低成本获取优质客户

京东金融是京东集团旗下子集团,主要有两大产品:京东众筹和京东白条。作为互联网理财综合服务平台,京东金融凭借优异的综合实力及专业的服务能力,在众多金融财富管理服务机构中以佼佼者的姿态出现。与此同时,随着互联网金融服务机构遍地开花和消费金融的崛起,京东金融也面临着来自竞争对手的市场争夺压力。此时如何低成本的获取新客户并维护老客户是非常重要的任务。

亿玛在线创立于2004年,是中国大数据营销平台领先者,首创在线销售、在线营销和大数据管理三位一体的平台模式,旗下架构有电商销售服务和领先的精准营销服务两大事业群,主要服务于大型B2C电商、在线品牌商家,以及互联网金融、游戏等泛电商企业,以满足商家"效果"为目标。易博DSP属于亿玛在线精准营销服务事业群的拳头产品,通过对大数据的深度挖掘和科学算法处理,分别实现用户洞察——比用户更懂用户,策略制定——做到可预算、可实现、可量化,投放传播——实时竞价、程序化购买、个性化推荐,策略优选——机器学习、实时监测,效果达成——效果可视化、指标评估精细量化,让广告投放更加有效。

2016年4月—6月,亿玛在线利用易博DSP在财经、新闻、门户网站、汽车类、IT类、教育类等应用为主的媒体,针对20~35岁、本科及以上学历的优质商务人群、财经人群、理财人群进行移动营销投放。投放设定的目标是以效果为导向,争取投资回报率(ROI)超过业内平均水平,并通过持续的活动聚焦客户黏性。

此次移动营销采用了从粗到细的管道式投放,人工加系统的双向优化投放策略,投放效果超出客户预期效果,投资回报率超过业内平均水平,投放期间广告曝光23 227 336次,用户黏性显著提高。

分析与提高

① 简要分析此次京东金融移动营销的成功之处。
② 根据上述案例,并结合京东金融的客户特点,为京东金融设计一个App营销活动。

1. 什么是移动互联网营销？
2. 简述移动互联网营销的几种方式及其特点。
3. 什么是微信营销？简述企业微信推广的几种模式。
4. 简述 App 营销的概念和营销策略。
5. 什么是社群？什么是社群营销？运用社群营销最主要的工具有哪些？
6. 什么是移动广告？移动广告有哪些展现方式？投放移动广告的注意事项有哪些？

第12章 网络营销管理

引言

市场营销的过程也是企业对市场营销活动进行管理的过程，具体的管理活动包括计划、组织、领导、控制等职能的执行。在管理职能层面上，企业对网络营销的管理与传统营销管理是一致的，但是由于互联网的特点和强大的力量，使得网络营销管理中出现了许多新的特点和问题。

网络营销管理是指对网络营销活动的计划、组织和控制。制订网络营销计划是网络营销管理过程的起点，组织落实计划是网络营销管理的主体内容，反馈控制网络营销计划的落实情况是网络营销管理的关键环节。三者形成了一个封闭的管理过程。

本章的主要知识和技能点：

- 企业网络营销的实施过程
- 网络营销的评估内容和方法
- 网络营销风险控制的概念

教学要求：

- 了解网络营销计划的内容
- 了解网络营销组织执行的步骤
- 掌握企业网络营销策划内容和策划书

【引导案例】IBM 公司的网络营销实施

"蓝色巨人"IBM 公司在 20 世纪 80 年代的鼎盛时期拥有工厂 400 余家，职工 40 余万，营销机构遍布全球，产品涉及信息技术的方方面面，构筑起一个庞大的计算机产业帝国，曾经位居《财富》杂志评选的世界 500 强第二位。

进入 20 世纪 90 年代，整个计算机产业的竞争格局发生了重大的变化，许多掌握某一尖端技术而又具有创新经营模式的公司，纷纷侵蚀 IBM 公司的传统优势市场，并成为雄踞一方的霸主。与此成为鲜明对比的是，IBM 公司却在 20 世纪 90 年代初承受了"近乎死亡的经历"——1991 年亏损 29 亿美元，1992 年亏损 50 亿美元，1993 年亏损 81 亿美元。在发明 PC 机概念 10 年之后，IBM 公司的 PC 机客户被康柏、戴尔、惠普和其他厂商纷纷夺走，微软成为计算机软件业的领头羊。一些以网络为中心的公司如思科，以及一些新兴企业，如美国在线和网景，成为互联网业中的佼佼者。尽管 IBM 公司对一些大型加工企业仍然非常重要，但它正在失去新的客户，这对公司的生存是一个威胁，公司的价值在急剧萎缩。从 1987 年至 1993 年，IBM 公司的股东价值损失了 75%。

1993 年 4 月 1 日，IBM 公司关键的转折点出现了。IBM 公司正式聘请路易斯·郭士纳为首席执行官。

面对 IBM 公司所面临的一系列难题，郭士纳进行了再造企业组织文化、完善企业设计等一系列重大举措，特别是在利用 Internet 方面，郭士纳做出了较大的动作。

1. 数字化采购

通过对以前手工操作的采购环节进行解剖，深入挖掘采购过程中存在的问题，IBM 首先进行了组织结构上的变革，成立了全球采购部，并构建了包括采购订单申请系统、订单中心系统、订单传递系统和询价系统四大系统在内的 IBM 数字化采购系统。基于网络采购，IBM 降低了采购的复杂程度，采购订单的处理时间缩短为 1 天，合同平均长度减少了 6 页，内部员工满意度提升了 45%。网络采购在 IBM 内部产生了效益的飞跃。

2. 在线培训

IBM 的培训部门在内部网上建立了一个面对所有员工的寰宇大学，开展员工的在线培训。2000 年，IBM 大约 36% 的员工是通过在线学习的方式进行培训的，这不仅是为了节约培训费用，更重要的是为了达到以电子化手段实现公司的知识管理架构，提升公司的工作效率、竞争力、反应能力和创造力。

3. 在线销售和服务

1999 年 11 月，IBM 开始整合全球电话服务中心和公司网络管理队伍，成立了一个集成的电话网络服务组织"ibm.com"中心——集成各种渠道服务于客户的"on IBM"。其目的很明确：确保IBM的销售和技术人员能够利用网络、E-mail和电话为客户提供服务。整合后，IBM网站成为客户服务的"门户"，公司在网站上还开辟了"Call Me Now"（网络回叫）和"Text Chat"（文本聊天）等功能，使客户能够快速与公司客户服务中心取得联系，创造了更加人性化的上网和服务感受。

案例点评：

通过IBM的案例介绍可以看到：网络营销是企业整体发展战略的重要组成部分，网络营销的实施可以给企业带来很大的竞争优势；加强网络营销管理是实现网络营销目标的重要举措，搞好网络营销管理工作意义重大。但是，实施网络营销是一项投资比较大、涉及高新技术、有很大风险的决策。因此，企业实施网络营销需要全面分析企业的内部经营状况和市场竞争环境，准确把握并控制实施的时机、成本及风险，并根据网络营销需求改进组织结构和管理模式，保证网络营销活动的系统开展和营销目的的顺利实现。

12.1 网络营销计划管理

12.1.1 确定网络营销计划的必要性

与传统营销管理一样，网络营销管理同样需要制订营销计划。制订网络营销计划是网络营销管理过程的起点，是确定网络营销的目标和实现目标的途径。网络营销计划是在网络营销观念的指导下，对网络销售活动做一个比较全面、有序的安排，目的是使网络营销活动能够责任明确、有条不紊地展开。

企业向网络营销发展的形式大致可以分成两种，一种是"循序渐进"模式，即在企业市场营销已经形成一定特色的情况下，为了不引起太大的副作用而逐步引入网络营销的模式；另一种是"一步到位"模式，即对于新成立的公司，由于本身并不存在陈旧的桎梏，使得企业营销从一开始就完全按照网络营销的要求构建。后者进行网络营销的弹性很大，可以由浅入深、由简到全，可以是一个网页，也可以是一个站点，可以做简单的广告，也可以成为具有维护客户关系的管理系统。

此外，开展网络营销还有一个很现实的问题就是成本，网络的建立与应用需要投资，投资的大小取决于企业的网络营销目标。如果只是单纯地建立网络，其投资或许并不大，但是只有网络并不能发挥很大的作用。为了将网络应用于管理，企业必须为之配备相应的信息处理及决策支持系统，以及相应的人力资源。如此一来，企业花在网络营销上的信息技术投入便十分可观了。对此，企业首要考虑的问题便是：本企业是否应该进入网络营销领域？如果进入的话，它给企业带来的成本和效益如何？应该如何进行组织及人力资源上的规划，才能适应网络营销所带来的变化并充分发挥其作用？这些问题，都必须在制定网络营销计划时加以解决。

12.1.2 网络营销计划的构成要素

网络营销计划分为专业计划和综合计划、近期计划和长期计划等类型。总的来看，网络营销计划的构成主要包括以下要素。

1. 确立网络营销的目标

网络营销的目标是企业实施网络营销所希望达到的结果，是制订网络营销计划的核心。只有具有明确的网络营销目标，才能编制网络营销计划，并将计划付诸实践，最终评价网络营销的实施结果。

不同的企业具有不同的网络营销战略和企业特征，面对不同的市场环境和市场竞争结构，网络营销的目标也不同。影响企业确定网络营销目标的因素主要有：企业内部因素、目标市场因素、市场竞争因素、市场调查因素、市场拓展因素、产品销售因素、公共关系因素、广告宣传因素和产品费用因素等。

2. 广泛听取各部门的意见

网络营销计划关系整个企业的生产、管理和销售，广泛征求各部门意见和建议，让全体员工充分理解计划内容和要求是顺利实施计划的关键。

3. 确定营销预算

网络营销的实施需要资金的支持，要根据网络营销目标编制营销预算，合理安排资金，提高资金使用率。营销预算应包括预算指标、预算项目和费用控制指标等内容。

4. 分配营销任务

根据网络营销的目标和企业的具体情况分配营销任务。例如：设置企业统一的网络资源管理部门来规划整个企业的电子商务计划，协调各部门的矛盾和冲突，提高企业网络资源管理效率和电子商务信息处理能力，统一企业电子商务信息。

5. 规划营销活动的内容

根据网络营销的目标和任务规划营销活动的内容，包括网上市场调查、网上消费者分析、网络营销策略制定等。规划制定后也不是一成不变的，随着网络经济的发展和技术的进步，企业网络营销规划也应不断根据市场的变化和实施情况进行调整，以适应发展的需要。

6. 选择网络服务商

企业选择网络服务商首先要听取当前其他客户的意见，进行初步筛选；然后亲自了解网络服务商，如访问该公司的主页及其客户的主页，获取公司工作质量和功能的第一手资料；最后对被选网络服务商进行评估，做出选择决策。评估和比较网络服务商考虑的因素包括网络服务商提供的服务、站点特性、费用、设备及性能、公司业务及背景等。

7. 设计网页或网站

企业计划网络营销还需要设计相应的网页，包括页面格式和内容。随着网络营销的开展和消费者需求的变化，以及营销过程中所产生的问题，企业需要及时改进网站内容，更好地展示商品的特点、性能、规格、技术指标，传递产品、服务信息和质量承诺，促进产品销售。同时，网页内容和形式的改进，也有利于建立企业与消费者之间的信任关系，树立良好的企业信誉，实现无障碍信息交流和感情沟通。

8. 使网上营销和企业的管理融为一体

网络营销是企业整体营销战略中的一个重要组成部分，网络营销计划应该与企业的目标和运营体系相符合。除了上面的内容外，还应注意企业传统形象的一致性、网络营销计划与企业整个营销计划的关系、网络营销服务管理人员构成及职责等。

12.2 网络营销组织管理

组织落实计划是网络营销管理的主体内容，是建立机构、配备人员和执行计划的过程。企业在确立了网络营销计划后，就要组织计划的执行。如果不进行有效的执行，该计划只是一种附加的营销方法，它不能体现出计划的竞争优势，相反只会增加企业的营销成本和管理的复杂性。

12.2.1 网络营销人员管理

网络营销的实施，使得信息技术与业务之间的关系比过去的任何时候都更加密切。网络技术所需要的软硬件的开发与维护，仅仅是保障网络营销能够顺利进行的一个方面，而人员素质才是最具有弹性的，并最终决定网络技术应用的效果。所以，企业需要以下 4 种人才。

1. 业务服务人才

此类人才最需要的是业务技能，并不要求有很高的信息技术知识和经验。

2. 业务支援人才

这类人才需要丰富的业务技能，并具有较高的网络及其他信息技术，在未来的一段时期内将成为网络营销管理类人才的主流。他们在进行本部门日常业务的同时，还负责与信息部门密切合作，以开发和利用信息系统。

3. 技术支援人才

这类人才具有十分丰富的网络及其他信息技术技能，并具有一定的业务知识。目前，许多信息部门为了能够更好地满足业务部门的需要，纷纷设立新的"业务分析"职能，将业务部门视为工作重点，并派专人负责；这样，信息部门就可以为业务部门提供网络及其他信息技术支援。

4. 技术服务人才

这类人才具有一流的网络及其他信息技术技能，是网络及软件方面的专家。这些专家在信息部门有的负责提供网络操作系统方面相当重要的技能，有的则负责开发复杂的软件系统，为企业更好地开展网络营销服务。

以上4类人才都是网络营销企业所必不可少的人才，但在合理的人才结构中，业务支援人才和技术支援人才需要占据主要部分。这正是网络营销企业目前所缺少的，也是培养的重点。

12.2.2　网络营销组织结构

网络营销的实施对企业营销组织有很大的影响，改变了企业营销组织的形式和结构。网络营销实施后，企业各部门对内相互协调、紧密配合，使企业能够为顾客提供满意的商品或服务；对外协调一致，为顾客提供整体解决方案，满足顾客需求。网络营销企业的组织结构如图12-1所示。

图 12-1　网络营销企业的组织结构

企业开展网络营销后，传统的、条块分割的部门重组为统一的、为顾客服务的组织结构，企业与供应商联系更加密切，渠道更加通畅，网络营销系统成为企业的核心。这个系统不仅包括传统的营销部门，还包括与之相协调的供应、生产、网络信息技术和系统维护等业务部门，人力资源管理、财务管理及后勤保障等部门则属于支持部门。组织运转的动力来源于顾客需求及其变化，客户服务由服务部门统一对外提供，并通过企业内部的业务价值链往下传递，直至满足顾客的需求。

企业实施网络营销的组织结构有以下几个特点。

①统一顾客服务部门，通过简化和统一顾客服务程序，为顾客提供满意的网上订购、技术支持与维修服务。

②扁平化的组织结构，网络营销要求企业为顾客提供及时、高效的服务，对顾客需求的变化和市场竞争做出迅速反应，这就要求企业改变传统的"金字塔"形组织结构，建立反应迅速的扁平化企业组织结构，同时，网络营销的实施也为扁平化组织结构提供了必备的技术支持基础。

③横向信息沟通，为顾客提供统一的服务；网络营销需要不同职能部门协作配合，扁平化组织结构为部门之间的横向沟通提供了渠道和基础，提高了信息沟通的效率。

12.2.3 企业网络营销实施过程中的决策

企业实施电子商务、网络营销是企业经营过程中的重要决策，它不仅会影响企业的整个业务流程，还会引起投资、组织结构等诸多方面的变化。因此，企业实施网络营销不但要解决技术方面的问题，还要对所要面临的实施目标、实施时机、业务流程重组、组织结构变化等问题给予足够的重视，做出全面的、正确的决策。这些决策包括以下几个方面。

1. 网络营销目标决策

企业利用网络营销技术实施网络营销策略是为了实现企业的总体经营目标，因此，在实施网络营销之初，企业必须明确利用网络营销预期达到的目标是什么，以及它与企业经营总目标之间的关系。这不仅是指导企业实施网络营销工作的一个总体指导方针，也是企业进行网络营销实施时机决策、投资决策的基础。

一般来讲，企业通过实施网络营销能够达到的目标如下所列，企业在决策时可以从这几方面进行考虑：

① 促进企业的网上销售。
② 提高企业形象，建立顾客忠诚度。
③ 收集有关信息，发现潜在需求。
④ 建立合作联盟，降低成本。

企业网络营销的目标一经确定，后续工作将围绕其展开。

2. 网络营销实施时机的决策

企业实施网络营销时的机遇和风险是并存的。何时实施网络营销、如何与企业的总体经营战略相配合，需要营销人员提出合理的建议、企业的高管人员进行全盘的考虑和决策。因此，如何选择网络营销实施的时机是企业实施网络营销过程中要面对的第二个重要决策。

企业在选择实施时机时可以从以下几方面进行衡量和考虑：

① 行业内竞争对手的饱和程度如何？除了网络营销之外，企业是否还有更好的竞争手段可以采用？

② 网络营销能给企业带来哪些竞争优势？

③ 企业在管理和技术应用方面的能力。

④ 网上受众的情况。

只有通过对上述几方面的严格自检和分析，企业才能选择对自己最有利的策略，确定网络营销实施时机。

3. 网络营销实施的投资决策

资金投入是企业实施网络营销的必要保证。由于网络营销的资金投入是一个长期的过程，不仅包括建立网站、实施目前的营销策略，还包括大量的后期维护、更新、新的营销策略的实施等工作，因此，企业必须在资金的投入上有一个比较长远的规划，做出合理的投资决策，即在投资实施之前分析网络营销带来的预期经济效益，确定企业的投资方向和投资方案。

企业可以利用费用效益分析方法进行网络营销的经济效益分析。在分析中，通过对成本和效益的估算和比较衡量经济收益的情况，为投资决策提供依据。

4. 网络营销组织结构决策

网络营销运用网络技术促进了企业内外的信息沟通，同时也给企业在经营管理的诸多方面带来了深刻的变化。这种变化除了体现在企业员工理念、认识上的变化之外，还突出地体现在对传统企业组织形式和业务流程的冲击上。这种变化和冲击要求企业的组织形式必须从传统的金字塔组织结构转化为网状的、相互沟通和学习的组织结构。这些变化的出现也要求企业在实施网络营销之初就应该对企业组织可能受到的影响和结构变化有比较成熟的考虑，并提出相应的措施。

1) 网络营销对企业组织的影响

网络营销的实施对企业组织的影响主要表现在以下3个方面。

①企业内部组织结构有可能不同。互联网技术的应用、企业内联网的建立使企业能够及时、有效地收集、处理和传播信息而不受时间和地域的限制，这给企业内部各部门根据业务特点采用不同的组织结构提供了条件。因此，企业内部各部门的组织结构有可能不尽相同。

②企业组织结构趋于扁平。网络营销的实施为企业内部提供了良好的信息交流平台。通过企业内联网，企业各部门可以直接、快捷地进行信息交流，管理人员之间的沟通机会大大增加，企业内部人员之间的沟通也从原来的一对一、一对多的关系快速发展成为多对多的关系，企业内形成了网络状的组织结构。同时，网络给企业中层的管理人员提供了更多的直接信息，提高了他们在企业决策中的作用。这些都促进了企业组织结构的扁平化。

③市场驱动能力增强。建立在互联网基础上的网络营销系统为企业和外部顾客、供应商

及企业各部门之间提供了良好的交流平台，使企业各部门能够面向市场，及时收集和了解市场的每一个动态；同时，企业为了更好地占领市场，将会根据市场动态争取在第一时间对市场的变化做出反应。因此，网络营销使得市场的驱动作用更加迅速和强烈。

针对以上的变化趋势，为了满足实施网络营销对企业组织结构的要求，企业必须对自己的组织形式进行改革。重组企业组织有利于企业达到以下方面的目标：

① 重新策划顾客服务的流程，提供全方位的信息沟通。
② 加强企业内外部横向的信息沟通。
③ 使组织对市场变化有快速的反应。

2）网络营销对企业业务流程的影响

网络营销能够在网络上展示企业产品、传递实时的信息、提供顾客服务、沟通与外界的贸易联系，实现这些功能的基础是企业内部能够提供相关信息和服务的支持，具有相关的信息流通渠道。例如，网络营销可以利用互联网技术全天候地提供企业产品和品牌的最新信息，也可以将各类订货会和商品供销流程搬到网上，但是实现这些功能的基础是企业内部的相关部门能够提供相关的信息沟通渠道和信息内容的支持。所以，网络营销功能的实现要求企业进行业务流程方面的重组。

3）网络营销对企业人力资源的影响

随着信息技术的应用、企业组织结构和业务流程的变化，企业员工的岗位和岗位要求必然发生相应的改变。这种改变会使员工的思想和工作方式产生极大的波动，进而会对企业的经营效果产生影响。为了使员工能够及早适应这种变化，企业应该重视对员工职业生涯的规划和对员工技术技能上的培训。只有把企业网络营销人力资源开发、提高网络营销工作人员的技术水平工作做到前面，才能保证网络营销策略和技术发挥出最大的效果。

在企业人力资源开发的过程中，企业应该认识到员工才是企业最宝贵的财富，企业所有的计划、策略和技术都需要通过员工的努力来实现。所以，企业应该制订正式的组织计划，规划员工的职业生涯，使员工能够适应信息技术所带来的新的变化和要求，使员工与企业共同成长。

在企业人力资源开发的过程中，员工培训是必不可少的一项工作。在设计员工培训的内容和目标时，企业应注重培养员工在业务技术和信息技术两个不同层面上的知识和能力，使其能够对专业技术和信息技术融会贯通，培养能够兼顾业务与网络技术的复合型人才。

12.3 网络营销控制管理

12.3.1 网络营销的风险管理

网络营销控制是指检查网络营销计划的执行情况并随时纠正偏差的活动。由于计划是静态的，而客观情况是千变万化的，计划往往跟不上变化，在执行过程中就会出现偏差。如果不及时纠正偏差，就有可能发生失控。从此意义上讲，没有控制也就无所谓管理。所以，对网络营销计划进行及时控制是十分必要的。

由于企业外部和内部因素的影响，企业开展网络营销还面临着技术、信用、法律、市场等风险，网络营销控制的主要问题就是网络营销的风险管理。

1. 网络营销的风险

在企业整个网络经营过程中都伴随着风险，主要的风险表现在以下4个方面。

①网络交易过程中的风险。在网络交易过程中，交易的双方可以不经见面就签订合同或达成购买。购买双方身份、交易信息和资金的可靠性、交易账户和密码等都会成为交易过程中可能出现的风险因素。

②信息及信息传递过程中的风险。信息风险主要来自信息传递过程中的信息失密、信息被篡改和信息丢失等。

③法律方面的风险。法律风险主要表现在法律法规的建设和完善方面，具体表现在网上知识产权保护、网上消费者保护、网络广告引发的法律问题等。

④网络技术风险。网络技术风险主要表现在因网络技术所带来的网络安全风险，如网络病毒、网络黑客的恶意攻击等。

无论出现上述哪种风险，都将给企业和消费者带来损失。因此，在企业进行网络经营的同时，必须进行风险控制。而网络安全技术措施、网络安全管理和信用体系、国家的有关法律法规是企业进行网络经营风险控制工作的基础和保证。

2. 网络营销风险的控制

安全的电子交易主要由4个要素组成：信息传输的保密性、数据交换的完整性、发送信息的不可否认性和交易者身份的确定性。相关的网络安全技术方法包括以下几个方面。

①信息加密技术。信息加密技术通过对信息的加密、解密防止他人破译信息系统中的机密信息。在实际中应用最广泛的加密技术有两种：公共密钥和私用密钥。

②数字签名技术。将发送的文件与特定的密钥捆绑在一起发出，用以鉴别或确认电子信息的发送者是否名副其实，认证信息内容是否有效，确保数据的完整和真实。

③数字凭证技术。数字凭证是网络通信中标志通信双方身份信息的一系列数据，用于识别和确认网络交易者的身份和权限。数字凭证有3种类型：个人凭证、企业（服务器）凭证、软件（开发者）凭证。

④数字时间戳。数字时间戳是一个由专门机构提供的经过加密后形成的凭证文档，用于保证交易文件的日期和时间信息的安全。

⑤客户认证。客户认证技术包括身份认证和信息认证，分别用于鉴别用户身份及保证通信双方的不可抵赖性和信息完整性。

3. 网络安全管理工作

企业自身的网络安全管理工作是维护网络交易安全、规避网络经营风险的具体保证。企业在实施网络营销之初，就应该对网络安全管理有一个较完整的策划，并制定出相应的规章制度。这些制度包括系统维护制度、数据备份制度、病毒定期清理制度、保密制度等。同时，全社会的网络安全意识的提高和建立健全社会信用保证体系也是规避和控制网络经营风险的保障。

4. 国家的法律法规

国家的法律法规是企业进行网络风险控制的制度保障。虽然有相关的网络安全技术作为网上经营的安全后盾，但是企业和消费者仍然对网上可能出现的个人隐私、交易合同执行、资金安全、知识产权保护等问题有所顾忌。这些问题的解决必须依据相关的法律法规，因此，建立完善的互联网法律法规体系是保证我国电子商务正常发展、控制企业网络经营风险的必要保障。

2005年4月1日开始正式实施的《中华人民共和国电子签名法》是我国第一部真正意义的电子商务法，它的颁布和实施极大地促进了我国电子商务的法制环境建设，为企业进行安全、可信的电子交易提供了法律保障。

12.3.2 网络营销的评估

网络营销活动的开展需要进行相应的投入，有投入就要计算回报。当网络营销活动进行到一定阶段后，就应当对网络营销的效果进行评估。如果网络营销效果不够理想，就要找出原因，并采取解决问题的措施；如果取得了预期的效果，就应当总结成功的经验，继续发扬成绩，争取取得更好的效果。

网络营销系统评估是企业网络营销管理和控制中的一个重要环节。网络营销系统评估是通过一系列定量化和定性化的指标，对企业网络营销的各个方面进行综合的评价，以达到总结和改善企业网络营销工作、提高整体营销效果的目的。

1. 网络营销评价步骤

企业在策划实施网络营销之初就应该对其评价工作有所考虑和计划。网络营销评价应该围绕着其总体目标来进行，它主要包括以下几个步骤：明确网络营销的总体目标，提出评价方案；选择评价的方法；确定评价的途径；实施评价；提出评价报告。

2. 网络营销评价途径

企业网络营销的目标不同、评价目的不同，所选择的评价途径也不同。一般来说可以分为利用自己的网站进行评价和利用第三方机构进行评价两种。

1）利用自己的网站进行评价

网络技术给企业进行网络营销评价提供了方便、实用的工具。对于很多企业来说，可以在自己的网站上通过统计工具、程序包等获取相关的数据并进行分析。这些分析大多是以网站日常运营中积累的资料为基础和来源的，多数属于日常的统计分析评价。这些数据来源主要有：服务器及操作系统的日志文件、用户注册数据库、交易系统数据库等。通过自己的网站进行评价主要是为了对企业的网络营销工作进行日常的监督和信息反馈，及时掌握顾客的需求变化、购买习惯和顾客对网站的看法，为企业提供制定网络营销策略的依据。

2）利用第三方机构进行评价

第三方机构是专业的网络营销评价组织，在评价内容上与网站自我评价有所不同，社会认可度也比较高。企业在利用第三方机构进行评价时，可以以会员的形式参加第三方机构的常规评价，也可以申请第三方机构为自己的企业提供专门的网络营销评价。

第三方机构提供的评价服务主要有：流量认证、用户网上行为评价、网站设计评价、网站推广情况评价、网站效果评价等。

由于第三方机构是专业的网络营销评价组织，评价的内容广泛、全面，具有横向的比较性，因此，企业参加权威性第三方机构举行的评估活动并取得好的评估结果，对树立企业形象、宣传企业理念、赢得顾客信赖具有重要作用。

目前，国内外均有一些专业的机构从事对商业网站的评价服务。我国的中国互联网络信息中心（CNNIC）每半年对国内互联网的发展进行一次测评，包括对国内网站的排名和评价，还有一些公司也为企业网站提供专业的咨询和评价服务。

3. 网络营销评价类型

随着网络技术和企业网络营销活动的日益发展，网络营销效果评价工作也愈来愈成熟。可以根据不同的分类标准把评价划分为以下不同的类型。

①根据评价的主体不同，可以分为网站自身的评价、消费者评价、同行评价、专家评价等。

②根据评价的方法不同，可以划分为网站流量指标评价、网站技术水平评价、综合效果评价等。

③根据被评价企业所在的行业范围不同，可以划分为专业性网站评价和综合性网站评价。

4. 网络营销评价标准

不同企业实施网络营销的目标、策略不同，期望达到的效果不同，其评价标准也会有不同的侧重。根据不同的评价对象，网络营销的评价指标可以分为以下几个方面。

1) 衡量网站和产品品牌形象的指标

网络消费者面对网络上大而丰富的选择空间，其选择结果在很大程度上取决于他们对品牌的认可。因此，品牌的树立对企业来说是极其重要的，这也是企业战胜竞争对手的有力武器。企业网站和产品的品牌形象评价指标应该包括：网站在媒介中的声誉、网站在媒介中出现的数量和频次、网站访问者的滞留时间和频次、网站注册用户的数量、网站的访问量及增长率，公众对企业、企业产品的信任度。

2) 衡量网站经营效果的指标

企业网络经营效果可以从销售额、顾客数量、重复购买率、转化率、利润、市场的渗透水平等方面衡量。这些指标都从不同的侧面反映了企业进行网络营销的成果。在运用过程中，企业可以根据自己的需要选择必要的指标进行测评。

3) 衡量网站技术水平的指标

网络营销一个重要的评价方面就是对网站本身技术水平和网上营销策略设计的评价。这些指标主要包括网站设计、网站推广、网站流量、反应率等。

(1) 网站设计

企业在评价网站时首先应衡量网站在功能、风格和视觉效果等方面的满足程度，衡量其是否做到了主题明确、层次清晰。除此之外，还可以运用一些通用的指标进行细节方面的测评。这些指标有不同速率下的主页下载时间、链接和拼写情况、不同浏览器的适应性、对搜索引擎的友好程度、可扩展性、网络安全性。

值得注意的是，获得上述测评指标数据后，应对结果进行分析，避免由于测试指标本身存在的不适应性造成评价失真。

(2) 网站推广

网站推广的效果关系企业网络营销的最终成果。衡量网站推广程度的指标主要有使用搜索引擎的数量和排名情况、与其他网站的链接情况、注册用户的数量。

(3) 网站流量

网站流量可以从独立访问者的数量、页面浏览数、每个访问者的页面浏览数、用户在网站的停留时间、用户在每个页面上的停留时间等方面来测试和评定。

(4) 反应率

反应率主要包括网络广告点击率、网上问卷回复率、电子邮件回复率等。

企业进行网络营销测评时应该根据营销目标的需要，确定测评的标准，并对测评结果进行认真的分析，发现问题，提高网络营销的总体效果；应该避免那种只注意测试数据，而不顾实际经营效果的行为。

12.4 上机练习与实践——网络营销策划实训

12.4.1 实训总目的和任务

"网络营销策划实训"是网络营销理论课程的综合实训环节,它担负着培养训练学生掌握网络营销各种技能的任务。"网络营销策划实训"的目标是通过对一个企业的网络营销进行策划和实施,把若干个既相互独立又彼此联系的实践操作环节串联在一起,指导学生对网络营销战略、网上调研、网上渠道建设、网络广告、网上促销及移动营销等基本的网络营销技能进行实践,使学生掌握和具备网络营销策划的操作技能和分析解决问题的能力。

在实训环节中,通过完成每一步骤的策划和实施,最终达到本实训的总体目的;在完成全部实训环节后,学生可以以小组为单位初步完成一个企业的网络营销策划,写出相应的网络营销策划报告。

12.4.2 实训1——选题及制定企业网络营销策划纲要

1. 实训目的

明确实训的总体目标,了解实训的总体安排和要求,明确网络营销策划报告的书写格式及要求;分组完成选题,完成网络营销策划纲要的制定。

2. 实训内容

①学习网络营销策划报告的书写格式及要求。
②分组,以组为单位明确实训题目。
③制定企业网络营销策划的计划纲要。
④分析企业的经营目标,明确企业网络营销的目标。
⑤针对企业的网络营销目标,分析、确定网络消费者的特点和需求。

3. 实训要求

以小组为单位进行充分的讨论,上网收集相关的资料,并分析、确定网络消费者的特点和需求,写出相关的文字材料。

4. 实训步骤

1) 分组

①教师讲解网络营销策划报告的书写格式及要求，讲解实训的总体要求和本单元的要求，学生明确实训的目标。

②学生分组，4～5人一组，确定组长。

③教师提供网络营销策划的题目，学生明确营销策划的目标。

2) 制定网络营销策划的计划纲要

①教师讲解制定网络营销策划纲要的要点和知识，学生明确网络营销策划步骤和内容。

②进行小组分工，制定网络营销策划工作的初步计划纲要，以书面形式上报教师。

③明确企业的经营目标，分析、明确企业网络营销活动的目标。

④上网查询相关资料，分析网络消费者需求，列出需求特点。

- 在选题策划时，要求学生参加班级实际项目设计的比赛。
- 在实训的过程中，要始终以小组为单位记录活动的内容和情况，作为评议工作量的依据。
- 在每个实训内容开始和结束时都要进行小组成员之间的沟通。

5. 实训附件1——网络营销策划报告的书写格式及要求

①标题。

②摘要。摘要应当高度概括策划报告的主要内容、特点和观点，以及取得的主要成果和结论，应能够反映整个策划报告的精华。（300字以内）

③关键词。3～8个。

④目录。章节编号采用分级编号方法，如第一级为"1""2""3"等，第二级为"2.1""2.2""2.3"等，第三级为"2.2.1""2.2.2""2.2.3"等。

⑤引言。引言是全篇论文的概述或导论，应主要包括：

- 选题的缘由、国内外在该领域的发展状况。
- 策划的意义、目的、研究范围及应达到的技术要求。
- 本文所要解决的问题和采取的手段、方法。

⑥正文。策划报告的正文应是对策划工作详细的表述，它占全文的绝大部分篇幅，主要内容一般应包括以下几个部分：

- 网络营销策划目标，应说明策划目标、相关原理。
- 网络营销环境分析，应进行较详尽的消费者需求特点分析、竞争者状况分析及网站状况分析。

● 网络营销策略设计,说明策划策略的过程、策略组合方案、每项具体策略的设计内容和实现。

● 网络营销策略的效果评析方法,论文的整体结构应符合"提出问题—分析问题—解决问题"的构成原则,文章的各部分应思路清楚,脉络分明,逻辑性强,富有说服力。

⑦ 结论。结论包括对整个研究工作进行归纳和综合而得出的总结、所得结果与已有的结果比较,以及在本策划中尚存在的问题、对下一步工作的建议。它集中反映作者的策划成果,表达作者所论述的见解和主张,是全文的思想精髓,也是文章价值的体现,一般应写得概括,篇幅应较短。

⑧ 谢词。

⑨ 参考文献。

【示例 12-1】《西藏建筑》网站网络营销策划的正文提纲

① 网络营销的目标:近期目标、远期目标。
② 宏观环境分析:市场潜力、市场现状和市场需求等。
③ 竞争者情况:
● 建筑行业竞争者(如 ABBS 建筑论坛网站)。
● 西藏类似网站竞争者(如西藏文化局)。
● 旅游行业竞争者(如中青旅)。
④ 消费者情况分析。
● 专业消费者情况分析:需求特点、消费特点等。
● 普通消费者或旅游者情况分析:需求特点、消费特点等。
⑤ 分析本网站(SWOT 分析)。
● 优点:建筑相关知识专业性强,对西藏有充分的了解和热爱等。
● 缺点:网站制作知识较差,内容图片等资料稀缺,且现有资料不能完全阐述西藏建筑风格、特色等;网站推广力度小。
● 机遇。
● 挑战。
⑥ 网上定位:风格定位、消费者定位(年龄定位、专业性定位)等。
⑦ 营销策略策划:产品策略、价格策略、渠道策略、促销策略等。
⑧ 完善网站策划的工作:资源配置、费用预算、技术维护计划、风险管理、法律问题等。
⑨ 小组成员分工及职责范围(表 12-1)。

表 12-1　小组成员分工及职责范围

序号	内容	负责人
1	计划书摘要	
2	网络营销目标	
3	网络营销环境及需求分析	
4	—	
5	—	
6	—	
7	—	

⑩小组工作分工及时间计划（表12-2）。

表 12-2　小组工作分工及时间计划

项目	时间一	时间二	时间三	时间四	负责人
收集资料					
策划提纲					
环境及需求分析					
具体策划					
财、费、技术					
摘要					
论文衔接合成					
答辩					

12.4.3　实训2——网站推广和移动营销组合策略设计

1. 实训目的

通过对网站推广和移动营销组合策略的设计和策划，培养学生运用网络推广和移动营销组合策略解决实际问题的能力。

2. 实训内容

设计网站推广和移动营销组合策略。

3. 实训要求

提出网站推广和移动营销组合策略，提出每种推广策略的目标受众和需要达到的目标。

4. 实训步骤

①根据网站目标受众的需求和特点，提出能够满足目标受众群特点的推广方法。
②确定推广策略的组合，明确各种推广策略的目标和要求。
③提出需要改进的网站内容和栏目，画出示意图。
- 要逐一对照目标受众的需求和特点，提出网站的改进内容和推广方法，建议这一步要集思广益，全组同学共同讨论。
- 多收集浏览相关的网站，从中借鉴可取的地方。
- 相关示例参考内容，可参照第 3 章的课堂练习 3-1。

12.4.4 实训 3——网站推广和移动营销策略的设计和实施

1. 实训目的

根据网站推广和移动营销组合策略，设计、实施搜索引擎注册、互换链接、网络广告、电子邮件营销、论坛营销、微博营销、微信营销、社群营销、App 营销等推广方法。

2. 实训内容

设计并实施搜索引擎注册、互换链接、网络广告、电子邮件营销、论坛营销、微博营销、微信营销、社群营销、App 营销等推广方法。

3. 实训要求

提出书面的设计实施方案，并通过技术手段实施。

4. 实训步骤

①根据推广组合策略的整体需要，小组内分工进行每个策略的设计。
②对初步的设计方案进行组内讨论，修改后确定。
③运用相关的技术最大限度地实现设计方案。
- 在确定每个策略的过程中，注意相互之间的呼应。
- 确定每个策略的策划方案时要听取全组同学的意见。
- 多进行小组成员之间的沟通。

【示例 12-2】制定网站推广和移动营销纲要

具备了一个好的网站平台，接着应实行网站推广和移动营销。网站推广和移动营销的过程也是品牌及产品推广的过程。

1. 应考虑的因素

①本公司产品的潜在用户范围。
②分清楚本公司产品的最终使用者、购买决策者及购买影响者各有何特点,他们的上网习惯如何。
③本公司应该主要向谁做推广。
④本公司以怎样的方式向其推广效果更佳。
⑤本公司是否需借助传统媒体,如何借助。
⑥本公司竞争对手的推广手段如何。
⑦本公司如何保持较低的宣传成本。

2. 可以借鉴的手段

①搜索引擎注册。
②网站间交换链接。
③建立邮件列表,运用邮件推广。
④通过社群和 App 等进行宣传。
⑤通过移动广告进行宣传。
⑥在公司名片等对外资料中标明网址。
⑦在公司所有对外广告中添加网址宣传。
⑧借助传统媒体进行适当宣传。

12.4.5 实训4——完成企业网络营销策划报告书

1. 实训目的

依据企业网络营销策划报告书基本内容和书写格式的要求,完成企业网络营销策划报告,通过答辩和评议,互相交流和提高。

2. 实训内容

①以组为单位撰写企业网络营销策划报告。
②完成个人的实训报告。
③进行策划报告的答辩和总结评议。
④给出各组的成绩和评语。

3. 实训要求

企业网络营销策划报告符合规定，完成策划报告的答辩和总结评议。

4. 实训步骤

① 把每个人完成的工作衔接在一起，实现网站推广策略的整体效果。
② 每个人完成自己负责部分的网络营销策划报告，并把各部分有机衔接在一起，完成小组的整体报告。
③ 按要求完成个人的实训报告。
④ 进行策划报告的论文答辩和总结评议。

12.4.6 实训考核

1. 考核方式

实训结束时，学生应完成本组的网络营销策划书，实现相关的网站推广策略；同时，每位同学完成自己的个人实训报告。
① 实训考核包括以下 3 个方面：
- 以组为单位，进行成果展示、问题回答，全班同学给出评定成绩。
- 教师对小组策划书、个人实训报告评定成绩。
- 实训过程中的出勤和纪律表现。

② 个人实训报告的要求：
- 实训报告封面。
- 实训的目的、项目和主要内容。
- 自己完成的工作成果，对自己的评定。
- 实训感想及建议。
- 字数达到 1 500 字。

2. 考核标准

考核标准由小组整体部分（占 60%）和个人部分（占 40%）构成，评分标准见表 12-3 和表 12-4。

表 12-3　网络营销策划实训成绩评议标准（小组整体部分）

标准	优秀（9~10分）	良好（8分）	中等（7分）	合格（6分）	不合格（0~5分）
计划书的完整性（10分）	策划书完整，内容充实，格式符合标准，网站建成	策划书完整，内容较充实，格式符合标准，网站基本建成	策划书较完整，内容较充实，格式较符合标准，网站基本建成	策划书基本完整，有基本内容，格式较符合标准，网站未建成	策划书不完整，内容欠缺，格式不符合标准，无网站
计划书的质量（10分）	层次清晰，叙述流畅，策略设计创新点3个，网站建设有新意	层次清晰，叙述较流畅，策略设计创新点2个，网站建设有新意	层次较清晰，叙述较流畅，有策略设计，网站建设稍有新意	层次较清晰，叙述基本流畅，有策略设计，网站建设无新意	层次不清晰，叙述不流畅，无策略设计，无网站
项目汇报展示（10分）	叙述流畅，内容展示精彩，时间合理，仪容仪表得体	叙述流畅，内容展示合理，时间较为合理，仪容仪表得体	叙述较为流畅，有内容展示，时间基本合理，仪容仪表较为得体	叙述一般，有内容展示，时间掌握不合理，仪容仪表尚可	叙述不连贯，无内容展示，时间掌握不合理，仪容仪表尚可
工作饱满程度（10分）	分工明确，分配均衡，工作量饱满	分工明确，分配均衡，工作量较饱满	分工明确，分配较均衡，工作量较饱满	分工比较明确，分配不均衡，工作量不饱满	分工不明确，分配不均衡，工作量不饱满
现场回答提问（10分）	圆满回答问题	回答问题较为圆满	有一个问题回答不圆满	有少量问题没有回答	问题没有回答
团结合作（10分）	整体讨论充分，各部分衔接合理，团结合作	整体讨论较充分，各部分衔接较合理，团结合作	有整体讨论，各部分衔接较合理，较团结合作	无整体讨论，各部分衔接较合理，有合作	无整体讨论，各部分衔接不合理，缺少团结合作
总分合计60分					

表 12-4　网络营销策划实训成绩评议标准（个人部分）

标准	优秀（9~10分）	良好（8分）	中等（7分）	合格（6分）	不合格（0~5分）
工作量情况（20分）	工作饱满，参与演讲和回答问题，负责整体工作	工作饱满，参与回答问题，完成工作	工作饱满，参与回答问题，完成工作	工作较饱满，基本完成工作	工作不饱满，没有完成工作
个人报告（10分）	层次清晰，内容全面，格式标准，无错别字	层次清晰，内容较全面，格式标准，错别字极少	层次清晰，内容较全面，格式较标准，有错别字	层次较清晰，内容较全面，格式较标准，错别字较多	层次不清晰，内容不全面，格式不标准，错别字较多
出勤情况（10分）	全勤，无迟到早退	全勤，迟到早退2次	病事假4节课，迟到早退3次	病事假8节课，迟到早退4次	病事假8节课以上，迟到早退4次以上
总分合计40分					

12.5 本章小结

网络营销管理活动的开展要遵循一定的步骤。一般来说,以制订网络营销计划为始点,然后是执行计划,最后是反馈计划的执行情况,并继续完善计划,最终实现计划目标。本章从网络营销管理的步骤出发,重点介绍了网络营销计划、网络营销组织、网络营销的控制和评价等内容。

1. 什么是网络营销管理?
2. 网络营销计划的构成要素是什么?
3. 简述企业网络营销的实施过程。
4. 网络营销的风险有哪些?
5. 如何撰写企业网络营销策划书?

参考文献

[1] 瞿鹏志. 网络营销. 2版. 北京：高等教育出版社，2004.
[2] 冯英健. 网络营销基础与实践. 北京：清华大学出版社，2013.
[3] 孔伟成，陈水芬. 网络营销. 北京：高等教育出版社，2002.
[4] 吕英斌，储节旺. 网络营销案例评析. 北京：北京交通大学出版社，2004.
[5] 薛辛光，鲁丹萍. 网络营销学. 北京：电子工业出版社，2003.
[6] 褚福灵. 网络营销基础. 北京：机械工业出版社，2003.
[7] 钱旭潮. 网络营销与管理. 2版. 北京：北京大学出版社，2005.
[8] 王耀球. 网络营销. 北京：北京交通大学出版社，2004.
[9] 潘维琴. 网络营销. 北京：机械工业出版社，2006.
[10] 李国强，苗杰. 市场调查与市场分析. 北京：中国人民大学出版社，2005.
[11] 简明，金勇进. 市场调查. 北京：中国人民大学出版社，2005.
[12] 钱旭潮，汪群. 网络营销与管理. 北京：北京大学出版社，2002.
[13] 李友根. 网络营销学. 北京：中国时代经济出版社，2001.
[14] 尚晓春. 网络营销策划. 南京：东南大学出版社，2002.
[15] 符莎莉. 网络营销. 北京：电子工业出版社，2006.
[16] 黄敏学. 网络营销. 武汉：武汉大学出版社，2000.
[17] 李琪. 网络营销. 长春：长春出版社，1999.
[18] 李纲，张天俊，吴恒. 网络营销教程. 武汉：武汉大学出版社，2005.
[19] 濮小金，司志刚. 电子商务的营销技术. 北京：中国水利水电出版社，2005.
[20] 卓骏. 网络营销. 北京：清华大学出版社，2005.
[21] 祖强，李宇红. 网络营销. 北京：清华大学出版社，2004.
[22] 王战平. 网络营销. 武汉：华中师范大学出版社，2003.
[23] 谷宝华，李创. 网络营销. 北京：北京大学出版社，2008.
[24] 彭奏平. 网络营销. 北京：清华大学出版社，2007.
[25] 夏明学，王丽萍. 网络营销：管理与实践. 北京：北京大学出版社，2013.

[26] 方玲玉. 网络营销实务. 北京：电子工业出版社，2013.
[27] 杨莉萍，谢芳，廖秀珍. 网络营销. 北京：北京理工大学出版社，2010.
[28] 刘春青. 网络营销. 北京：清华大学出版社，2014.
[29] 成荣芬. 网络营销策划实务. 北京：中国人民大学出版社，2013.
[30] 史达. 网络营销. 2版. 大连：东北财经大学出版社，2013.
[31] 杨继梅. 网络营销操作手法全揭秘. 北京：化学工业出版社，2011.
[32] 杨路明. 网络营销. 北京：机械工业出版社，2011.
[33] 刘芸. 网络营销与策划. 北京：清华大学出版社，2010.
[34] 杨学成，陈章旺. 网络营销. 北京：高等教育出版社，2014.
[35] 于斌. 我为粉丝狂：向小米学互联网营销. 北京：人民邮电出版社，2015.
[36] 李国建. 移动营销. 北京：机械工业出版社，2015.
[37] 谢晓萍. 微信力量. 北京：机械工业出版社，2015.
[38] 王红蕾. 移动电子商务. 北京：机械工业出版社，2015.
[39] 段建，安刚. 移动互联网营销. 北京：中国铁道出版社，2017.
[40] 乔辉，曹雨. 网络营销. 北京：机械工业出版社，2015.
[41] 杨波，王刊良. 电子商务创新与创业案例. 北京：中国人民大学出版社，2017.
[42] 江礼坤. 网络营销推广实战宝典. 2版. 北京：电子工业出版社，2016.